世经政丛书

之 世界政治系列

系列主编：张宇燕

薛　力◆著

结构主义与国际关系理论：变迁与创新

中国社会科学出版社

图书在版编目(CIP)数据

结构主义与国际关系理论：变迁与创新／薛力著．—北京：中国社会科学出版社，2016.5
（世经政丛书之世界政治系列）
ISBN 978－7－5161－8102－7

Ⅰ．①结… Ⅱ．①薛… Ⅲ．①结构主义(哲学)—研究②国际关系理论—研究 Ⅳ．①B089②D80

中国版本图书馆CIP数据核字(2016)第095846号

出 版 人　赵剑英
责任编辑　王　茵
责任校对　王　斐
责任印制　王　超

出　　版　中国社会科学出版社
社　　址　北京鼓楼西大街甲158号
邮　　编　100720
网　　址　http://www.csspw.cn
发 行 部　010－84083685
门 市 部　010－84029450
经　　销　新华书店及其他书店

印　　刷　北京君升印刷有限公司
装　　订　廊坊市广阳区广增装订厂
版　　次　2016年5月第1版
印　　次　2016年5月第1次印刷

开　　本　710×1000　1/16
印　　张　22
字　　数　296千字
定　　价　78.00元

世经政丛书之世界政治系列
编委会

系列序言

张宇燕*

世界经济与政治研究所（简称世经政所）是中国社会科学院所属的研究机构之一。经过半个多世纪的发展，世经政所已经成为国内外享有较高知名度的学术机构，并且在政府决策咨询中发挥了一定的作用。

顾名思义，世经政所的研究对象主要分为两大类：世界经济与世界政治。实际上，世经政所恰是由世界经济研究所与国际政治研究所合并而成。两所合并的原因也很简单：世界经济与国际政治两大领域很难截然分开，如果仅仅关注其中一个领域，我们很难对复杂多变的国际问题有完整、准确和深刻的理解，更遑论提出有价值的对策建议。

十八大以来，中央先后提出了“两个一百年”目标和“一带一路”战略构想，同时决定建设一批有中国特色和国际影响力的新型高端智库。中国社科院便是其中之一，而且世经政所又被社科院选定为智库建设的重点机构之一。这对世经政所而言，既是难得的发展机遇又意味着巨大的责任。以马克思主义国际政治经济学基本理论为指导，进一步提升研究所的理论水平和对策研究能力，是我们目前和今后的中心任务和目标。作为实现这一目标的一种努力，在推出“世界经济系列”研究成果之后，世经政所决定推出“世界政治系列”研究专辑。

列入本系列研究专辑的研究成果主要出自世经政所研究人员之手。它

---

* 张宇燕，中国社会科学院世界经济与政治研究所研究员、所长。

们当中有的是学术专著，有的是政策研究报告，同时也包括对国际热点问题的评论。为了鼓励世经政所年轻研究人员更好地成长，他们所撰写且经过补充完善的博士论文，也成为本系列的一部分。

我们期待“世界政治系列”能够在展示世经政所研究成果的同时，也为中国国际政治理论和政策研究的进步有所贡献。

是为序。

谋后而定，行且坚毅
——薛书序语

王逸舟*

曾听学友戏称薛力为“大仙”，且不止一次。

乍一看，还真有点像：他早年学医出身，颇谙养生之道，尤其崇尚素食，红润方正的脸形气色均具佛祖后人之相。言谈举止不疾不缓，似乎从无蓬乱惊慌，广袤天地仿佛无所不晓，待人接物亲切又特别体谅；与周遭至多有观念的差异，而绝无粗鄙的碰撞。或许正是这种“仙气”，让他在研究国际问题时呈现大众不及的慧眼。薛力近年来引起各方重视的南海问题论述，便带有这种性质。

不过，表象容易掩盖实际的艰苦。作为他博士学习阶段的指导教师，我多少知道薛力非同寻常的付出：放弃了从医经商的丰厚收入，在“博导的年纪攻读博士学位”；甘于长期默默的学术探索，甚至为此割舍抚养幼子的父爱，忍受多年的夫妻两地分居；看似潇洒自如、充满灵感的文字，全是在午夜之后构思和完成的。很多人只看到薛博士今日颇有影响的专栏或系列作品，却无法想象他一度私下对友人坦言的“身心俱乏、写作无感”之状态。细细想想，还是那个老理：一分耕耘一分收获，天下哪有天才神仙。

---

* 王逸舟，北京大学国际关系学院副院长、教授，中国国际关系学会副会长。

值此薛力博士论文出版之际，我想说，以学术为志业，不是简单的承诺。作者用这些年的个人实践告诉读者，什么叫“谋后而定、行且坚毅”。

谨以此书献给

先父薛承敢

前　言

本书是国际关系元理论研究：考察结构概念的来源与主要内涵，剖析1979年以来国际关系中的结构理论如何变迁，以及未来的变化趋势是什么，并就国际关系结构理论的下一步创新提出自己的思路。

结构主义是20世纪的一大思潮，渗透到了人文与社会科学中的许多学科。那么，结构主义的特点是什么？这需要对所有的人文与社会学科中的结构观进行深入考察才能得出结论。这超出了作者的能力范围。经过思考，选择语言学、文学、社会学、人类学、心理学、哲学，以及后结构主义作为分析对象。很难说结构主义有公认的特点，但结构主义者都关心这四个问题：关于整体性、关于非实体性、关于共时性与历时性、关于单元功能。整体性特征受到了所有结构主义者的肯定，它强调整体大于部分之和，反对机械论者的成分分析，这与系统论的观点一致；绝大部分结构主义者强调单元功能，认为功能与结构不可分；索绪尔那种片面强调共时性的做法被修正了，取而代之的是主张历时性与共时性结合；关于结构的非实体性也受到了部分学者的支持，另一部分学者表示反对，还有一部分人对此持矛盾的观点。鉴于系统与结构的密切关系，本书在考察结构主义之前，先考察主要的系统理论：总结出系统的特征并讨论系统和结构的关系。

从学科地位与结构观角度看，华尔兹都类似于索绪尔。索绪尔把结构观引入语言学，导致了语言学的结构转向，并强调语言的共时性。华尔兹把结构主义思想引入了国际政治领域，这导致了国际关系理论研究中的结构转向，或曰“华尔兹效应”：学者们纷纷从体系层次研究国际政治，强调结构对行为体影响而淡化行为体对结构影响。具体而言就是，强调系统与结构的整体性；除华尔兹外，都主张共时性与历时性的结合、认为结构分析不能忽略单元功能，但只有温特提出单元互动可以归入结构范畴；对结构是否具有非实体性特征，国际关系理论家们分歧明显。

现有国际关系理论存在着两大弊端：整体主义与个体主义的张力、微观结构内涵概化不足。解决办法是：不再寻求本体论整体主义，坚持本体论个体主义与方法论个体主义，再用方法论整体主义来弥补方法论个体主义的不足。这就要求引入领域、互渗、适应等概念，对微观结构内涵进行概化，确定动态结构的实际内容与具体过程，重新定义宏观结构与微观结构的功能及其相互关系。这是一种基于领域互渗的结构理论（MUPAS），它阐述了结构的量变，或可成为进一步探讨结构质变的基础。

本书的初稿完成于9年前。在修改本书的过程中惊喜地发现，在结构主义应用方面，国内除了一般学术论文外，还出现了一批硕士与博士学位论文①。甚至有用控制论研究国际关系理论的论文②。这说明学术界已经意识到用一般结构观研究国际问题的价值。不足之处则是，这些都是对结构（主义）与系统概念的应用性研究，有的则是在中心—外围、地缘政

① 王博迪：《结构主义视角下的中美贸易摩擦的动因分析》，硕士学位论文，吉林大学，2014年；宋海霞：《后结构主义视角下的台湾外事政策——基于海洋领土争端的分析》，硕士学位论文，浙江大学，2013年；李治军：《美韩同盟与东亚安全：一种结构主义理论的分析》，博士学位论文，复旦大学，2008年；徐立恒：《区域地缘政治的结构主义解析——以东北亚地区为例》，博士学位论文，吉林大学，2012年；黄真、曾亚勇：《国际关系结构主义理论的控制论透视》，《教学与研究》2012年第9期。

② 曾亚勇：《控制论三大思想与国际关系理论：影响及反思》，硕士学位论文，中共上海市委党校，2014年。

治等含义上使用“结构”一词①，而这显然并非一般意义上的结构观。当然，也出现了一些比较有新意的研究结构或结构主义的学位论文与一般学术论文，但主要是针对某个学者（如温特）的结构观②或者结构主义的某个分支（如后结构主义）③ 进行辨析，从而导向自己的学术主张（argument）。没有对结构概念本身进行系统探究的硕士学位论文与博士学位论文，一般性的学术论文也非常少④，没有发现系统探讨结构主义的学位论文与专著出现。因此，本书是中国第一本系统研究结构主义的专著，对于国人深化对结构主义的认识、推进国际关系结构理论的研究，将起到促进作用。

---

① 侯立:《中国和平发展地缘战略的外围结构分析》，硕士学位论文，华中师范大学，2013 年。

② 步少华:《国际政治中的实践与结构变迁——对温特理论的再思考》，博士学位论文，外交学院，2013 年；季玲:《重新思考体系建构主义：身份理论的概念与逻辑》，《世界经济与政治》2012 年第 6 期。

③ 孙吉胜:《语言、身份与国际秩序：后建构主义理论研究》，《世界经济与政治》2008 年第 5 期。赵洋:《语言（话语）建构视角下的国家身份形成——基于建构主义和后结构主义的研究》，《国外社会科学》2013 年第 5 期。

④ 从中国知网上能检索到的只有一篇，参见李志永《从非实体性到实体化——对丰富沃尔兹结构理论的几点建议》，《国际关系学院学报》2009 年第 1 期。

目　录

第一章

导论

◇◇ 1.1 研究的背景与意义

虽然本书针对的中心概念只有一个——结构（structure），但实际上这是一个跨学科研究，我在书中既分析结构主义思想在不同学科的表现，又探究结构观在国际关系领域中的变迁，最后还提出自己的结构理论。在展开分析之前，先循例交代这一研究的由来，并解释相关的研究现状与本研究的意义所在。

1.1.1 背景介绍

我从医学领域跨入国际关系领域后，遇到的一大困惑是：华尔兹的结构到底是什么意思？怎么跟我熟悉的“人体结构”“细胞结构”“原子结构”等概念完全没有共通之处？周围的反应是：这就是国际政治中的结构，它不是实体，体现“关系”而已。再追问下去，就得不到清晰的答复了。那么，到底如何理解结构这个概念？要想系统思考这个问题，需要进行大量的、跨学科的阅读与研究，写作博士论文是一个契机，主要原因是：

1. 这个概念横跨许多学科，是拓宽、夯实知识基础的好机会。只有在学习阶段，才有可能集中大块的时间进行基础知识的系统充电。它将使我终身受益，这从某种意义上说比写一篇学位论文更为重要、更为根本。

2. 现有关于结构问题的研究成果都是由文科知识背景的研究人员做出的，中外皆然（皮亚杰是个例外）。也就是说，他们的知识背景存在“家族相似”现象。我的医学背景是一个优势，可能会注意到一些别人的盲点。我的研究或有助于深化国际关系理论研究界对这一关键概念的认识。

3. 有一些同好可以讨论，这对于抽象的理论研究非常重要。而来自导师的支持，则是进行这一研究的必要条件。

1.1.2 现状回顾与研究意义

这里从国际关系理论以外的社会科学与国际关系学科两方面来分析结构主义的研究现状，并阐明本研究的意义所在。

1. 中国社会科学界对结构主义思想的系统梳理非常缺乏，各个学科的结构观都带有盲人摸象的味道。结构主义是20世纪的一大社会思潮，影响到许多人文与社会学科，但中文世界里系统梳理结构主义思想的著作只有3本，其余都是在某一学科范围内介绍或研究结构主义。

弗朗索瓦·多斯的《从结构到解构——法国20世纪思想主潮》① 对20世纪法国的结构主义思想进行了扫描，几乎囊括了所有法国思想家，可见结构主义在法国的影响。书中也介绍了少数法国以外的结构主义者如乔姆斯基。通读这部书，一个强烈的印象是：作者提供了大量的关于结构主义的“快照”，有丰富的细节和故事，但缺乏对结构主义基本特征的概

① ［法］弗朗索瓦·多斯：《从结构到解构——法国20世纪思想主潮》，季广茂译，中央编译出版社2005年版。

括，也没有特征变化的描述，读者无法得出关于结构主义的整体印象，这似乎有悖于“结构主义史”的原名，称之为《结构主义史话》更合适。

让·皮亚杰的《结构主义》一书，在考察自然与社会科学中数学、物理学、生物学、心理学、语言学、逻辑学、人类学等学科后将结构定义为“一个由种种转换规律组成的体系”，并概括了结构的三特征：整体性、转换性、自身调整性①。作为一个百科全书式的学者，皮亚杰拥有令人生畏的知识广度和深度。他的主要目标是解释儿童认识的发生与发展，为此创立了发生科学认识论，简称发生认识论。他的结构观服务于他的理论建构。在他眼里结构不过是个认识工具，所以他坚持方法论结构主义而反对整体性结构主义。也反对结构的实体地位，将实在论看作对结构主义的永久威胁②。我们认为，他注重整体性、认为功能与结构不可分、强调共时性与历时性结合等观点是对结构主义的重大贡献，但完全排斥结构的实体性则太绝对化了，结构可以分为物质性结构和观念性结构，观念结构可以是非实体，但有时可以理解为观念实体；物质结构显然不大可能是非实体，如细胞结构，就是指细胞内（物质）成分+成分间关系，可能还要加上成分间的互动。他晚年放弃结构概念、转而采用态射和范畴这两个数学概念来研究智力，或许与此不无关系，他所发明的“群集”概念是一种比较纯粹的形式③。我们希望能在前人的基础上总结出一些结构特征，为考察国际关系理论中的结构确定一个参照系，进而为国际关系理论未来的发展提供某些线索。

《结构的时代——结构主义论析》是台北谷风出版社1988年编辑出版的一本文集，在介绍法国结构主义哲学、结构主义与符号学的关系后，重

---

① ［瑞士］让·皮亚杰：《结构主义》，倪连生等译，商务印书馆1986年版，第2—11页。

② 同上书，第68、103页。

③ ［瑞士］让·皮亚杰等：《走向一种意义的逻辑》，李其维译，华东师范大学出版社2005年版，总序，第2页，导读，第18页。

点介绍了列维－斯特劳斯、拉康、福柯、巴尔特、皮亚杰和乔姆斯基等人的结构观。该书把结构主义视作一种方法论、一种思潮、一种哲学观点，认为结构主义影响了语言学、社会学、历史学和文学中的某些派别和个人，其共同点是尝试通过一种先验的结构来理解某一类经验现象，并接受了皮亚杰对结构特征的概括①。此书对于读者把握结构主义的大体脉络颇有助益。不足之处是对结构主义的介绍不够全面，而且，开篇的概述仅仅是基于对后面部分文章的分析。

《结构主义以来——从列维－斯特劳斯到德里达》② 由5位学者分别执笔介绍了列维－斯特劳斯、巴尔特、福柯、拉康和德里达。该书的主要长处是文笔流畅、语言通俗易懂，是入门者的理想读本。但该书的概述部分过于简略，没有概括出结构主义的主要特征。5位学者分别从自己的视角探究具体人物，无法体现结构主义这片“森林”的全貌。《结构主义——批评的理论与实践》则是对文学领域（包括语言学、诗歌）的结构主义思想的透析，编者认为结构主义是一种思潮、一种方法③。《结构主义：莫斯科—布拉格—巴黎》对俄罗斯形式主义、语言学中的布拉格学派进行了介绍，但重点是描述巴黎的“学苑群星”：克里斯特娃、拉康、德里达、列维－斯特劳斯、阿尔都塞、福柯。作者反复思考后决定，还是把结构主义当作一种哲学，进而认为结构主义的哲学思考既是系列的实践，又是秩序的哲学，而秩序问题乃结构主义思想的中心主题④。作者在哲学层次上对结构主义所做的探究对我们认识结构主义有启发，但价值非

---

① 台湾谷风出版社编：《结构的时代——结构主义论析》，台湾谷风出版社1988年版。

② ［英］约翰·斯特罗克：《结构主义以来——从列维－斯特劳斯到德里达》，渠东等译，辽宁教育出版社1998年版。

③ ［美］罗伯特·肖尔斯：《结构主义——批评的理论与实践》，高秋雁审译，台湾结构出版群1989年版，第1—10页。

④ ［比利时］J.M. 布洛克曼：《结构主义：莫斯科—布拉格—巴黎》，李幼蒸译，商务印书馆1981年版，第131—138页。

常有限，与系列、秩序有关的概念甚多，以此概括结构主义显得抽象而且空洞。

因此，对结构主义进行系统的梳理可能是一件有价值的事情，这有助于我们看清社会科学领域中林林总总的结构到底意味着什么，也可为国际关系结构理论的发展提供思路。

2. 国际关系理论研究中，对结构问题远远没有研究透，甚至缺乏从结构角度对国际关系理论的系统梳理。这是一个令人遗憾的现象。吉尔平名义上接受了华尔兹的结构定义，但却不再像华尔兹那样强调结构对行为体的影响，转而研究行为体如何导致了结构变化。这说明，他意识到结构不应该被忽略，但也不同意过分强调结构的作用。不然的话，他可能会在华尔兹的基础上研究结构对行为体的影响如何导致了结构的变化，而不会在表示赞成华尔兹的结构观后，就把自己研究的重心对准了单元。这给人的印象是，他把华尔兹的结构观作为研究的前半段：华尔兹关注在系统与结构不变的情况下，结构对单元的影响，他则关注体系与结构的变革，从经济学视野分析了霸权国与挑战国更替的原因，并认为通常是战争导致国际体系的变革①。

基欧汉认为结构变化慢，制度这一进程因素能更好地解释国际生活，因此，有意义的不是结构对行为体的影响而是国际制度对行为体的影响②。布赞及其合作者琼斯、利特尔批评华尔兹没有区分单位互动与单位属性，认为应该注重三种因素：分解力（disaggregating power）、功能差异（functional differentiation）和互动能力（interaction capacity）。其中互动能力尤其值得重视，它取决于属性能力而不是相对能力，但对国际体系中技

---

① ［美］罗伯特·吉尔平：《世界政治中的战争与变革》，武军等译，中国人民大学出版社 1994 年版。

② ［美］罗伯特·基欧汉：《霸权之后——世界政治经济中的合作与纷争》，苏长和等译，上海人民出版社 2001 年版；秦亚青：《权力·制度·文化——国际关系理论和方法研究文集》，北京大学出版社 2005 年版，第 17 页。

术、规范和组织的变化非常敏感[1]。他们强调，不能把单元互动与单元属性混为一谈，都归入单元层次理论这么一个混合体。互动是进程形成(process formation)，可以导致不可预知的结果。单元属性则没有这样的效果。可是，他又反对把互动纳入结构，担心那样会严重混淆单位和结构两个不同的层次[2]，正如温特所说的，这显示他最终又回到了华尔兹的立场[3]。温特则认为，华尔兹的结构属于宏观结构，而单元互动可以区别于单元属性构成一个单独的层次，单元互动形成一种与宏观结构相对的微观结构，微观结构的数量等同于国家间互动复合体的数量[4]。

由上可知，吉尔平和基欧汉不满华尔兹的结构观，但又不敢说互动属于结构；布赞走到半路又退回去了；温特在布赞的基础上前进了一步，提出了微观结构，将之当作宏观结构的来源，但微观结构的内在运作机制是什么，与宏观结构的关系是什么，等等，都没有交代清楚。

许多学者都提到了国际关系理论研究层次的回落。这与其说是“回落”不如说是对华尔兹那种矫枉过正的结构观的再纠偏。赋予结构准自变量地位的做法没有前途，结构确实在发挥作用，但不会成为动作的发出者，只有行为体才能发出动作。因此，国际关系理论下一步的突破点很可能是：在保留结构优点的同时让结构“动”起来，这只能通过把单元互动加入结构中来实现。本书尝试在温特的基础上再前进一步，对微观结构进行概化，建立一种新的结构理论，以克服上述国际关系理论家结构观中存在的不足。

---

① Barry Buzan , et al. , *The Logic of Anarchy*: *Neorealism to Structural Realism*, New York, Columbia University Press, 1993, pp. 66 – 80, 237 – 238.

② Ibid. , pp. 49 – 50.

③ [美] 亚历山大·温特：《国际政治的社会理论》，秦亚青译，上海人民出版社 2000 年版，第 185—186 页。

④ 同上书，第 187 页。

◇◇ 1.2 研究方法说明

社会科学领域①的研究方法通常可以分为两大类：实证法和诠释法（hermeneutics）。

实证（positive）一词至少有四种含义②。该词最早由圣西门（Saint Simon, 1760—1825）提出，他把人类社会的全部历史划分为三个时代，其中第三个就是“实证体系时代”③，当过圣西门5年多秘书（1818—1824）的孔德（Auguste Comte，1798—1857），发挥圣西门的思想形成了自己的实证哲学（positive philosophy）④ 从而对后世产生了广泛的影响。实证主义（positivism）⑤ 既是一种哲学，也是一种研究方法。作为一种哲学，它有别于神秘主义和早期的经验主义；作为一种研究方法，到涂尔干

---

① 本书中的社会科学一词指人文学科与社会科学。

② ［法］奥古斯特·孔德：《论实证精神》，黄建华译，商务印书馆1996年版，出版说明，第1页。

③ 邱觉心：《早期实证主义哲学概观——孔德、穆勒与斯宾塞》，四川人民出版社1990年版，第28—29页。

④ 孔德的实证哲学思想集中展现在1842年出版的六卷本《实证哲学教程》和1844年出版的《论实证精神》两书中。但他的思想显然深受圣西门的影响，如他的人类智力发展三阶段论（神学阶段、形而上学阶段和实证阶段）就明显脱胎于圣西门的“三个伟大的时代”思想。恩格斯甚至认为孔德的全部天才思想都是从圣西门那里接受过来的，因为圣西门是天才与神秘主义者，但他没有能力把自己的原创性思想以条理化、系统化的方式透彻地加以表达，而在巴黎工艺学校受过严格的数学与物理学训练的孔德正好补上了他的不足，参见邱觉心《早期实证主义哲学概观——孔德、穆勒与斯宾塞》，四川人民出版社1990年版，第22页。在我看来，人的智力分工是非常精细的，全才毕竟少见。思想的火花无处不在，但能够被系统表达出来而影响人类的，却要少得多，现在通常把孔德而不是圣西门当作实证哲学的师祖原因也在于此。可见，对思想的创造性整理对人类的贡献不亚于——常常是大于——原创性思想的提出。

⑤ ［波兰］莱泽克·柯拉科夫斯基：《理性的异化——实证主义思想史》，高俊一译，联经事业出版公司1988年版，第1—2页。

那儿已经基本成型，并在行为主义革命后与经验研究合流。实证主义者深受自然科学的影响，认为社会现象是社会现实（fait social）①，它也是一种客观实在，因此可以借用自然科学方法进行研究，解释（explaining）社会现象的过程就是发现现象背后的规律的过程。证据（evidence）是这一派关注的焦点，其研究方法就是：收集证据进行定性、定量研究。建立假设、进行验证、得出结论是其研究过程的固定程序。行为主义革命洗礼后的北美大陆是这一流派的坚实实践区。

诠释法的核心是理解（understanding），在历史上常指对神学文本尤其是《圣经》的解释，但韦伯的社会学思想对社会科学家有重大的影响，他提供了有别于涂尔干的另外一种研究思路。在他看来，价值关联或价值判断是文化意义的逻辑前提，价值关联是绝对的，价值无涉、价值中立、客观性等是相对的，人类通过价值判断将本来没有联系的文化事件（相当于涂尔干的社会事实）串联起来，从而理解这些事件的社会意义。也就是说，文化事件之间的价值关联是人选择的结果②。基于此，社会科学研究应该注重理解社会现象而不是发现规律，社会现象不同于自然现象，可能没有什么规律。由于社会是个整体，无法研究，因此，研究的对象只能是社会行动（“soziales” handeln），它由个体发出，并与他人相关③。这一派学者在研究中强调历史与哲学的作用，就是因为它们更能展示社会世界的特性。欧洲大陆的学者比较倾向于这种研究方法。

基于理性的科学是人类认识世界的一个工具，有其特定的使用范围。自然科学只是解释自然现象中的一小部分。社会科学借鉴自然科学方法是

---

① ［法］埃米尔·迪尔凯姆：《社会学方法的规则》，胡伟译，华夏出版社 1999 年版，译者前言，第 4 页。

② ［德］马克斯·韦伯：《社会科学方法论》，韩水法等译，中央编译出版社 2002 年版。

③ ［德］马克斯·韦伯：《韦伯作品集Ⅶ：社会学的基本概念》，顾忠华译，广西师范大学出版社 2005 年版，第 3 页。

必要的和有效的，但也只能解释社会现象的很有限的一小部分，而大部分社会现象，还是要通过诠释来把握其意义，尤其是在进行旧理论的评析与新理论的建构时。本书是基于思想史梳理的理论建构，因此，将是一种诠释法研究。说得更具体些，就是通过归纳、思辨的方法理解结构主义在人文学科与社会科学诸领域中的地位与作用，总结各种结构观的共性与差异、优点与不足，最后博采众长，引入新概念，尝试建立一种新的结构理论。

本研究有明显的建构主义痕迹，但不限于建构主义，分析的对象包括国际关系理论中的新现实主义、新自由主义、结构建构主义，在最后构思新理论框架时，则引进了心理学、生物学、社会学和系统论概念，以便最后构建一种合成理论①。

◇◇ 1.3 章节安排

本书分为 3 个部分。第 1—4 章为第 1 部分，包括导论和对社会科学不同领域结构观的考察；第 5—8 章为第 2 部分，是对国际关系理论中结构主义思想的分析；第 3 部分包括第 9、10 两章，第 9 章描述了一种新理论的轮廓，第 10 章是对本研究的概括和总结。

第 1 部分首先介绍本研究的缘起和意义，旨在说明对结构主义思想进行系统梳理的必要性：深化我们对结构主义思想的认识，体察国际关系理论研究中结构主义方法应用的成果和不足，启发国际关系理论研究的未来

① Peter Katzenstein 和 Rudra Sil 最近倡导一种折中分析法（analytic eclecticism），主张结合多种视野来分析具体问题。这是在倡导分析问题的均衡立场，但还不是一种可以应用的理论，因此，与我的合成理论关系不大，参见 Peter Katzenstein and Rudra Sil，“The Contributions of Eclectic Theorizing to the Study and Practice of International Relations ”，forthcoming，2006 年 4 月 5 日 Sil 在世界经济与政治研究所宣读了该论文。

思路。接着，从结构主义思想的源头索绪尔语言学开始，详细考察结构主义思想的产生、扩展和流变，展示结构主义的强大生命力和巨大影响，总结结构主义的主要特征，把握结构主义发展的总体脉络。从而为分析结构主义在国际关系理论中的应用提供判断标准。这一章分析的学科有：语言学、社会学、文学、人类学、心理学、哲学。这些学科深受结构主义思想影响。后结构主义、系统论与结构主义具有密切的关系，因此，也对这两项内容进行了分析。分析表明，结构主义者主要关注四个方面：关于整体性、关于历时性与共时性、关于非实体性以及关于单元功能。结构主义者都承认结构的整体性，绝大部分强调单元功能、主张共时性与历时性相结合的结构观，关于非实体性，虽然有争议但也得到了大部分学者的支持。由于结构与系统之间关系极为密切，我们在开始介绍结构主义思想之前，先用一章的篇幅对系统论进行了介绍。

第 2 部分分析结构主义思想在国际关系理论中的应用。从 1979 年华尔兹出版《国际政治理论》起，国际政治理论研究进入了“结构的时代”，从体系层次研究结构对行为体的作用，成了国际关系理论研究者的普遍偏好，创立与华尔兹结构现实主义比肩的理论，似乎成了唯一的选择。这一思路是有效的，吉尔平、基欧汉、温特、布赞等代表性人物的理论成就为此做了注脚。但是，研究表明，这些人都仅仅对华尔兹的结构观①进行了修正，尤其是纠正了华尔兹片面强调共时性、忽视单元功能的结构观，这使华尔兹的僵化结构出现了松动，并解释了华尔兹理论不能解释的许多国际现象。但这些人的理论也存在一些不足：主观上对整体主义的偏好与客观上展示的个体主义本体论之间存在明显的张力；注意到了互动的重要性，但对于互动与结构的关系除了温特都没有给予明确、有力的

① 结构主义是 20 世纪的一大思想潮流。但就具体人物的思想而言，结构观体现其在结构问题上的所思所想，因此，在分析具体人物时，本书交替使用“结构主义思想”和“结构观”。

回答。而温特的微观结构内涵仍不清晰。

以前面的分析为基础，作者在第3部分尝试建立一种新理论——“领域互渗”结构理论（MUPAS）。这是一个初步框架，包含四条原则。该理论以韦伯的方法论个体主义为哲学基础，尝试弥补现有结构理论的不足。它引入一些心理学、生物学、社会学和系统论概念，对温特微观结构概念进行了充实和概化，形成一种关于微观结构的理论。该理论认为，领域互渗是结构的基础，单元之间资源在同一领域里的互相渗透会导致单元之间互相同化或顺应，以此说明互动结构的量变过程。以微观结构理论为核心，说明了宏观结构的来源与功能，重新解释了宏观结构和微观结构的关系、结构与单元的关系、单元的功能等。

结论章是对全文的总结：首先概括了三方面的研究结论：关于社会科学领域中的结构特征、关于国际关系理论研究中的结构变迁、关于“领域互渗”结构理论；接着，总结了本研究的三点创新；最后，介绍了本研究的不足之处，以供自己在后续研究中改进，或许对同行也有一定的参考价值。

第 二 章

系统理论

系统与结构这两个概念变得“难解难分”是比较晚近的事情。而肯尼思·华尔兹在建构（construct）[①] 结构现实主义理论时借鉴了系统理论和控制论[②]。为了更好地理解结构概念，有必要先分析系统这一概念的来源与应用。系统是一个古老的概念，但在近代主要是在科学技术中被应用，进入社会科学则是最近半个多世纪的事情。

◇◇ 2.1 概述

“系统”（system）一词最早出现于古希腊语，在德谟克里特的《世界大系统》一书中系统是指“部分组成的整体”。韦伯斯特大词典对系统的解释则是“有组织的和被组织化的全体”，“以规则的相互作用又相互依存的形式结合着的对象的集合”。《现代汉语词典》的解释是：“同类事物

---

① ［美］肯尼思·华尔兹：《国际政治理论》，信强译，上海人民出版社 2003 年版，第 10 页；北京大学出版社 2004 年英文影印版，第 7 页。华尔兹坦陈，规律可以被发现，而理论只能被建构。

② 同上书，第 78 页。当然，同样有证据表明华尔兹的结构观受到了沃兹拉维克、列维－斯特劳斯的影响，参见第 5、99、100 页。

按一定的关系组成的整体”①。恩格斯则把系统理解为“统一体”或“集合体”，认为“世界不是一成不变的事物的集合体，而是过程的集合体”②。这里，恩格斯强调了系统非实体性的一面，而一般认为系统是个实体。

回顾历史，我们会发现，系统观是人类思维中始终存在的一个方面，只是在人类早期，表现得比较感性与直观而已。整体性通常被看作系统最基本的性质，而亚里士多德的系统思想更是明显影响了系统论的创立，贝塔朗菲明确说过：“亚里士多德的世界观及其固有的整体论和目的论的观点就是这种宇宙秩序的一种表达方式。亚里士多德的论点‘整体大于它的各部分的总和’是基本的系统问题的一种表述，至今仍然正确……基本的系统问题至今尚未过时③。”而荀子的“万物为道一偏，一物为万物一偏”④ 也是系统观的体现。始于牛顿的第一次科学革命使人类思维的重心摆向了对部分的分析。这种思维与研究方式对科学的发展起了很大的促进作用，人类对事物的认识摆脱了以前那种直观、朦胧的状态，达到了比较精确的认识。这一方法的效力至今仍然存在。但到19世纪末，人们也逐渐意识到这一方法的不足，转而恢复对被忽略已久的整体的重视。这是一个逐步增加的过程，贝塔朗菲觉得他20世纪20年代开始研究生涯时，生物学还处于机械论和有机论的争论之中⑤。稍后，由于第二次世界大战的迫切需要、科学方法论发展、现代科学革命与技术发展⑥，在自然科学尤

① 中国社会科学院语言研究所词典编辑室编：《现代汉语词典》，商务印书馆2005年版，第1462—1463页。

② 转引自魏宏森《系统科学方法论导论》，人民出版社1983年版，第71页。

③ 《科学学论文集》，科学出版社1980年版，第305—306页。转引自魏宏森《系统科学方法论导论》，人民出版社1983年版，第9页。

④ 即一物为万物的一部分，万物又是更大的道的一部分。参见《荀子·天论》。

⑤ ［奥地利］路德维希·冯·贝塔朗菲：《一般系统论：基础、发展、应用》，秋同等译，社会科学文献出版社1987年版，第74页。

⑥ 魏宏森：《系统科学方法论导论》，人民出版社1983年版，第1—8页。

其是工程技术领域，出现各种系统理论：以一般系统为对象进行研究的系统论、以通信系统为对象的信息论和以控制系统为对象的控制论等，它们对当代科学技术的发展和当代科学家的思维方式产生了重大的影响。以这"三论"的创立为标志，科学研究中对整体性的重视已经不亚于对成分的重视。而在社会科学领域，恢复重视整体观的主要表现就是结构主义的兴起，并在20世纪50—60年代达到高潮。后面我们将介绍结构主义思想在社会科学中的应用。这里先评价主要的系统理论，包括一般系统论、信息论、控制论、耗散结构论、协同学、超循环论和突变论。

一般系统论、控制论与系统论通称"三论"，而诞生于1970年前后的耗散结构论、协同学与突变论又被称为"新三论"。① 其中的耗散结构理论旨在解决自组织出现的条件，协同学旨在解决自组织的动力学，突变论则从数学角度研究自组织的途径。它们都属于非平衡的自组织理论。自组织理论是一组科学理论群，研究组成系统的大量子系统如何有可能自己组织起来，实现从无序到有序（或从较低级有序到较高级有序）进化的一般条件、机制和规律性。除了新三论外，还有超循环论、分形理论、混沌理论等。②

贝塔朗菲晚年把一般系统论扩展为广义的一般系统论，一个包括系统哲学、系统科学和系统技术的庞大体系。他早期创立的一般系统论为狭义的一般系统论，属于系统科学，而信息论、控制论等则属于系统技术③。在笔者看来，现在做这种区分的意义已经不大，原因有二：系统科学与系

---

① 高振荣等编：《信息论 系统论 控制论120题》，解放军出版社1987年版，"编者说明"。但笔者认为，把耗散结构论、协同学与超循环论称作"新三论"可能更合适，因为超循环论与耗散结构论、协同学的关系比较密切，而突变论与二者的关系稍稍疏远。因此本书把突变论放在最后介绍。

② 刘聪杰：《社会历史发展的自组织原理探析》，《中共福建省委党校学报》2011年第11期。

③ 朴昌根编著：《系统科学论》，陕西科学技术出版社1988年版，第7页。

统技术都包含了系统哲学，贝塔朗菲的一般系统论更接近系统哲学一些而已；系统科学通常被看作一种研究方法，包括综合集成方法、物理—事理—人理方法，硬系统方法、软系统方法、批判系统思考，等等①，那么，更不宜分为系统科学方法与系统技术方法。据此可以认为，“旧三论”与自组织理论都属于系统科学。

◇◇ 2.2 一般系统论（General System Theory）

一般系统论又叫普通系统论，由美籍奥地利生物学家路德维希·冯·贝塔朗菲（Ludwig Von Bertalanffy，1901—1971）创立。他反对生物学中的机械论②，坚信“活的东西的基本特征是组织”③，因而是理论生物学中机体论观点的主要代表者之一。虽然他早在1937年芝加哥大学的一次哲学讨论会上就提出了一般系统论的思想，1945年又在《德国哲学周刊》第18期发表了比较完整阐述其系统论思想的论文《关于一般系统论》，但直到《普通生物学》1949年第19期刊出1945年论文的摘要，他的思想才引起广泛的注意，一般系统论作为一门新兴学科才告成立④。而1968年出版的《一般系统论：基础、发展、应用》则是他的代表作，被视作系统运动迅速发展的“圣经”。他认为对一般系统论的发展有重大贡献的人及其作品有：拉兹罗的《系统哲学导论》，该书研究了系统哲学；格莱

① 叶立国：《系统科学方法探赜》，《中国石油大学学报》（社会科学版）2014年第1期。

② ［奥地利］路德维希·冯·贝塔朗菲：《一般系统论：基础、发展、应用》，秋同等译，社会科学文献出版社1987年版，第74页。

③ 庞元正等编：《系统论 控制论 信息论经典文献选编》，求实出版社1989年版，第3页。

④ 同上书，第4页。

的《一般系统论和精神病学》，从人文科学角度探讨了系统论的应用；斯瓦茨的《现代系统论导论》，从控制技术观点研究了系统论；贝尔的《生物物理学》，研究了动态系统论和开放系统论；克列尔主编的《一般系统论的趋向》、格莱和列佐主编的《经由多样性的统一》，两书讨论了一般系统论的各种方法，而罗生的《动态系统论》则发展了这些方法①。

所谓系统论（systemism），又叫系统主义，是系统思想的系统表达②。《现代汉语词典》对系统论的解释是："研究系统的一般模式、结构、性质和规律的理论，也指研究系统思想和系统方法的哲学理论。"③ 如前所述，广义的一般系统论包括系统哲学、系统科学和系统技术三个部分。系统技术部分稍后介绍。系统是个新范式，具有超科学或哲学性的一面，系统哲学包括系统本体论、系统认识论和系统价值论。系统本体论研究系统的含义、如何考察不同层次的系统。逻辑实证论或经验论习惯用简化法把事物分解为成分，进而进行线性因果关系的考察。系统认识论则不同，加入了新的研究范畴：相互作用、自组织、目的论等。系统认识论认为，知识是知觉者和已知事物之间的一种相互作用，是由生物、心理、文化、语言等的性质的要素决定的复合体。人被"扔进"了宇宙并在其间生存，所以，人必须通过知识来透视宇宙、适应宇宙。系统价值论涉及人和世界的关系，符号、价值、社会实体、文化等具有实际的作用，比如，在C. P. 斯诺所说的"两种文化"④ 之间起沟通作用。

狭义的一般系统论即系统科学，它通过对成分分析研究方法的反动来

---

① ［奥地利］路德维希·冯·贝塔朗菲：《一般系统论：基础、发展、应用》，秋同等译，社会科学文献出版社 1987 年版，"修订版前言"，第 12 页。

② 朴昌根编著：《系统科学论》，陕西科学技术出版社 1988 年版，"序"，第 3 页。

③ 中国社会科学院语言研究所词典编辑室编：《现代汉语词典》，商务印书馆 2005 年版，第 1462—1463 页。

④ 如科学和人文、技术和历史、自然科学和社会科学等，参见［奥地利］路德维希·冯·贝塔朗菲《一般系统论：基础、发展、应用》，秋同等译，社会科学文献出版社 1987 年版，"修订版前言"，第 10—12 页。

克服其不足[①]，考察的是系统、整体、全体的作用，这些是成分分析法的软肋。一般系统论的目的是确立适用于系统的一般原则，具体而言，大致有：(1) 综合各种科学（自然与社会科学）；(2) 这种综合可能要以系统的一般理论为中心；(3) 这一理论可能是在非物理的科学领域建立精密理论的重要手段；(4) 这一理论研究"垂直"通过各科学的世界的统一原理，它有助于接近公益科学的目标；(5) 这可能导致科学教育中日益迫切需要的综合[②]。

一般系统的研究方法有两种，一种是演绎法，"考察一切可想象到的系统的集合，然后把它简化到合理的规模"，艾什比和阿希拜是这种研究方法的代表[③]。艾什比 1958 年发表的《作为一门新学科的一般系统论》就是用数学工具集合论描述系统的状态变化[④]。另一种是归纳法，通过"考察世界上出现的各种系统——动物学的、生理学的等等——然后提出有关经验研究证明成立的规律性"。贝塔朗菲是这种研究方法的代表，他在《一般系统论》一书中通过对生物学、心理学、精神病学、历史学、数学、物理学等的考察来描述、概括自己的系统论观点。尤其是，他从理论生物学的角度总结人类系统思想，用类比同构的方法建立开放系统的一般系统论，初步探讨了生命现象的有组织性、有序性和有目的性[⑤]。他认为一般系统论是属于逻辑和数学领域的科学[⑥]。

一般系统论有四条基本原则：整体性原则、相互联系的原则、有序性

---

① ［奥地利］路德维希·冯·贝塔朗菲：《一般系统论：基础、发展、应用》，秋同等译，社会科学文献出版社 1987 年版，"修订版前言"，第 15 页。

② 同上书，"修订版前言"，第 30—31 页。

③ 同上书，第 78—79 页。

④ 魏宏森：《系统科学方法论导论》，人民出版社 1983 年版，第 33 页。

⑤ 同上书，第 33—34 页。

⑥ ［奥地利］路德维希·冯·贝塔朗菲：《普通系统论的历史和现状》，《国外社会科学》1978 年第 2 期，转引自魏宏森《系统科学方法论导论》，人民出版社 1983 年版，第 26 页。

原则和动态原则。整体性原则是最根本的原则，整体性的显著特点是不可分性（nonseparability），因为整体除了部分之外还有关系，因而是不可还原的①。相互联系原则与整体性密切相关。后两条原则是贝塔朗菲总结自对生物现象的观察。根据热力学第二定律，凡是涉及热现象的过程都是不可逆的②，因此，一个封闭系统（同周围环境没有能量和物质交换的有限大的系统）的熵③只能增加，系统变得越来越无序以恢复对称性或平衡态，而不是走向有序，有序意味着对称的破缺④。但生物是一个有条不紊的构造，能有目的地生长和演化。而当生物一死，生长和演化立即停止，转入分解，这与热力学第二定律不同。据此，贝塔朗菲强调系统的开放性，即系统要同周围环境有能量和物质交换。这样，他就说明了系统的动态性，同时把生物和生命现象的有序性和目的性同系统结构稳定性联系起来：有序，系统结构才稳定；有目的，才能使系统结构稳定，因为系统要走向稳定的系统结构⑤。

一般系统论也强调等级观点或层次观点，认为各种有机体都是严格按照等级组织起来的，生物层次逐级组织起来成为越来越庞大的系统，如生

---

① 高新民、张钰：《整体论及其在哲学中的发展》，《世界哲学》2014 年第 3 期。

② 黄润荣等编著：《耗散结构论和协同学》，贵州人民出版社 1988 年版，第 20 页。

③ 关于熵的定义，普里高津认为“熵是无规律的程度的测度”，维纳则认为“熵是系统无组织程度的测度”，而信息论认为，信息的特点是有序，因为信息的主要作用是消除随机不定性。布里渊则论证了信息和负熵等价，吸收负熵就是接收信息，从而解决了“麦克斯韦妖”难题，参见庞元正等编《系统论 控制论 信息论经典文献选编》，求实出版社 1989 年版，第 637—638 页；［奥地利］路德维希·冯·贝塔朗菲《一般系统论：基础、发展、应用》，秋同等译，社会科学文献出版社 1987 年版，第 35 页；［美］诺伯特·维纳《控制论（或关于在动物和机器中控制和通信的科学）》，郝季仁译，科学出版社 1985 年版，译者序，第 7 页。

④ 魏宏森等：《系统论——系统科学哲学》，清华大学出版社 1995 年版，第 328—331 页；陈其荣：《自然辩证法导论》，复旦大学出版社 1995 年版，第 99 页。

⑤ 霍绍周：《系统论》，科学技术文献出版社 1988 年版，第 19—21 页。

物界是由生物圈—生态群—群体—个体—系统—器官—组织—细胞—细胞器—生物大分子组成的多层次系统，不同层次的系统具有不同的功能，系统是结构和功能的统一体①。

从上面的分析可概括出贝塔朗菲系统论的基本思想：整体观点，开放系统观点和等级观点（或层次观点）。

◇◇ 2.3　控制论（Cybernetics）

系统论的主要创始人为美国数学家、生理学家、通信工程师诺伯特·维纳（Norbert Wiener，1894—1964），根据他的描述，控制论的形成大致经历了3个阶段：1942年以前为酝酿阶段，1943—1948年为形成阶段，1948年后为发展阶段。维纳在分析牛顿以来科学思想和科学方法论发展趋势时，发现统计和进化的观点正在渗透到科学的各部门，各个学科之间的互相渗透已经成为一种潮流，而控制论所面对的是解决自动控制系统的问题，这个系统的特点是要根据其周围环境的某些变化来决定和调整自己的运动，但这已经超出了牛顿力学的范畴。因此，他抛弃了牛顿和拉普拉斯的机械决定论，把控制论建立在新的统计理论的基础上；撇开对象物质和能量的具体形态，着重从信息方面来研究系统的功能；不研究系统一时一刻的行为，而研究所有可能的行为方式和状态及其变动趋势②。

二战期间，维纳为美军研制防空火力控制系统的预测装置，把火炮自动打飞机的动作与人的狩猎行为相类比，从而发现了反馈这一重要概念：意识到稳定活动的方法之一，就是把活动的结果所决定的一个量作为信息

① 高振荣等编：《信息论 系统论 控制论120题》，解放军出版社1987年版，第98—100页。

② 魏宏森：《系统科学方法论导论》，人民出版社1983年版，第52页。

的新调节部分反馈到控制仪器中，而超限度的反馈则由一个相反方向的校正活动来补偿，这种补偿就是负反馈。这是很常见的现象，如驾车时常要对方向盘做一定的校正。他进而论证，目的性行为可以用反馈来代替，从而突破了生命和非生命的界限，把生物特有的目的性行为赋予机器。这一成果体现在1943年发表的他与毕格罗、罗森勃吕特合作的论文《行为，目的和目的论》中。这标志着控制论的萌芽。维纳与冯·诺伊曼在计算机研究中的合作、与罗森勃吕特在神经反馈方面的合作，都促进了他的控制论思想的成熟。神经生理学家匹茨和数理逻辑学家麦克卡洛在神经生理学、盲人阅读装置等方面的研究进展，也给他不少启发，而1948年出版的《控制论》则标志着控制论的正式诞生①。

维纳志在寻找学科间共同联系的纽带，他给《控制论》一书赋予的副标题——关于在动物和机器中控制和通信的科学——也昭示了这一点。他的研究不但突破了动物和机器的界限，也突破了控制工程和通信工程的学科界限，抓住了一切通信和控制系统中所共有的特征。他给控制论确定的目的是："创造一种语言和技术，使我们能有效地研究一般的控制和通信问题，同时也寻找一套恰当的思想和技术，以便通信和控制问题的各种特殊表现都能借助一定的概念加以分类"②。他认为，通信和控制系统的共同特点在于：（1）机器系统内存在减熵趋势③，反馈机制使外来信息可以保持在一定量以维持熵的稳定，从而维持系统的稳定与功能；（2）通信和控制系统都包含着一个信息变换的过程，一个信息接收、存取和加工的过程，这种信息具有某种随机性，即某种统计分布，这成为他运用统计理论研究控制论的基础依据。他研究了怎样把机械元件和电器元件组成稳

---

① 魏宏森：《系统科学方法论导论》，人民出版社1983年版，第46—50页。

② ［美］诺伯特·维纳：《维纳著作选》，钟纫译，上海译文出版社1978年版，第3页，转引自魏宏森《系统科学方法论导论》，人民出版社1983年版，第52页。

③ 高振荣等编：《信息论 系统论 控制论120题》，解放军出版社1987年版，第161页。

定的、具有特定性能的自动控制系统，怎样用统计方法研究信息的传递和加工，如何应用控制论研究人的神经和大脑的活动，还探讨了生物的适应和生殖机制。他所使用的功能模拟法、黑箱方法、系统方法、反馈方法、信息方法，已被生物学、神经生理学、心理学、医学、工程技术、经济管理等许多领域所借鉴。

总之，控制是指按照给定的条件和目标，对一个过程或一序列事件施加影响的一种行动，控制论是研究各种系统的控制和调节的一般规律的科学，它的基本概念是信息和反馈，信息反馈使系统或组织得以保持自身的稳定性。除了别的领域借用之外，系统论本身在发展的过程中也分蘖出工程控制论、生物控制论、社会控制论和人工智能等分支①。

控制论强调行为的目的性、因果是相对的、追求目的是个过程、注重通信过程②，这些对于我们研究国际关系的结构理论具有启发价值。国家是有目的的行为体，温特甚至提出"国家也是人"，那么，行为体之间的关系、互动进程、互动的有效性等，将对行为体行为产生重大影响。

2.4　信息论（Information Theory）

美国数学家、电机工程师克劳德·申农（Claude Elwood Shannon，1916—2002）被认为是信息论的创始人，他1948年发表在《贝尔系统技术学报》（*Bell System Technical Journal*）第27卷上的论文《通信的数学理

① 高振荣等编：《信息论 系统论 控制论120题》，解放军出版社1987年版，第158—161页。

② 黄真、曾亚勇：《国际关系结构主义理论的控制论透视》，《教学与研究》2012年第9期。

论》① 奠定了信息论的理论基础，标志着信息问题的研究从经验阶段转为真正的科学，使以材料和能量两者为中心概念的传统科学开始转变为以材料、能量和信息三者为中心概念的现代科学②。

信息论是利用和研究信息的本质，并用数学的方法研究信息的计量、传递、变换和存储的一门学科，它寻找通信和控制系统中普遍存在的信息传递规律、探究如何提高信息传输的有效性和可靠性。它通常包括三层含义：（1）狭义信息论，主要研究消息的信息量、信道容量以及消息的编码；（2）一般信息论，除了上述问题外，还研究噪声，信号滤波、预测与调制、信息处理等；（3）广义信息论，除前面两项外，还包括所有与信息有关的领域，如心理学③。

二战期间和战后通信也迅猛发展以及由此引发的巨大需求，是信息论发展的直接动力，根据魏佛尔的观点，通信问题可以分为三个方面：技术问题，关注如何精确传送通信符号；语义问题，关注怎样使传送的符号精确地表达意义；有效性问题，关注怎样使收信者收到语义并按需要的方式有效地发挥作用。申农的主要贡献在技术问题上，后两个问题是1960—1980年期间由高艾斯、夏尔马、戴维森、伯格、哥廷格等众多学者予以拓展的。现在，有关信息的理论已经被广泛应用于物理学、化学、心理学、管理学等学科中，形成了研究信息的产生、获取、变换、传输、存储、显示、识别和利用的信息科学④。

有趣的是，对信息是否是物质这一问题学术界至今仍未能取得一致意

---

① 有兴趣者可参见庞元正等编《系统论 控制论 信息论经典文献选编》，求实出版社1989年版，第508—600页。

② 庞元正等编：《系统论 控制论 信息论经典文献选编》，求实出版社1989年版，第506页。

③ 魏宏森：《系统科学方法论导论》，人民出版社1983年版，第43页；高振荣等编：《信息论 系统论 控制论120题》，解放军出版社1987年版，第36—37页。

④ 魏宏森：《系统科学方法论导论》，人民出版社1983年版，第39—45页。

见。维纳声称，“信息就是信息，不是物质也不是能，不承认这一点的唯物论在今天就不能存在下去”①，“信息就是我们适应外部世界和控制外部世界的过程中，同外部世界进行交换的内容的名称②”。可见他认为信息是非物质的。申农认为信息是用以消除随机不确定性的东西③。这似乎可以理解为信息是非物质的，也可以理解为具有物质性。布里渊则力图把信息与具体物理过程联系起来，把信息熵与热力学熵直接挂上钩。他把申农抽象表达的信息称作“自由信息”，把热力学中描述物理现实状况的量称为“约束信息”，建立起信息的物理模型并给出广义增熵原理。根据他的“信息负熵原理”，信息与负熵等价，信息熵与热力学熵相互之间量的对应关系为④：

1 比特 $= K\ln 2 = 10^{-16}$ 尔格 $/^{o}K$

熵是对状态的描述，是非物质的，但能建立物理模型，可见布里渊认为信息有物质性的一面。控制论的另一代表人物艾什比（William Ross Ashby，1903—1972）在《系统和信息》一文中，先是在与马尔科夫链的熵无明显关联的意义上使用信息一词，接着又解释道：信息论本质上是组合论（Combinatorics）的一个分支，是一种数数⑤。我们知道，数是形式符号，是非物质的。中国学者高振荣和陈以新总结了信息的三种观点：通信的消息、运算的内容、感知的来源，他们把信息定义为：反映客观世界中各种事物的特征和变化的组合，是关于事物运动状态的广义知识。他们还总结了信息的五个特点：（1）来源于物质及其运动，但又不是物质本

① 转引自庞元正等编《系统论 控制论 信息论经典文献选编》，求实出版社 1989 年版，第 279 页。

② 转引自高振荣等编《信息论 系统论 控制论 120 题》，解放军出版社 1987 年版，第 20 页。

③ 同上。

④ 魏宏森等：《系统科学方法论导论》，人民出版社 1983 年版，第 41—42 页。

⑤ 庞元正等编：《系统论 控制论 信息论经典文献选编》，求实出版社 1989 年版，第 490 页。

身；（2）也来自精神领域，但又不限于精神；（3）获得信息需要能量，控制能量又需要信息，信息和能量不可分割，能量的作用在做功，信息的作用在提供知识；（4）信息可被观察者所感知、检测、提取、存储、传递、识别、显示、分析、处理和应用，且为更多观察者所共享，它是决策的依据、控制的基础和管理的保证；（5）在孤立的系统中，语法信息守恒，且在传递和处理过程中永不增值，但在开放系统中则不然①。

笔者认为，世界上不存在既不是物质也不是精神的东西，但信息具有物质和精神二重性，基于这一特点，本书后面将信息单独归类，主张信息、物质两者构成资源，单元（国家）作为开放系统需要与其他单元资源才能保持自身的稳定。能量交换只存在于自然世界，或有机界与自然界的交流中。有机界本身在交往中没有能量交换，作为超有机界的社会亦然。而我们知道，国际体系是一种社会建构。

耗散结构论、协同学与超循环论研究的对象相同，都是研究在远离平衡态的非线性区中，开放系统如何从无序向有序演化。但这几个理论的出发点和方法不同，各具特色，因此笔者将之放在一起考察。另外，突变论与此有一定关系，也捎带予以介绍。

◇◇ 2.5　耗散结构理论（Dissipative Structure Theory）

比利时理论物理学家、化学家艾尔亚·普里高津（Ilya Prigogine，1917—2003）是耗散结构理论的创始人，他所领导的布鲁塞尔学派是国际上主要的非平衡统计物理学派之一，加上1967年开始领导的得克萨斯大学统计力学研究中心，其统率的百余人队伍所进行的系统理论研究成果迭

① 高振荣等编：《信息论 系统论 控制论120题》，解放军出版社1987年版，第20—22页。

出，并在化学、生物、生态、经济、社会等许多方面具有重大的理论和应用价值①。

普里高津受小学老师泰奥菲尔·德·唐戴博士的影响，从热力学第二定律看到了别人忽视的一点：所有的自发现象都是不可逆的。他从时间的单向性这一不可逆现象出发，把自然界中任何富有建设性的作用，都归于某种过程。生物界乃至物理世界都是有时间性的不可逆过程，并于1945年得出了“最小熵原理”，从而解释了非平衡状态下线性区内的系统稳定性产生的原因。

普里高津最为人称道的贡献是于1967年提出的耗散结构理论。贝塔朗菲提出了开放系统的概念并把它作为系统论的基本思想，普里高津则进一步指出自然界中存在开放系统有3种存在方式：热力学平衡态、线性平衡态、远离平衡态，并发现远离平衡态具有自组织特征，即可以自发形成新结构和新组织——耗散结构，从而使系统从无序走向有序。他在《时间之探索》中写道：“在远离平衡态时，物质可能产生新的力学状态。我把这些状态叫作‘耗散结构’，因为既出现了组织又产生了相干性，并暗含着只有耗散能量才能保持结构。令人惊异的是，同样的过程在接近平衡时导致结构的破坏，而在远离平衡时却可能导致结构的出现。”② 在他看来，稳定有序的平衡结构（如晶体结构）是一种“死”的结构，不需要外界供应物质和能量来维持，而耗散结构（如流体力学中的贝纳德流、物理学中的激光）则是一种“活”的结构，必须通过与外界交换物质和能量来维持有序状态③。他的基本思想是：非平衡是有序之源，开放系统可以通过涨落实现有序④。在他看来，一个系统自发组织形成耗散结构的条件有

① 庞元正等编：《系统论 控制论 信息论经典文献选编》，求实出版社1989年版，第152页。

② 同上书，第197—198页。

③ 霍绍周：《系统论》，科学技术文献出版社1988年版，第21—22页。

④ 同上书，第45页。

以下六个。

（1）系统开放，只有充分开放才能驱使系统远离平衡态。与外界没有物质和能量交换的系统叫封闭系统，一个孤立系统在足够长的时间内必定趋于平衡态。平衡态属于定态，这时描写宏观运动（即扩散运动）的参量为零。

（2）远离平衡系统。平衡态不会有系统向有序发展，而根据最小熵原理，近平衡态也不会有系统向有序发展。平衡态是热动平衡状态的简称，指的是热力学系统处于任何宏观变化时的状态，这种状态实际上包括四种平衡的实现：力学平衡，指宏观状态无变化，即密度均匀没有扩散运动；热平衡，指温度均匀没有热传导；相平衡，指没有相（气体、液体、固体等）的变化；化学平衡，指没有发生化学变化。只达到其中 1—3 种平衡者，叫作非完全平衡态。而描述平衡态性质的物理量就是状态参量，又叫序参量①。序参量可以分为快参量和慢参量，从后文可知，慢参量对于协同学有特别重要的意义。非平衡态包括近平衡态和远离平衡态，近平衡态是线性区内发生的现象，最小熵原理适用于这一平衡态；远离平衡态属于非线性区，以超熵产生为方程稳定性的判据，耗散结构论针对的正是这一区域。

（3）系统内自催化的非线性相互作用。它使从平衡系统观点看是破坏性因素的正反馈在这里成为系统演化的建设性因素。封闭系统内因素之间表现为线性作用或单向因果性，但在开放系统中，系统与环境之间的互动则只能是复杂的非线性。这种复杂的非线性相互作用表现为系统的复杂的反馈机制的建立，结果是在相当大的范围内造成环境向系统进行不同的输入时，系统能够靠自己的反馈机制去应付不同的环境影响，表现出自主

① 庞元正等编：《系统论 控制论 信息论经典文献选编》，求实出版社 1989 年版，第 206 页；黄润荣等编著：《耗散结构论和协同学》，贵州人民出版社 1988 年版，第 17—18 页。

性、自稳定和自协调，从而产生出相同的或基本相同的输出，使系统仍然保持不变的发展方向性①。

（4）涨落作用。它驱使系统由原来的稳定分支演化到耗散结构分支。涨落又叫起伏、噪声、干扰，从系统的存在状态看，涨落是对系统的稳定的平均状态的偏离；从系统的演化过程看，涨落是系统同一演化过程中的差异。所以，涨落就是一种不平衡性。从作用大小看，涨落分为微涨落和巨涨落，只有巨涨落改变系统的结构；从涨落与演化的关系看，涨落可以分为正向涨落和反向涨落，反向涨落导致系统失稳并趋向无序，而正向涨落能够推动系统稳定演化并不断达到新的稳定态。涨落无处不在，因为它实际上揭示了同一性中的差异②。

（5）突变现象。自组织现象总是在某种突变过程后出现，某种临界值的存在是耗散结构产生的条件之一。

（6）正反馈。正反馈使得热力学分支失稳，从而给耗散结构的产生提供条件。正反馈也可以看作一种自我复制、自我放大的机制，这种机制使无数小分子的微观行为得到协同而产生出宏观的序列③。

◇◇ 2.6　协同学(Synergetics)

由德国物理学家赫尔曼·哈肯（Hermann Haken，1927—　）于20世纪70年代创立，他在激光研究中发现了非平衡相变的机制，通过吸收耗散结构论和突变论的合理内核，他创立了一套处理各种非平衡相变的统一

① 魏宏森等：《系统论——系统科学哲学》，清华大学出版社1995年版，第238页。

② 同上书，第326—328页。

③ 沈小峰等编著：《耗散结构论》，上海人民出版社1987年版，第90—98页；魏宏森等：《系统论——系统科学哲学》，清华大学出版社1995年版，第95页。

方案，统一解决了系统从无序转变为有序的过程。

协同学有两大基本原理，即微观上的役使原理和宏观上的最大熵原理。这与他提出的“自组织系统”概念有关。他指出，有一类“组织系统”是必须依赖外界指令来活动的，如机械系统。但还有一类“自组织系统”在一定物质和能量的支持下，可以自动协调各个元素之间的关系，完成特定的功能，如生物体、生态系统和经济系统。组织系统不存在从无序向有序进化的过程，但自组织系统有可能使系统从无序向有序进化，他通过物理试验证明了这一点。

所谓协同，是指系统内的子系统之间存在的互相协作的现象，这对于整个系统的进化是非常重要的，如果子系统之间不存在微妙的互相协作，而总是表现为互相抵消或“拆台”，那么，系统的进化是不可能发生的。当然，这种协同是基于竞争基础上的协同①。他试图解释为什么会出现这种协作现象，并认为社会系统中也存在协同现象，但他主要是在物理学中证明协同存在的原因。他在研究激光时发现，系统的结构演变是受序参量（一种慢参量，即对环境不敏感的参量）支配的，换句话说，一个系统的宏观有序程度可以用序参量来描述②。

贝塔朗菲只是说明在远离平衡态的非线性区系统在一定条件下可能从无序向有序的转变，而没有说明如何测量系统的有序度，也没有说明子系统之间奇妙的协同作用。而哈肯则建立了统一的数学模型，并试图把布鲁塞尔学派的成果作为特例包括进去③。

---

① 魏宏森等：《系统论——系统科学哲学》，清华大学出版社 1995 年版，第 315—324 页。

② 庞元正等编：《系统论 控制论 信息论经典文献选编》，求实出版社 1989 年版，第 203—237 页；魏宏森等：《系统论——系统科学哲学》，清华大学出版社 1995 年版，第 96 页。

③ 黄润荣等编著：《耗散结构论和协同学》，贵州人民出版社 1988 年版，第 192 页。

◇◇ 2.7　超循环论（Hypercycle Theory）

由德国生物物理学家曼弗雷德·艾根（Manfred Eigen，1927—　）创立。20 世纪以来，人们关于生命起源的化学进化和生物进化已经有了相当的认识，但对于生命究竟是怎样起源的所知甚少。艾根的超循环理论认为，在“前”生物的化学阶段和达尔文的生物进化阶段之间，还存在一个生物大分子自组织进化阶段，在这一阶段，随机无序的大分子通过超循环的自组织方式，发展起有序的组织并向更高的组织和复杂性进化，即蛋白质和核酸转化为有统一的遗传密码的细胞。

所谓超循环是一种由简单到复杂、由低级到高级的分层次的循环。第一个层次是转化反应循环，在整体上它是个自我再生过程；第二个层次称为催化反应循环，在整体上它是个自我复制过程；第三个层次就是超循环（hypercycle）。超循环是指催化循环在功能上循环耦合联系起来的循环，即催化超循环。实际上在超循环组织中，并不要求所有组元都起着自催化剂的作用，一般来说，只要此循环中有一个环节是自复制单元，此循环就能表现出超循环的特征，超循环的特征就是：不仅能自我再生，自我复制，而且还能自我选择、自我优化，从而向更高的有序状态进化。超循环结构演化的内部因素主要来自两个方面：首先是自复制单元在复制过程中出现的差错，类似于基因突变；其次，超循环结构是由多组元耦合成的多层次系统，内部存在复杂的非线性相互作用，在这种情况下，如混沌理论所指出的，内在随机性就会在很大程度上起作用，它给超循环结构施加了另一个内扰动。由此可见，超循环结构的演化大体上与三个因素有关：复制误差、内在随机性和环境扰动。

超循环结构只能在演化中存在。超循环结构存在，进化必须满足三个前提条件：（1）以足够大的负熵流推动结构的新陈代谢；（2）以足够强的复制能力使系统信息得以积累、遗传；（3）以组元间足够强的功能耦合保证结构的存在和发展。必须同时具备这三个条件，超循环结构才能稳定存在、发展和进化，否则，退化是不可避免的。

用艾根自己的话来说，“超循环之间的竞争总是留下唯一的超循环幸存者”，“超循环出现在遗传密码的翻译是如何起源的进化过程中”，“超循环的选择价值依赖其种群，它的一个单独的有意突变分子可以胜过一个已有的种群。超循环可以进化，但它依靠的是其内部信息载体分子的代换、插入和缺失等联系向着逐渐完善的方向发展，因为超循环具有现实中相互联系的种群增长和突变的完备控制”。远离平衡态的生命系统在进化过程中总是选择价值大的信息，但这受系统结构限制，结果是，遗传信息提供的选择，仅仅是系统分歧道路中最稳定、能量最低的一条。艾根由此说明：系统的进化过程由外界条件和系统结构来决定①。

◇◇ 2.8　突变论（Catastrophe Theory）

突变论又叫灾变论，是法国数学家托姆（R. Thom，1923—　）为解释胚胎学中的成胚过程而提出来的。他在 1972 年发表的专著《结构稳定与形态发生》中系统地阐述了突变论。该理论研究跳跃式转变 、不连续过程和突发的质变，其基础是结构稳定性。结构稳定性反映同种物体在形态上千差万别中的相似性。突变论的基本概念是静态模型，其数学基础是奇点理论和分岔理论。突变是一种普遍存在的自然现象和社会现象，如火山爆发、

① 庞元正等编：《系统论 控制论 信息论经典文献选编》，求实出版社 1989 年版，第 238—271 页；魏宏森等：《系统论——系统科学哲学》，清华大学出版社 1995 年版，第 96—97 页；陈其荣：《自然辩证法导论》，复旦大学出版社 1995 年版，第 82—85 页。

桥梁倒塌、战争爆发、基因突变乃至思维中的灵光闪现。托姆总结出了7种初等突变（折叠型、尖顶型、燕尾型、椭圆型、双曲型、蝴蝶型和抛物型。后被人发展为适用于一般系统的非初等突变），以说明参数的连续改变怎样引起了不连续现象。他把系统的外部条件作为控制参量，将其看作对系统的一个输入，而把系统的状态看作系统的一个输出，输出作为输入的函数。突变就是在外部条件即控制参量连续变化时函数发生的一个跃迁，此即系统状态即输出的一个跃迁。通过系统的控制参量的连续渐变，发生系统状态的不连续突变，从而把变化的环境原因与系统内部的原因联系起来①。

突变论本身不是系统组织理论，而是研究平衡点之间的相互转换问题，但它揭示原因连续的作用有可能导致结果的突然变化。这就与系统演化的相变即有序与无序的转化联系了起来，使人们认识到了系统从无序向有序的演化具有不连续性的一面，同时也存在多种方式和途径②。

◇◇ 2.9　小结

从上面的分析中，我们得知，系统理论自诞生以来发展迅速，从研究对象看，大致可以分为两类：研究组织系统的理论和研究自组织系统的理论。严格地处于平衡态的封闭系统是不存在的，学者们所说的封闭系统实际上是相对的封闭系统③，信息论和控制论可以看作这样的封闭系统。这

---

① 魏宏森等：《系统论——系统科学哲学》，清华大学出版社1995年版，第244—246页。

② 同上书，第97—98页。

③ 普里高津还区分了封闭系统和孤立系统，认为孤立系统如地球与外界环境有能量交换无物质交换，而封闭系统与外界既无能量交换也无物质交换，开放系统则既有物质交换也有能量交换。但大部分学者把封闭系统与孤立系统等同看待。参见黄麟阁等《系统思想和方法》，陕西人民出版社1984年版，第208页。

两个理论的创立与一般系统论相近，20 世纪 70 年代之前因为其广泛的使用价值而名声比一般系统论更为显赫。贝塔朗菲提出的开放系统的概念被普里高津、哈肯、艾根等人接受，后三人共同耕耘在“远离平衡态的开放系统”这一领域并分别创立了耗散结构论、协同论、超循环论，这些理论在社会科学领域具有广泛的应用前景，可能毫不逊色于——甚至超过了——控制论、信息论当年在工程领域的作用。

但系统有哪些特点是个见仁见智的问题。朴昌根认为主要是整体性、等级性、适应性、稳定性和历时性①，魏宏森总结为整体性、层次性、目的性、稳定性、开放性、突变性、自组织性和相似性②，霍绍周概括为整体性、等级性、目的性、环境依存性和结构性③，陈其荣谈到的是自然系统的基本属性有整体性、层次性、结构性、功能性④，高振荣与陈以新总结的系统特征是整体性、目的性、关联性、环境适应性和集合性⑤，黄麟阁等人则提到了系统的整体性、目的性、结构与功能性⑥。苏国勋则认为，系统是个有秩序的整体，各部分相互依存；系统能自我维持，是自组织机体；总体上是静态的，但有时进入有秩序的变迁状态；系统内矛盾以不破坏系统为限；保持对环境的适应；调节与整合是系统的两个必需过程⑦。

这些学者的总结各具特色，具体考察这些学者所做的分析，我们会发现：有的用不同词汇表达类似的意思，如稳定性与结构性、层次性与等级性、适应性与环境依存（适应）性；有些含义相近，如开放性与环境适

---

① 朴昌根编著：《系统科学论》，陕西科学技术出版社 1988 年版，第 63—92 页。

② 魏宏森等：《系统论——系统科学哲学》，清华大学出版社 1995 年版，第 201—286 页。

③ 霍绍周：《系统论》，科学技术文献出版社 1988 年版，第 30—40 页。

④ 陈其荣：《自然辩证法导论》，复旦大学出版社 1995 年版，第 53—75 页。

⑤ 高振荣等编：《信息论 系统论 控制论 120 题》，解放军出版社 1987 年版，第 92—93 页。

⑥ 黄麟阁等：《系统思想和方法》，陕西人民出版社 1984 年版，第 42—106 页。

⑦ 引自《社会理论》课 2006 年 4 月 18 日课堂笔记。

应性，目的与功能；有些表述有欠合理，如将集合性与整体性并列，将突变性与稳定性并列，既说结构性又说功能性；有些概括不适用于全体，如自组织性适用于开放系统而不适用于相对封闭系统，适用于实体系统而不适用于概念系统；有的比较详细，有的比较简略，如魏宏森与黄麟阁。根据上述学者的观点，从最小公约数的角度出发，可以暂时总结出系统的五大特征：整体性、开放性、目的性、层次性和结构性。

关于整体性　对系统的这一特征，学者们很少持异议。黑格尔阐述道："假如物质被规定为整体，那么，它便由部分组成，而在部分中，整体将变为非本质的关系并消失。但部分就其自身来说也是如此，它也不是部分而是整体。""部分只有在没有整体时才是独立的。"①贝塔朗菲曾说过：在数学上当以微分方程组表示一个系统时，整体性是指系统任一要素的变化是系统所有要素的函数，而每一要素的变化引起其他要素及整个系统的变化，从实质上看，整体性是指系统具有各要素所没有的"新的"性质和行为特征②，他强调，"当我讲到'系统'，我指的是'整体'或'统一体'"③。显而易见，系统的整体性主要表现在系统的性质功能和运动规律只有从整体上才能显示出来，而且整体大于部分之和④。所以，整

① ［德］黑格尔：《逻辑学（下卷）》，杨一之译，商务印书馆1976年版，第163页，转引自陈其荣《自然辩证法导论》，复旦大学出版社1995年版，第53—54页。

② ［奥地利］路德维希·冯·贝塔朗菲：《关于一般系统论》，《自然科学哲学问题丛刊》1984年第4期，转引自朴昌根编著《系统科学论》，陕西科学技术出版社1988年版，第65页；也可参见庞元正等编《系统论 控制论 信息论经典文献选编》，求实出版社1989年版，第12页。

③ ［奥地利］路德维希·冯·贝塔朗菲：《一般系统论：基础、发展、应用》，秋同等译，社会科学文献出版社1987年版，转引自魏宏森等《系统论——系统科学哲学》，清华大学出版社1995年版，第201页。

④ 霍绍周：《系统论》，科学技术文献出版社1988年版，第34页；高振荣等编：《信息论 系统论 控制论120题》，解放军出版社1987年版，第92—93页；魏宏森等：《系统论——系统科学哲学》，清华大学出版社1995年版，第201—208页；黄麟阁等：《系统思想和方法》，陕西人民出版社1984年版，第43页。

体性通常被看作系统的最基本的性质，“整体性是系统最为鲜明、最为基本的特征之一，系统之所以成为系统，首先就必须要有整体性”①。

关于开放性 系统无处不在，现实的系统都是开放的系统，绝对孤立或封闭的系统是不存在的，因为完全不开放的系统必定走向无序的热混沌状态，即退化为平衡态。所谓封闭系统不过是一定时期内表现相对稳定的开放系统。系统的开放性是指系统具有不断地与外界环境进行物质、能量、信息②交换的性质和功能。系统的稳定和发展都有赖于其开放性。《自组织的宇宙观》的作者埃里克·詹奇发现系统和环境在进化中的互相推动，他称之为“共进化”，这显示的也是系统对环境开放的结果③。薛定谔基于生命是个开放系统的认识，提出了“有机体就是靠负熵为生的”这一判断④。有必要指出的是，“系统概念并不局限于物质实体，也可以应用到任何由相互作用的‘部分’组成的‘整体’”⑤。系统通过与外界环境交换物质、能量和信息（通过物流、能流与熵流）的过程才能维持自己的相对稳定状态并调整自己。这也体现了系统对环境的适应性或依存性、系统与系统之间的关联性。

关于目的性 又叫等终极性，体现系统对环境的适应性，这一特点通常在系统的变化之中表现出来——即，系统在适应环境的过程中展现潜在

---

① 魏宏森等：《系统论——系统科学哲学》，清华大学出版社1995年版，第201页。

② 关于物质、能量和信息三者关系的讨论，见魏宏森书第230页。“三者总是密切相关的，一定的物质总是对应着一定的能量，而信息以物质为载体，信息交换离不开物质交换；信息传播离不开能量的耗散，这又说明，信息交换的同时也离不开能量的交换……信息资源作为一种无形资源往往是一种比有形资源更为重要的资源。”

③ 魏宏森等：《系统论——系统科学哲学》，清华大学出版社1995年版，第224—230页。

④ ［奥地利］薛定谔：《有序，无序和熵》，转引自庞元正等编《系统论 控制论 信息论经典文献选编》，求实出版社1989年版，第693页。

⑤ ［奥地利］路德维希·冯·贝塔朗菲：《一般系统论：基础、发展、应用》，秋同等译，社会科学文献出版社1987年版，第89页。

的发展能力，目的性也寓于其中，因此目的性与系统的开放性相联系。维纳在《行为、目的和目的论》一文中阐明了目的论对控制论的重要性，并把负反馈与目的性行为等同起来——控制论研究的行为都是有目的的反馈行为①。贝塔朗菲在1945年发表的论文中就把目的性问题作为一般系统论的最基本问题之一加以讨论。后来，他进一步研究有生命系统和无生命系统的目的性，指出了目的性的三种类型：等因果性、反馈稳定型和适应行为型②。系统与环境除了交换物质和能量外，还交换信息。系统结构作为中介信息保留，并组织信息（是为"目的信息"）以调节系统的行为，从而使系统与环境之间、系统的行为之间保持适应性和协调性③。

关于层次性或等级性　贝塔朗菲曾经指出："等级秩序的一般理论显然将是一般系统论的主要支柱"④，他的这一结论符合生物中普遍存在的一个序列的结构等级秩序：分子、细胞器、细胞、器官和有机体。组织程度是生物的显著特点，组织复杂性显示上一层次比下一层次复杂，具有下一层次所没有的某些特征。这一点也适用于非生物的系统，如机器系统、社会系统等。系统的等级性犹如套箱，是指系统的每一组元又可以被视作一个系统，而所研究的系统本身又是由它和其他系统构成的更大系统的组元。系统具有等级性的根据在于：系统是结构和功能的统一体，结构是诸要素的序，而功能是诸要素活动的序。结构、功能都具有相对的独立性，

---

① 当然，非生命系统与生命系统的合目的运动也有不同的一面，如人的目的性行为是人自己作出的选择，机器的目的性则往往是认为事先规定的，即使导弹自动寻的也不是导弹可以认识对象实体，而是导弹可以根据对象所发出的不同于背景的某些特定的物理条件。

② ［奥地利］路德维希·冯·贝塔朗菲：《一般系统论：基础、发展、应用》，秋同等译，社会科学文献出版社1987年版，第36—38页；魏宏森等：《系统论——系统科学哲学》，清华大学出版社1995年版，第234—237页。

③ 朴昌根编著：《系统科学论》，陕西科学技术出版社1988年版，第33—34页。

④ 转引自朴昌根编著《系统科学论》，陕西科学技术出版社1988年版，第85页；霍绍周《系统论》，科学技术文献出版社1988年版，第39页。

具有各自的等级性，二者的等级又辩证地统一成为系统等级①。这里，结构似乎是指呈现为层次性的安排。

关于结构性 针对系统的概念，贝塔朗菲在不同时期先后给出过四个定义②，别的学者也常常给出自己的界定。总结不同学者的观点，笔者给出的系统定义是：指为达到共同目的，具有特定功能的、相互间具有有机联系的许多要素所构成的一个整体③，要素即分系统或子系统，子系统又是由下一级的要素构成，如是可以不断划分下去。所谓有机联系是指若干要素（P）处于若干关系（R）中，以至一个要素P在R中的行为不同于它在另一关系中的行为④。任何系统都是有结构的。系统可以是非实体，但通常是实体（entity）。结构可以是实体，但通常不是实体。非实体的结构本身可以组成系统⑤。结构是指系统内部各组成要素之间在空间或时间方面有机联系或相互作用的方式或顺序，体现要素之间相对稳定的联系方式、组织秩序及其空间表现形式⑥。系统分不同层次，各有不同的结构发挥着相应的功能⑦。结构决定功能，功能即作用。结构的产生依赖于功能。结构与功能互相转化与统一，因为功能是短期而迅速的过程，结构是

---

① 朴昌根编著：《系统科学论》，陕西科学技术出版社1988年版，第85—86页；魏宏森等：《系统论——系统科学哲学》，清华大学出版社1995年版，第213—216页。

② 霍绍周：《系统论》，科学技术文献出版社1988年版，第18页。

③ 霍绍周：《系统论》，科学技术文献出版社1988年版，第24页；高振荣等编：《信息论 系统论 控制论120题》，解放军出版社1987年版，第88—89页。

④ 周方银：《国际问题数量化分析：理论·方法·模型》，时事出版社2001年版，第34页。

⑤ ［瑞士］让·皮亚杰：《结构主义》，倪连生等译，商务印书馆1986年版，第103页。

⑥ 高振荣等编：《信息论 系统论 控制论120题》，解放军出版社1987年版，第88—89页；魏宏森等：《系统论——系统科学哲学》，清华大学出版社1995年版，第288页。

⑦ 魏宏森等：《系统论——系统科学哲学》，清华大学出版社1995年版，第216—220页。

长期而缓慢的过程。结构（即部分的秩序）和功能（过程的秩序）也许是一回事：在物理世界中物质分解为能量的活动，而在生物世界里结构就是过程流的表现。系统是过程的集合体。可以说，一种结构具有多种功能，而一种功能也可以由多种结构来实现①。

由上可知，系统的特征其实可以概括为整体性、开放性（或目的性）、层次性（包括结构性）。由于结构概念在本书中的重要性，这里予以单列以便讨论。即使系统可以是非物质实体，前面总结的结构的特性在这里大致适用：注重单元（要素）的功能，主张共时性和历时性的结合，强调整体性，但对非实体性存在争议。

有必要提及，“结构、功能都具有相对独立性”的主张主要是为了理论说明的方便，皮亚杰的“结构功能不可分”② 更接近笔者主张的结构观。学者们可以在单纯进行概念分析时区分结构和功能，但在应用中常常是同时或混杂使用的，帕森斯的结构—功能主义不过是这种倾向合乎逻辑的发展。华尔兹在与人争论时，感叹确定结构与单元分界之不容易③是很自然的，问题在于，他在建构理论时做了不适当的切割，把单元功能全部划归为单元属性，认为“政治结构与物理学中的力场很相似”④。结果，他不得不允许结构像行为体一样发挥作用，虽然声称结构是通过社会化和竞争影响国家行为。他的论点影响巨大，“结构化”这一“华尔兹效应”(waltz effect)⑤ 成了学者们建构理论的参考坐标，基欧汉与温特的成功相

① 霍绍周：《系统论》，科学技术文献出版社1988年版，第23—29页。

② ［瑞］让·皮亚杰：《结构主义》，倪连生等译，商务印书馆1986年版，第71页。

③ 参见吴征宇《肯尼思·华尔兹国际政治理论研究》，当代世界出版社2003年版，第155页。

④ ［美］肯尼思·华尔兹：《国际政治理论》，信强译，上海人民出版社2003年版，第97页。

⑤ ［美］彼得·卡赞斯坦等编：《世界政治理论的探索与争鸣》，秦亚青等译，上海人民出版社2006年版，译者前言，第12页。

当一部分取决于对结构化思维的借用。但华尔兹的观点也引发了无数的争议，并把结构现实主义引入了死胡同。本书的目标之一就是把单元功能中的一部分划入结构，从而打通死胡同，并展示基欧汉与温特理论的成就与不足。在笔者看来，过度发挥的“华尔兹效应”已经变成了“华尔兹阴霾”，影响了国际关系理论的健康发展。

第 三 章

语言学中的结构

本章分析的是：在华尔兹将结构概念引入国际关系理论之前（前华尔兹时期），结构概念在相关学科中应用的情形。这将为后文分析结构概念在国际关系理论中的应用提供相应的参照对象。

牛顿开创了一个科学时代，从他开始，科学研究的主要特征就是做分析，即，把复杂事物分解为简单要素加以精确的研究①。人们普遍抱有这样的观点："（1）世界可以分解为一个个独立的要素；（2）每个要素的状态都可以用动力学变量来描述，这些变量能以任意高的精确度加以确定；（3）系统各个部分之间的相互关系可以借助严格的因果律来描述，这些规律通过上述动力学变量的初始值确定着它们随时间的变化。整个系统的行为可以看成其所有部分相互作用的结果。"② 牛顿的经典力学思想经过霍布斯和洛克提炼后成为集中反映当时欧洲人对自然的认识，即机械论。其基本观点可以表述为：宇宙是由物质组成的，物质的性质取决于组成它的不可再分的最小微粒的数量组合和空间结构；物质具有不变的质量和固有的惯性，它们之间存在万有引力；一切物质运动都是物质在绝对、均匀的空间和时间中的位移，都遵循机械运动规律，保持严格的因果关系；物

---

① 魏宏森：《系统科学方法论导论》，人民出版社 1983 年版，第 64 页。

② ［美］玻姆：《量子理论》，侯德彭译，商务印书馆 1982 年版，第 754—755 页，转引自陈其荣《自然辩证法导论》，复旦大学出版社 1995 年版，第 20—21 页。

质运动的原因在物质的外部①。

从那以后，自然科学对人文与社会科学的影响成为常见现象。达尔文进化论思想对斯宾塞的影响就是一个明显的例子②，斯宾塞认为宇宙是普遍进化的：天体、地理的进化属于无机物进化；生物进化是有机物进化；人类社会的进化则是超有机体进化。他进而把社会有机体和生物的机体进行比较：社会的生产系统类似于生物的营养系统；社会的商业营运系统类似于生物的分配系统；社会的行政体统类似于生物的调节系统。生物有机体的部分是为整体而存在的，社会超有机体中的个人也需要为整体利益而合作，社会的活动是由个体的活动规定的，不能解释个体的活动就不能解释集合起来的人的活动，社会现象并非来自社会，而是来自个体的动机或来自个体动机的集合③。孔德也把生物学称作有机物理学，把社会学称作社会物理学，认为社会学不能没有生物学：人的研究属于生物学的范畴，社会学的研究，更有赖于生物学④。

但是，从19世纪末开始，自然科学进入了一个新的时代。普遍论思想代替了个体论思想（哲学意义上）；物理学上，用马克斯·普朗克的话来说，通过成分分析来概括总体特征的方法缺点日益明显⑤。因而原子主

---

① 陈其荣：《自然辩证法导论》，复旦大学出版社1995年版，第17页。

② 人文与社会科学对自然科学的影响也是钱币的另一面，为人文与社会科学领域所设计制定的许多技术反过来也影响了生物学、物理学与化学，达尔文的生物选择思想也部分地受到了经济学和人口学概念的启发。参见［瑞士］让·皮亚杰《人文科学认识论》，郑文彬译，中央编译出版社1999年版，第16页。

③ 王养冲：《西方近代社会学思想的演进》，华东师范大学出版社1996年版，第62、65、66、70页。

④ 同上书，第35页。

⑤ 普朗克1909年在纽约的一次演讲中，以不可逆过程来说明成分分析法的不足：运用成分分析法的前提是，对整体进行分解不能改变整体的特性。但如果把不可逆过程割裂为一个个小过程（成分），则不可逆性消失。参见［美］罗伯特·肖尔斯《结构主义——批评的理论与实践》，高秋雁审译，台湾结构出版群1989年版，第7页。另外，感谢四川师范大学文学院何文彬在语言学方面提供的帮助。他的专业知识让我避免了不少弯路。

义的观点市场变小，出现了场论的思想。场是一个限定区域内的一种整体存在，其中每一部分的性质的变化都是由场的整体所决定，场不是成分的简单加总①。这种思潮在语言学中的影响就是以索绪尔为代表的结构主义语言学的兴起。

◇◇ 3.1　索绪尔的结构

索绪尔是现代语言学的奠基人，因为在其语言学理论研究中表现出来的结构思想而被公认为结构主义之父。由于他的这一特殊地位，以及结构主义在语言学中的广泛渗透，有必要用较多的篇幅分析语言学，以期对这一学科中的结构观有较好的把握。而在分析现代语言学之前，扼要回顾语言学的历史是必要的。

3.1.1　语言学简史

语言学具有漫长的历史渊源②。一般认为，国外语言学早期至少有三个中心：印度、希腊—罗马和阿拉伯。公元前 1500 年诞生了迄今为止最为古老的梵文经典《吠陀》（Veda）。公元前 500 年，由于梵文已经与口语完全脱节，出于研究梵文的需要，诞生了印度的语文学，稍后出现了语法分析，代表作为古印度语法学家巴尼尼（Panini）的《八书》（英文译

---

① 刘恩久等编著：《心理学简史》，甘肃人民出版社 1985 年版，第 174—175 页。

② 本节内容主要是综合以下资料改写而来。赵世开主编：《国外语言学概述——流派和代表人物》，北京语言学院出版社 1990 年版，第 1—28 页；R. H. Robins, *A Short History of Lingustics*, London: Addison Wesley Longman Limited, 1997（外语教学与研究出版社 2001 年引进版），“导读”，F22—F32；冯志伟编著：《现代语言学流派》，陕西人民出版社 1999 年版，第 1—11 页。

为 Eight Books），书中确定了 3996 条简练的规则。古希腊的语言研究则与哲学研究相关，如赫拉克里特（Heracritus, 540B. C—480B. C.）主张名称由实体决定，而德谟克里特（Democritus, 460B. C. —370B. C.）则主张习惯决定名称。希腊学者还讨论了逻辑范畴与语法范畴的关系问题。公元前 3 世纪，希腊古籍与口语已经不同，为了解读古籍尤其是荷马史诗，人们开始了希腊语文学的研究。阿拉伯文虽然是公元前的产物，但穆罕默德用阿拉伯语写成《可兰经》却是在公元 7 世纪。由于《可兰经》语言与实际上的阿拉伯口语差异较大，以解经为主要目的的阿拉伯语文学也随之诞生，阿拉伯语文学家依据阿拉伯语的构词特点区分了表达词汇意义的词根和表示语法意义的曲折成分。此外，阿拉伯人在词典编纂方面也有不小成就。

语言学的发展大致可以分为 5 个阶段①。

（1）上古时期（公元前 500 年—公元 500 年），其中公元前 5 世纪到公元前 3 世纪是希腊时期，最大成就是语法，特拉克斯（Dionysius Thrax）的《语法术》区分了 8 大词类。公元前 3 世纪到公元 5 世纪为罗马时期，这期间的代表人物瓦罗（M. T. Varro 116B. C. —27B. C.）的《论拉丁语》区分了词的曲折形式（任意变化）和派生形式（自然变化）。另一代表人物普里西安（Priscian）的《语法原理》对古典拉丁语进行了详尽的描写，他的观点左右了中世纪的语法学与语言哲学。

（2）中古时期（500—1300 年），这一时期的学术语言是拉丁语，但各个地区用世俗语言翻译《圣经》的需要促使一些语言产生了文字，语

---

① 索绪尔则将他之前的语言学分为三个连续的阶段：语法阶段，由希腊人创立，以逻辑为基础；语文学阶段，沃尔夫（Friedrich August Wolf, 1759—1824）1777 年开始倡导，包括文学史考订、文献比较、碑铭和作家语言风格三个方面；比较语法或比较语文学，1816 年由葆朴创立，注意到亲属语言的关系可以成为一门独立的科学，即语言学。参见［瑞士］费尔迪南·德·索绪尔《普通语言学教程》，高名凯译，岑麒祥、叶蜚声校，商务印书馆 1980 年版，第 17—25 页。

法知识是学者们必须掌握的七艺之一①，海里阿斯（Peter Helias）为代表的学者们不满意普里西安只是描写不做解释，提出纯理语法（Speculative grammar），主张以句法为中心，探讨了句子的支配关系，而在词类研究中则把形容词从名词中分离出来。

（3）文艺复兴时期（14—18 世纪），文艺复兴在欧洲被视作“现代世界的诞生”，由于重新研究古希腊罗马文献，也由于欧洲学者接触了非印欧语的大量语言材料，欧洲出现了针对不同语言的描写语法，这为 19 世纪的比较语言学提供了物质基础，因而成为历史比较语言学的滥觞。18 世纪哲学上是经验主义与理性主义的对峙，前者继承了自希腊以来的经验主义传统，而理性主义则认为语法基于人类的理性和思维，提出了普遍唯理语法。

（4）19 世纪是语言学研究获得大进展的世纪，也可以概称为历史比较语言学（Comparative and Historical Linguistics）世纪，其通常分为前中后三个时期。如果说索绪尔在 20 世纪初开创了现代语言学，那么，历史比较语言学则代表了前现代语言研究的顶峰。这一时期的语言研究脱离了早期语文学的道路，把语言作为独立的研究对象，有了自己的研究方法——历史比较法。18 世纪末 19 世纪初解剖学、植物学采用历史比较法取得了重大成就，这对语言学家产生了重大的影响②。

前期代表为丹麦的拉斯克（R. Rask）、德国的格里姆（J. Grimm）和葆朴（F. Bopp），他们被称为历史比较语言学的奠基者。拉斯克比较了古北欧语和英语的语音和音变，并寻找日耳曼语言的对应关系。“格里姆定律”则确定了希腊语、峨特语和高地德语之间部分辅音的音变规律，他明确指出语音对应规律是建立印欧语系和其他语系的基础。葆朴对印欧语言

---

① 七艺（seven liberal arts）指语法、修辞、逻辑、音乐、数学、几何与天文。

② 向明友：《索绪尔语言理论的经济学背景》，载赵蓉晖主编《索绪尔研究在中国》，商务印书馆 2005 年版，第 189 页。

的变位特征作了系统的比较，试图找出它们在形态上的共同来源。他发现，梵语既不是拉丁语、希腊语和其他欧洲语言的母语，也不是由其他语言演变而来的，而是源于一种共同的原始语言，但梵语比其他语言保存了更多的原始形式。

中期的代表人物是德国的斯莱歇尔（August Schleicher），受生物学物种分类的启发①，他为有亲缘关系的语言的历史演变设计了一种树形谱系图，构拟了语系的原始母语。他创造出来的原始母语虽然不被同行认可，但他用谱系树的做法对后世研究者产生了巨大影响，并被包括乔姆斯基在内的学者所借用。他的谱系树的不足由他的学生斯密特（J. Schmit）用语言演变的"波浪说"做了有力的修正。

后期的历史比较语言学常被称作新语法学派，又叫莱比锡学派，他们的成就主要体现在语音学和形态学方面。代表人物有奥斯特霍夫（H. Osthoff）、布鲁克曼（K. Brugmann）和维尔纳（Karl Verner）。受19世纪自然科学飞速进展的影响，他们坚信自然规律普遍存在，因而提出语音演变规律不允许任何例外，维尔纳则对格里姆定律中的例外给出了较好的解释（即"维尔纳定律"）。借鉴生物学与心理学的研究成果，他们以语言材料为依据强调类推在语音演变中的作用。该派避免对一般哲学问题的研究而强调个人语言的特点，认为这正是语言的研究对象。

历史比较语言学尤其是新语法学派受到的批评主要有：把研究对象定为个人语言特点，描述对象局限于表面现象的语音层次，高估历史语言而忽视了当今语言，只考察单个过程而不是系统的关联性。但是，历史语言学的成就是显著的，它的不足则有待于俄罗斯语言学家（尤其是喀山学派）② 和索

① 他的一本著作就叫《达尔文理论和语言学》。

② 一般把索绪尔当作现代语言学的奠基人。但也有人注意到喀山学派已经具有索绪尔语言学的初步轮廓而将之视作现代结构主义语言学的开创者。参见赵世开主编《国外语言学概述——流派和代表人物》，北京语言学院出版社1990年版，第72页。

绪尔语言学来纠正。

（5）20 世纪是现代语言学阶段，从索绪尔开始迄今，详后述。

3.1.2 索绪尔与现代语言学

当代语言学的两大主流是形式主义与功能主义，在国际上是以乔姆斯基（Noam Chomsky，1928—）为代表的形式主义占优势，而在中国则是功能主义占优势，这跟中国语法学界与功能主义者韩礼德（M. A. K. Halliday）的师承关系有关①。两派的基本区别是，形式主义认为语言学的中心任务是研究语法成分之间的形式关系，无须涉及语法成分的语义性质与语用性质。功能主义则认为形式必然受意义影响，两者无法分开②。两派都承认索绪尔现代语言学的始祖地位。当然，索绪尔思想的广泛传播和被普遍重视，很大程度上与 1945 年列维－斯特劳斯出版《语言学结构分析与人类学结构分析》有关联③。

费尔迪南·德·索绪尔（Ferdinand De Saussure）1857 年出生于日内瓦的一个法国人家庭，除了在德国求学的 5 年（1876—1881）和在巴黎高等研究院的 10 年（1881—1891）外，多生活在日内瓦，直至 1913 年去世。除了博士学位论文《论梵语绝对属格分用法》外，他生前只发表过一

① 韩礼德以系统功能语法见长，1947—1949 年在北京大学留学，师从罗常培，在剑桥大学的博士论文题目是《汉语〈元朝秘史〉的语言》。他在悉尼大学任教时培养了改革开放后中国派出的第一批语言学研究人员，而这些人现在多是中国语言学界的领导人物。参见赵世开主编《国外语言学概述——流派和代表人物》，北京语言学院出版社 1990 年版，第 190 页；徐烈炯《功能主义与形式主义》，载钱军编《语言学——中国与世界同步》，外语教学与研究出版社 2003 年版，第 8 页。

② 徐烈炯：《功能主义与形式主义》，载钱军编《语言学——中国与世界同步》，外语教学与研究出版社 2003 年版，第 1 页。

③ ［法］安娜·埃诺：《符号学简史》，怀宇译，百花文艺出版社 2005 年版，第 25 页；张绍杰：《追思索绪尔的语言理论》，载钱军编《语言学——中国与世界同步》，外语教学与研究出版社 2003 年版，第 525 页。

篇文章《论印欧语系语言元音的原始系统》。这是一篇优秀的历史比较语言学论文，初步展示了他的突出才华。他的代表作《普通语言学教程》则是门生在他去世后搜集几个学生的课堂笔记、他的一些手稿还有其他材料整理而成，于1916年在巴黎出第一版，1922年和1949年分别出了第二版和第三版（这三版之间只有一些细节上的差异），各国语言学家先后把它译成德、西、俄、英、意、日、中、波等国文字，使其影响遍及世界①。

索绪尔语言学思想的来源 作为一个博学而严谨的学者，索绪尔的思想来源极为庞杂，探讨这一问题超出了笔者的能力，也非本书的任务。就其语言学思想的形成而言，研究者认为他主要受到了以下几个方面的影响：比较历史语言学、俄罗斯语言学尤其是喀山学派②、早期美国语言学尤其是惠特尼的语言学思想、经济学、心理学、社会学。索绪尔对授课有高度的热忱，但他在日内瓦的22年过的是深居简出的日子③，与同行交往甚少，又未发表论文，甚至连写的讲义也是用完就扔。这给研究带来了极大的困难，下面的分析只能是初步的尝试。

他早期是个优秀的历史比较语言学家，对历史比较语言学不足之处的深刻体会是他提出自己语言学理论的基础，而《普通语言学教程》中约三分之一篇幅是对历史比较语言学的总结和评价。俄罗斯语言学中对他影响较大的是喀山学派，该派因为波兰语言学家博杜恩·德·库尔特内（J. Baudoin de Courtenay，1845—1929）于1875—1883年在该校任教

---

① ［瑞士］费尔迪南·德·索绪尔：《普通语言学教程》，高名凯译，岑麒祥、叶蜚声校，商务印书馆1980年版，前言，第7页。

② 博杜恩曾把自己的一些研究论文寄给他，参见李葆嘉《语言学大师之谜和心理索绪尔》，载赵蓉晖主编《索绪尔研究在中国》，商务印书馆2005年版，第67页。

③ 索绪尔的自我解释是1894年后染上了书写恐惧症（epistolophobie），但研究者更倾向于认为他的神经症与几个因素有关：童年受的刺激、学术创新的困难、交流圈子的缺乏。参见［法］安娜·埃诺《符号学简史》，怀宇译，百花文艺出版社2005年版，第15页；李葆嘉《语言学大师之谜和心理索绪尔》，载赵蓉晖主编《索绪尔研究在中国》，商务印书馆2005年版，第66—76页。

期间形成。其主要语言学思想有：语言是基于各种关系的系统；应从语言的静态（共时）和动态（历时）两个方面研究语言；重视语言与社会的关系，强调历史主义原则，注重活的语言①；区分音素和音位，认为音素是纯语音现象，而音位是词的某一部位语音性质的总和，同词的意义相关联②。惠特尼（William Dwight Whitney，1827—1894）是美国描写语言学的第一代学者，对欧洲学者有不小的影响，他对索绪尔的影响主要是把语言看作一种纯粹的制度，坚持语言符号的任意性③，他的不足则是没有给予语言符号的任意性明确的定位。索绪尔则将任意性确定为符号的基本原则④。

经济学对索绪尔的影响体现在以下三个方面⑤：（1）他把经济学的价值和价值理论引入语言学，使之在结构主义语言学中发挥基石作用，并在探究系统和价值的关系中区分了语言的组合关系和聚合关系。（2）关注德国当时政治经济学与经济史的方法论之争，明确时间因素的重要性而提出了共时性和历时性的区别⑥。（3）受边际学派华尔拉（L. Walras，1834—1910）一般均衡思想的影响，多次表述了语言学中的平衡与转换⑦。

---

① 赵世开主编：《国外语言学概述——流派和代表人物》，北京语言学院出版社1990年版，第71—72页。

② 冯志伟编著：《现代语言学流派》，陕西人民出版社1999年版，第37页。

③ ［瑞士］费尔迪南·德·索绪尔：《普通语言学教程》，高名凯译，岑麒祥、叶蜚声校，商务印书馆1980年版，第113页。

④ 赵蓉晖：《索绪尔和中国的索绪尔研究》，载赵蓉晖主编《索绪尔研究在中国》，商务印书馆2005年版，第26页。

⑤ 向明友：《索绪尔语言理论的经济学背景》，载赵蓉晖主编《索绪尔研究在中国》，商务印书馆2005年版，第187—199页。

⑥ ［瑞士］费尔迪南·德·索绪尔：《普通语言学教程》，高名凯译，岑麒祥、叶蜚声校，商务印书馆1980年版，第117—118页。

⑦ 向明友：《索绪尔语言理论的经济学背景》，载赵蓉晖主编《索绪尔研究在中国》，商务印书馆2005年版，第128—129、156、169页。许多学者把Walras译作“华尔拉斯”，这是受英文发音规则的影响。在法语中，结尾的“s”通常不发音，故本书统一将之译为华尔拉，以体现“名从原文”的规则。

语言学界对索绪尔是否受到格式塔心理学的影响存在争议。笔者认为，他没有受格式塔心理学影响。因为，从时间上推断，格式塔心理学最初的倡导者惠太海默（M. Werthheimer，1880—1943）是在1910年发现视知觉的似动现象，他1912年发表的《关于运动知觉的实验研究》被视作完形心理学开始的标志①。完形心理学的哲学基础是康德的先验论和胡塞尔的现象学。康德认为人知觉物体或对象时，只是遇到一些零碎的材料或元素，必须由心理赋予其形式和组织，而心理是人类认识能力的特性，这种特性是先天的。现象学研究的是保持原来面目的现象，对现象的描述就是直接把现象还原为本质，他们认为，现象的本质就是直观现象中普遍存在的不变的结构②。但索绪尔受到物理学场论的影响而注重对语言的整体性（系统性）、关系的研究则无异议。弗洛伊德（Sigmond Freud，1856—1939）与索绪尔年纪相差不大，他先是在1895年写出自信"解开了梦的秘密"的《伊尔玛注射的梦》，稍后将之扩充为《梦的解析》并于1900年出版，其集体意识、下意识的思想③很可能影响到索绪尔的如下主张：语言是一种个人意识无法控制的惯例系统，语言是一种社会心理现象④。

---

① 刘恩久等编著：《心理学简史》，甘肃人民出版社1985年版，第176—177页。

② 同上书，第174页。

③ 荣格和弗雷格对弗洛伊德的思想有发展。荣格提出了集体潜意识的概念，认为人类有共同的祖先和心灵史，人类经历过的一切都在每个人的心理结构中留下了痕迹，不同人的集体潜意识中的内容几乎是相同的，所以不同人会做类似情节的梦，没受过教育的人或孩子也会做富有哲理与象征意义的梦。弗洛姆则进一步提出，一个群体、一个社会、一种文化，就像一个人一样也有潜意识，即社会潜意识，它或在梦中出现，或在别的象征性活动——如流行风尚——中出现。弗洛姆的理论为小说、音乐、服装等的流行提供了一个有力的解释。参见《中国新闻周刊》2006年5月15日，第25页。

④ 赵蓉晖：《索绪尔和中国的索绪尔研究》，载赵蓉晖主编《索绪尔研究在中国》，商务印书馆2005年版，第24—25页；赵世开主编：《国外语言学概述——流派和代表人物》，北京语言学院出版社1990年版，第29页。

涂尔干（Emile Durkheim，1858—1913）比索绪尔还小一岁，而且在1895年才写出《社会学方法的规则》，而索绪尔1891年就到了日内瓦，所以，有人怀疑涂尔干对索绪尔的影响。但细心的研究者发现，涂尔干关于社会事实（Fait Social）的思想明显影响了索绪尔的语言学思想，如为了说明共时态和历时态的关系，他用下棋和语言的运行来“比拟说明两类事实的差别”①，指出语言是一个社会事实②。波兰学者罗雪夫斯基也证明索绪尔对涂尔干的社会学理论非常感兴趣，并将之应用于自己的语言学理论中③。

索绪尔的主要成就　作为现代语言学的奠基人，他的《普通语言学教程》被视作语言学的圣经。他的学术思想已经远远超出了语言学界，是公认的结构主义的鼻祖。就语言学而言，他的成就至少包括以下5个方面：言语和语言的区分、历时和共时的区分、符号语言观、语言符号的任意性、符号价值理论。

（1）言语和语言的区分　博杜恩先是在1870年就提出应该区分言语与语言，接着在1876年提出区分语言的静态和动态。但索绪尔在博杜恩的基础上进一步阐述了语言（langue）、言语（parole）、言语活动（langage）三者的关系，强化了语言与言语的对立。他认为比较历史语言学过于注重言语的研究，而在他看来，只有语言和为语言而研究的语言才是语言学唯一真正的对象④，而言语活动的研究包括对言语和语言两方面的研究。语言是消极地存在于集体之中的，是每个人都具有的东西，同时对任

① ［瑞士］费尔迪南·德·索绪尔：《普通语言学教程》，高名凯译，岑麒祥、叶蜚声校，商务印书馆1980年版，第127页。

② 乐眉云：《索绪尔的符号学语言观》，载赵蓉晖主编《索绪尔研究在中国》，商务印书馆2005年版，第252页。

③ 赵蓉晖：《索绪尔和中国的索绪尔研究》，载赵蓉晖主编《索绪尔研究在中国》，商务印书馆2005年版，第23页。

④ ［瑞士］费尔迪南·德·索绪尔：《普通语言学教程》，高名凯译，岑麒祥、叶蜚声校，商务印书馆1980年版，第323页。

何人又都是共同的，而且是储存在人的意志之外的。语言的特征就在于它是一种完全以具体单位的对立为基础的系统①。言语是积极的和个人的，是人们所说话的总和，包括以说话人的意志为转移的个人组合，也包括实现这些组合所需要的与意志有关的发音行为②。

（2）**历时和共时的区分** 在博杜恩对语言做动静态区分的基础上，索绪尔是结合当时经济学研究成果后总结出来的。他认为历史比较语言学把重心放在语言历史的演化上是错误的，应该研究的是语言的状态，其间的道理在于，语言是个纯粹的价值系统，涉及同时存在的事物间的关系，是时代的价值特征的体现，这比具体的言语重要得多③，与历时轴只是体现个别元素变化不同，共时轴牵涉整个系统④。对于说话者来说，语言事实在时间上的连续是不存在的，而且共时观点和历时观点的对立是绝对的、不容许有任何妥协⑤。

（3）**符号语言观** 许多人不当地把符号学等同于结构主义，但这也显示二者有许多重叠之处。索绪尔的符号语言观受到惠特尼的启发，但他对符号进行了更清晰的定义并给予了定位，从而成为符号学的奠基人⑥，乐眉云认为在索绪尔的符号学语言观中，语言学是符号学的一部分，语言

---

① ［瑞士］费尔迪南·德·索绪尔：《普通语言学教程》，高名凯译，岑麒祥、叶蜚声校，商务印书馆1980年版，第151页。

② ［瑞士］费尔迪南·德·索绪尔：《普通语言学教程》，高名凯译，岑麒祥、叶蜚声校，商务印书馆1980年版，第41—42页；赵蓉晖：《索绪尔和中国的索绪尔研究》，载赵蓉晖主编《索绪尔研究在中国》，商务印书馆2005年版，第29页。

③ ［瑞士］费尔迪南·德·索绪尔：《普通语言学教程》，高名凯译，岑麒祥、叶蜚声校，商务印书馆1980年版，第118—119页。

④ 徐思益：《论语言的共时性和历时性》，载赵蓉晖主编《索绪尔研究在中国》，商务印书馆2005年版，第236页。

⑤ ［瑞士］费尔迪南·德·索绪尔：《普通语言学教程》，高名凯译，岑麒祥、叶蜚声校，商务印书馆1980年版，第120—122页。

⑥ 欧洲人为尊重索绪尔而使用Semiology，美国人则为纪念本国哲学家皮尔斯而使用Somiotics，两者内涵大致相同，在中文中都译为符号学。

是一个特殊的符号系统①。索绪尔把语言符号看作一个心理实体，包括概念和音响形象两个部分，他特意强调二者的联结，指出：概念和音响形象的结合才叫作符号②。为了说明符号是什么，他提出了两个重要的概念：所指（法语为 signifiant，英语为 signifier）和能指（法语为 signifie，英语为 signified）③。所指和能指分别代替概念和音响形象，但能较好地表示它们之间的对立关系，又能表明它们和它们所从属的整体间的对立④。能指即标记（token），所指即指称对象（referent）⑤。符号之间是对立的，能指与所指之间是对立的，能指之间的差异也是一种对立。

（4）符号的任意性　索绪尔发展了惠特尼关于符号任意性的思想，认为符号是能指与所指的结合，指出能指和所指之间的联系是任意的，并把任意性原则列为语言符号的第一条基本原则。索振羽提到，尽管在语言共时系统中相对可论证性的语言符号占了大多数，但其构成要素仍是不可论证的，所以索绪尔淡化可论证性强调任意性并无不妥，这也避免了论证

---

① 乐眉云：《索绪尔的符号学语言观》，载赵蓉晖主编《索绪尔研究在中国》，商务印书馆 2005 年版，第 246—255 页。

② 注意，这里的所指可以是物质实体（如“树”），也可以是共有观念（如“社会”），但是，与“树”的音响相对应的社会意义上的“树”的概念，也是所指，可以叫“中间所指”，它与实际的树即“终极所指”之间是一一对应关系。索绪尔并没有区分有物质实体的所指与无物质实体的所指。做这种区别的意义在于揭示索绪尔思想中矛盾的一面：语言既是纯形式的，又是社会实体。

③ 许国璋先生将之分别译为符号施指和符号受指（或许，为了简洁起见，可以简化为“施符”和“受符”?），意思明确而完整，确属高见。但为了与通行的说法统一，本书仍保留能指和所指的说法。笔者之叹：已不可考的初始译者不恰当地使用了“符号的的任意性”原则，却导致现在“符号不可改变性”的结局。对关键术语的翻译是极见功力的事情。许先生的观点见许国璋《关于索绪尔的两本书》，载赵蓉晖主编《索绪尔研究在中国》，商务印书馆 2005 年版，第 107 页。

④ ［瑞士］费尔迪南·德·索绪尔：《普通语言学教程》，高名凯译，岑麒祥、叶蜚声校，商务印书馆 1980 年版，第 102 页。

⑤ 乐眉云：《索绪尔的符号学语言观》，载赵蓉晖主编《索绪尔研究在中国》，商务印书馆 2005 年版，第 253 页。

时必然出现的语言与外部因素的联结，这是共时性研究所需要的假设①，也与索绪尔排除外部语言学（即与语言的组织与系统无关的因素）以研究内部语言学（即导致系统改变的因素）的宗旨一致②。

(5) 符号价值理论 不同于历史比较语言学派的原子主义研究方法，索绪尔提出了系统的观念并以此定义语言：语言是一种表达观念的符号系统，是纯粹的价值系统③。他觉得"意义"的内涵太狭窄，用"价值"一词加以代替并从物质和概念两个方面研究词即符号的价值。两方面都通过关系和差别构成价值④。物质方面，重要的不是声音本身，而是使这个词区别于其他一切词的声音上的差别，换句话说，词作为一个"项"或音位⑤并不重要，重要的是差别所体现的关系，关系的总和构成他所说的系统。按理说这只是能指的系统，加上所指的系统才构成它的符号系统。但他认为能指与所指是一种一一对应关系，所以，符号系统、能指系统、所指系统实际上是等值的⑥。由此可知，能指与所指的对立相对次要，通过研究能指之间的对立就可以知道所指之间的对立。因此，他说的"符号不是通过它们的内在价值，而是通过它们的相对位置而起作用"，在用"能指"或"所指"来代替"符号"一词后命题依然成立。

他认为，价值是：一种能与价值有待确定的物交换的不同的物，一些

---

① 赵蓉晖：《索绪尔和中国的索绪尔研究》，载赵蓉晖主编《索绪尔研究在中国》，商务印书馆2005年版，第39、41页。

② ［瑞士］费尔迪南·德·索绪尔：《普通语言学教程》，高名凯译，岑麒祥、叶蜚声校，商务印书馆1980年版，第43、46页。

③ 同上书，第37、118页。

④ 同上书，第164页。

⑤ 索绪尔的音位实际上相当于现在所说的音素。参见［瑞士］费尔迪南·德·索绪尔《普通语言学教程》，高名凯译，岑麒祥、叶蜚声校，商务印书馆1980年版，第60页。

⑥ 德里达正是从否定这种一一对应关系展开他的解构，这是后话。

能与价值有待确定的物相比的类似的物质①。换句话说，有了交换对象和等价物，一个价值就能成立。由此可见经济学的价值对他的影响。

小结——索绪尔结构观 上述分析显示，索绪尔对语言学的贡献是多方面的：他提出（或完善）了许多概念，他的“集中研究一个方面”的学术研究方法，他对价值观的重视，从社会心理学角度研究语言，把语言看作符号，等等。本书主要关注的是他的结构观。下面简要总结与此相关的几点结论。

首先是索绪尔的心理倾向。他反对青年语法学派把语言当作个人的生理、心理现象②，主张在共时性的基础上研究语言这种社会事实，可见，社会事实体现的是非个体的事实，或曰整体事实。而且，在他看来，词的概念是抽象的，词的音响形象是感觉的，二者都是心理活动的结果，所以，作为二者结合的符号显然是心理的。基于上述两点，人们就可以判定他所持的社会心理学立场，所以，由他肇端的法国学派又被称作心理社会学派。

其次是索绪尔的哲学观。二元对立观贯穿于他的整个研究中：言语—语言、共时—历时、能指—所指、联想关系—聚合关系、不变性—可变性、外部语言学—内部语言学等，但在他谈到共时与历时、能指与所指时表现得最为强烈，比如，他提到共时性与历时性的绝对对立与不可妥协。二分法看问题不是索绪尔的首创，他予以了强化。不过，笔者发现索绪尔是个不彻底理性主义和不彻底经验主义的结合体。关于这一点，详见本章总结部分。

最后是索绪尔的结构观。注重共时性、对立性、整体性、关系性，否认单元功能，对语言的实体性持矛盾的态度，这些是索绪尔语言学思想的

---

① ［瑞士］费尔迪南·德·索绪尔：《普通语言学教程》，高名凯译，岑麒祥、叶蜚声校，商务印书馆1980年版，第161页。

② 冯志伟编著：《现代语言学流派》，陕西人民出版社1999年版，第130页。

核心。他的语言学思想，虽不仅仅是结构观，但影响后世的结构观，主要是以下几点，对这几点需要适当的解释。（1）差异的极端就是对立。强调差异是必然的，强调同一性的一面也就无法研究语言，历史比较语言学派也没有否认词之间的差异，索绪尔强调的是从共时性角度研究语言符号的差异，他的共时性是指某一特定时段，而不是一个瞬间。（2）整体性是指注重对研究对象的整体性把握，而不是把对象看成可以拆开的部件的机械组合。（3）关系性内容稍稍复杂，主要包括下列三层意思：重视单元的相对位置，轻视单元作为实体的一面，忽视单元按规则渐次展现功能的一面。因此，索绪尔的结构观可以概括为四点：关于整体性，他强调语言是一个整体系统，反对研究个体语言，认为那是言语而非语言；关于共时性与历时性，他强调的是历时性，还声称共时性观点与历时性观点不可调和；关于单元功能，他忽视单元本身的功能，认为重要的是关系、排列顺序、对立性等；关于非实体性，他的观点是矛盾的，一方面认为语言是符号，是形式，另一方面又认为语言是社会心理现象，是社会实在，从而赋予语言实际的实体地位。关于索绪尔的结构观，我们将在本章的第三节展开进一步的讨论。

顺便提及，包括皮亚杰在内的许多学者都有点粗心地认为索绪尔没有使用过“结构”一词①；认为他所说的系统就是指结构②；有些则将结构等同于（能指与所指的）对立和（音响印象之间的）差异，认为词的含

---

① ［瑞士］让·皮亚杰：《结构主义》，倪连生等译，商务印书馆1986年版，第6、53页。

② 同上书，第6页；［法］弗朗索瓦·多斯：《从结构到解构——法国20世纪思想主潮》，季广茂译，中央编译出版社2005年版，第61页；李幼蒸：《关于结构主义和符号学的辨析》，载台湾谷风出版社编《结构的时代——结构主义论析》，台湾谷风出版社1988年版，第42、66、72页。李幼蒸先生是国内研究结构主义的名家，对推进结构主义在中国的普及发挥了重大作用，笔者也受益匪浅。随着结构主义研究的进展，有理由认为他的有些观点是值得商榷的。

义存在于差异尤其是对立中①。这些都有失片面：索绪尔至少用过一次“结构”一词②；他在说明共时性的对立规律和平衡规律时谈论系统，又把语言看作一个符号系统和价值系统，认为系统是关系的总和，所以，可以认为他的系统有时候是指结构，但不能认为他的系统仅仅是指结构；由前面的分析可知，他的结构也远远不止是指对立和差异。

◇◇ 3.2 索绪尔以后语言学中的结构

索绪尔之后结构主义语言学可以分为以下几派：法国社会学派、布拉格学派、哥本哈根学派、美国描写语言学派。此外，俄罗斯学派在1915—1930年则由形式主义占主导地位，此后的研究式微；伦敦学派主要受马林诺斯基的影响，其结构观有自己的特色；索绪尔开创的法国社会学派在他身后有所分化；乔姆斯基虽然是在批评描写语言学派的基础上创建转换生成语法的，他的理论仍被认为与索绪尔语言学有重大关联，因而被划入结构主义阵营。

3.2.1 俄罗斯学派

就笔者的阅读范围看，喀山学派在俄罗斯形式主义者中的影响不明显，但对稍后的布拉格学派却影响不小。这可能与博杜恩抛弃喀山学派的

---

① 刘永涛：《后现代主义与后现代国际关系：一个基本考察》，《世界经济与政治》2005年第7期。

② ［瑞士］费尔迪南·德·索绪尔：《普通语言学教程》，高名凯译，岑麒祥、叶蜚声校，商务印书馆1980年版，第250页。

观点、站到语言社会学派的立场[①]有关，也与特鲁别茨柯依1919年即离开俄罗斯、雅克布森1920年就常在布拉格工作有关。一般所说的俄罗斯形式主义（即本书所说的俄罗斯学派）由两个部分组成：成立于1915年的莫斯科语言学小组和成立于1916年的彼得格勒诗歌语言研究会。前者的成员主要是语言学家，后者的成员主要是文学史家。成员主要有：罗曼·雅克布森、鲍里斯·埃亨鲍姆、尤里·迪尼亚诺夫等，他们把形式视为有效的交流工具，认为形式是自主的、自我表达的，因而关心文学语言得以发生作用的技巧[②]。形式主义起初是一个文学和美学的运动，探索对整体的一种新解释，一种新本体论[③]。关注文学主体或文学个性，否认素材和形式的对立，认为素材本身就是形式的，因此他们的结构主义态度表现为：一方面尝试从语言学中得到对字词自成一体的价值结构的认识[④]，另一方面把文学看成一个符号学系统，并对之进行功能的和系统的分析[⑤]，相信诗歌语言不单单是一种形象的语言，诗句的声音本身便有独立的意义[⑥]。

总体上说，强调文本本身、技巧、整体性是俄罗斯形式主义的主要特色，他们主张共时与历时相结合但侧重共时性，承认结构的非实体性。

---

① 赵世开主编：《国外语言学概述——流派和代表人物》，北京语言学院出版社1990年版，第72页。

② ［英］特伦斯·霍克斯：《结构主义和符号学》，瞿铁鹏译，上海译文出版社1987年版，第58—59页。

③ ［比利时］J. M. 布洛克曼：《结构主义：莫斯科—布拉格—巴黎》，李幼蒸译，商务印书馆1981年版，第39页。

④ 同上书，第54页。

⑤ 同上书，第56页。

⑥ ［俄］鲍里斯·埃辛鲍姆：《“形式方法”的理论》，载［法］茨维坦·托多罗夫选编《俄苏形式主义文论选》，蔡鸿滨译，中国社会科学出版社1989年版，第27页。

3.2.2　法国社会学派

又叫心理社会学派或法国学派①，由索绪尔开创。他之后分成两支：日内瓦的一支继续索绪尔的方法，偏重静态研究，主要成员是巴利（Charles Bally）和薛施蔼（Albert Sechehaye），即《普通语言学教程》的两位编者。巴利在文体论和风格学研究上也有较大的成就。皮亚杰认为巴利的文体论发展了索绪尔的能动平衡观念，已经在种种个别变化的有限意义上研究转换关系了②。但这似乎不能否定巴利的研究总体上是一种静态研究。另外一支以梅耶（Antoine Meillet，1866—1936）和房德里耶斯（Joseph Vendryes，1875—1960）为代表，其一直不太重视符号概念和语言的系统性，而侧重从社会学角度研究语言，重视方言研究。如梅耶认为每个社会范畴都有自己在智力上的表现，因而都有自己的语言，又说社会变化是解释语言变化的唯一因素，他还系统研究了历史比较法的一般原则及其使用中的优缺点，注重语言历时演变中的普遍现象，善于综合，如用波浪说来改进历史比较语言法的不足。房德里耶斯则声称语言的起源乃是人际交往的需要，语言是人们使自己的能力适应社会需要的结果。他把语言分为一般语言和个别语言③，既研究共时系统也研究历时演变规律。

如果说对于布拉格学派是否属于结构主义语言学还有争议的话，对于巴黎结构主义则已经没有争议。需要说明的是，结构主义在法国的传播是

---

① 此段根据以下材料综合而来。冯志伟编著：《现代语言学流派》，陕西人民出版社 1999 年版，第 130—149、146—147、265—267 页；赵世开主编：《国外语言学概述——流派和代表人物》，北京语言学院出版社 1990 年版，第 29—33 页。

② ［瑞士］让·皮亚杰：《结构主义》，倪连生等译，商务印书馆 1986 年版，第 6、7 页。

③ 一般语言是某一社会全体成员使用的语言，而个体语言则只是社会中某一集体使用的语言（如行话）。

分学科进行的，与哲学、人类学、文学批评等相比，语言学结构主义出现得比较晚①。

总体上，除了规模较小的日内瓦一支外，索绪尔之后的法国学派与历史比较语言学有较多的共通之处，不太重视系统与符号，主张共时与历时的结合，注重关系（认为词没有独立的存在通过意义而汇合成心里的词群）而轻视对立（认为应该重视词的多义性）。

3.2.3 伦敦学派

伦敦学派注重从社会学视角研究语言，注重语言的意义、工具性质和使用情境。因此，这一学派的应用价值较广，分布于社会语言学、文体学、文学批评和语言教学等领域②。

有的学者认为结构主义属于形式主义语言学，而伦敦学派注重功能研究，因此不属于结构主义语言学③。把结构与功能对立起来的观点，显然走得太远了，语言学家一般还是把伦敦学派列入结构主义语言学范畴。本书所进行的研究也需要采取比较宽泛的结构主义定义。

伦敦学派包括弗斯学派和新弗斯学派④，后者以韩礼德为主将，前者则由弗斯（J. R. Furth，1890—1960）创立，他的语言学观念主要有：（1）结构是指语段成分的排列顺序（Syntagmatic ordering of elements），系统则指一组能够在结构里的一个位置上互相替换的类聚性单位（a set of

---

① 王钟陵：《布拉格学派研究》，《上海大学学报》（社会科学版）2008 年第 5 期。

② 陈霞：《美国描写语言学派与伦敦学派的比较》，《大学英语教学与研究》2014 年第 6 期。

③ 王珍：《哥本哈根学派与伦敦学派的对比分析》，《牡丹江大学学报》2011 年第 1 期。

④ 本段主要根据下列内容改写，参见冯志伟编著《现代语言学流派》，陕西人民出版社 1999 年版，第 185—204 页。

paradigmatic units)[①]。(2) 语言既有情境意义又有形式意义。前者与马林诺斯基（B. Malinowski）的影响有关。根据自己在南太平洋特罗布里恩德群岛的人类学考察，马林诺斯基认为术语与话语无法在不同文化中转换，语音不是自成体系的，而是根据社会的特定要求而进化的。必须在文化境域（context of culture）尤其是情境（context of situation）中才能评估话语的意义（比如，特罗布里恩德人所说的“木头”实际上是指“船桨”）。弗斯接受了情境的概念并予以定义，他把语言当作社会过程，一种生活形式，而不仅仅是一套约定俗成的符号和记号，强调语言的异质性和非交流性。形式意义来自索绪尔对语言内部上下文关系的强调，他还把形式意义分为搭配层、语法层和语音层。

以韩礼德为代表的系统功能语法比较明显地表现为在语言描写中以语义和语篇为取向[②]，具体而言就是：(1) 提出语境的概念，语境由场景、方式、交际者三部分组成；强调语义的观念功能、话语功能和交际功能。语调的选择体现说话人对角色的选择[③]。(2) 发展了弗斯的结构和系统理论，提出系统语法。他认为结构是符号的线性排列，是为了说明连续事实间的相似性而设立的范畴，结构中的每个单位由一个或多个比它低一级的单位组成；系统是由一组特点组成的网，从某一特定系统网中形成的特点进行的任何选择就构成对某一单位的描写，系统从外部形式看就是一份可供说话者有效进行选择的清单；言语行为就是从数量巨大、彼此相关、可供选择的各种成分中，同时进行选择的过程。(3) 提出了语法分析三尺

---

① 冯志伟编著：《现代语言学流派》，陕西人民出版社 1999 年版，第 191 页。Syntagmatic 来源于 syntagma（语段），笔者觉得冯志伟用于定义结构的句子“语言成分的组合性排列”比较令人费解，故没有采用。

② 任绍曾：《叶斯柏森和韩礼德》，载钱军编《语言学——中国与世界同步》，外语教学与研究出版社 2003 年版，第 491 页。

③ 赵世开主编：《国外语言学概述——流派和代表人物》，北京语言学院出版社 1990 年版，第 62 页。

度：级（rank）、幂（exponence）、细度（delicacy）。

由上可知，索绪尔强调形式，而伦敦学派则在强调语言的功能的同时，也重视语言环境的作用、结构的层次性、选择在言语行为中的作用；伦敦学派的结构内涵比索绪尔的狭窄但层次更丰富；索绪尔的系统是一种整体观，伦敦学派的系统则是具体的，关系是动态的，但弱化了共时与对立两个方面。

3.2.4 布拉格学派

布拉格学派（Prague Group）① 成立于1926年，其对语言学界产生明显影响始于1928年的海牙国际语言学大会，该派在会上公布了自己的音位学观点，引起了很大反响。在次年于布拉格召开的第一届国际斯拉夫学会议上提出的《论纲》强调语言是一种功能体系，评价任何语言现象都应该从它所起的作用着眼。这一观点与索绪尔有明显不同，并对语言学、人类学等学科产生了重大影响。

布拉格学派对国际语言学界的影响主要是：

（1）建立音位学说。本尼维斯特曾说过，当代音位学的主要特征是它的结构论和普遍系统性原理②。该派与俄罗斯形式主义有关联，因为主要人物中的两位来自俄罗斯：特鲁别茨柯依和雅克布森。特鲁别茨柯依把索绪尔的对立论和博杜恩的功能论运用到音位学领域，成为布拉格学派音位学理论的主要代表。他对音位学的贡献主要是：提出语音的辨义功能、区分语音学和音位学、揭示了依存与制约、提出音位学研究的许

---

① 本段主要参见赵世开主编《国外语言学概述——流派和代表人物》，北京语言学院出版社1990年版，第35—40页。

② ［美］罗伯特·肖尔斯：《结构主义——批评的理论与实践》，高秋雁审译，台湾结构出版群1989年版，第9页。

多方法，他提出的许多方法、术语、概念今天已经被广为接受①。雅克布森的主要语言学贡献也在音位学上，尤其是他在确认了索绪尔的音素的性质后将音素发展为“辨别特性”，并总结出所有语言共通的12个辨别特性，雅克布森与列维-斯特劳斯将这12个辨别特性比作组成染色体的碱基。②

（2）提出语言是多功能的结构体系，是为一定目的服务的表达手段体系，将语言的功能区分为交际功能与诗歌功能（即美学功能），前者针对表达对象，后者针对表达本身，认为诗的语言表达上的语境化产生了文艺作品的美学功能。

（3）提出“语言联盟”的理论，认为地域的临近可以导致某些语言具有一些共同或相似的特征，语言的共同性不一定来自语言亲属关系。斯卡利奇卡（Vladimir Skalicka）的研究生涯经历了从共时类型学到历时类型学的转变③。

（4）马泰修斯（Vilem Mathesius，1882—1945）是布拉格语言学会的创始人之一和终身会长，他主张比较法研究应该按先共时后历时的方法进行，分析语言应考察其功能，句子的实际切分与形式切分的关系是每一种语言的典型特征，在语言交际中通常是把已知信息作为表述的出发点，而

---

① 赵世开主编：《国外语言学概述——流派和代表人物》，北京语言学院出版社1990年版，第333—335页；冯志伟编著：《现代语言学流派》，陕西人民出版社1999年版，第36—60页，尤其是第58页。

② ［日］渡边公三：《列维-斯特劳斯——结构》，周维宏等译，河北教育出版社2002年版，第68—71页；赵世开主编：《国外语言学概述——流派和代表人物》，北京语言学院出版社1990年版，第377—378页。冯志伟编著：《现代语言学流派》，陕西人民出版社1999年版，第36—60页，尤其是第61—64页。辨别特性也有人译作区别（性）特征，英文为distinctive features。

③ 赵世开主编：《国外语言学概述——流派和代表人物》，北京语言学院出版社1990年版，第38、317页；冯志伟编著：《现代语言学流派》，陕西人民出版社1999年版，第38页。

把传递的新知信息作为表述的核心。①

布拉格学派与俄罗斯形式主义关系密切，俄罗斯形式主义的代表人物之一，也是布拉格学派的主要代表之一的雅克布森甚至称布拉格学派为俄罗斯形式主义的“俄捷小组”②，但学者们注意到，布拉格学派的观点已经发生了明显的变化，从形式主义者那种策略性地注重形式，转向承认结构，而且认为结构是动态而非静态的③。

从上不难总结出布拉格学派的特征：主张历时与共时的结合、形式与功能并重，强调外部共时与内部历时的相互作用，对立不是绝对的，历时也构成系统。

3.2.5 哥本哈根学派

这一学派人数不多，代表人物有叶姆斯烈夫（L. Hjelmslev，1899—1965）、布龙达尔（V. Brondal，1887—1942）和乌尔达尔（H. J. Uldall）。该派比较偏重纯理论研究，其思想成为许多后来语言学理论观点的来源。其主要贡献可概述为“语符学”（glossematics）④，主要主张如下：语言是纯演绎系统，理论独立于经验之外；注重语言的组合关系；内容（指语义和语法）和表现（指语音）两个平台之间的基本关系是转换，两个平面可以按照相同的规律进行结构分析；内容和表现的分析都必须独立于语言

① 赵世开主编：《国外语言学概述——流派和代表人物》，北京语言学院出版社1990年版，第263—264页。

② 王钟陵：《布拉格学派研究》，《上海大学学报》（社会科学版）2008年第5期。

③ 杨磊：《“形式”转换：从形式主义到结构主义》，《杭州师范大学学报》（社会科学版）2014年第6期。

④ 冯志伟编著：《现代语言学流派》，陕西人民出版社1999年版，第65—78页；赵世开主编：《国外语言学概述——流派和代表人物》，北京语言学院出版社1990年版，第41—44页。

以外的标准；语言分析必须依次满足无矛盾、透明、简单三个标准；重视整体与关系，但认为整体不是由物体而是由实体内部和外部的关系构成的，关系有三种：相互依存关系、决定关系和并存关系；主张把语言学建立在符号逻辑的基础上以使所有科学都聚集在语言学周围。

可见哥本哈根学派把索绪尔的共时性推到了极端，强化了索绪尔结构观中非实体性的一面，重单元间的关系而轻单元本身的功能，在整体与对立两方面则与索绪尔差异不大。

3.2.6　美国描写语言学派

该派的代表人物有①：人类学家鲍阿斯（Franz Boas，1858—1942）、语言学家萨丕尔（Edward Sapir，1884—1939）、布龙菲尔德（Leonard Bloomfield，1887—1949）和海里斯（Zellig Sabbettal Harris，1909—）、霍凯特（Charles F. Hockett）。受逻辑实证主义和心理学中行为主义②的影响，该派在研究中面向语言材料，主张根据形式结构的差别来分析语言，即要求对语言结构做客观、共时的形式描写，其主要贡献是制定了对语言结构作形式的分析和描写的技术。前三人属于布龙菲尔德时期（Bloomfield era），在20世纪三四十年代占主导地位，他们把语言看作是代替实际的刺激和反应的行为，主张形式的分析和分类，反对非语言学特别是心理因素的标准。从50年代起则是以海里斯和霍凯特为代表的后

---

①　本段主要根据下述材料概括而来：赵世开主编：《国外语言学概述——流派和代表人物》，北京语言学院出版社1990年版，第44—49页；冯志伟编著：《现代语言学流派》，陕西人民出版社1999年版，第88—129页。

②　主要是瓦特生（J. B. Watson，1878—1958）的刺激—反应说。布龙菲尔德原先则深受德国心理学家冯德（W. Wundt，1832—1920）的构造心理学影响，把语言看作一种同心理活动和生理活动联系在一起的表达活动。参见冯志伟编著《现代语言学流派》，陕西人民出版社1999年版，第90页。

布龙菲尔德时期（Post-Bloomfieldian linguistics），他们把确定单位之间的关系视作结构分析的任务，操作上从话语开始切分，再把切分出来的单位依据分布（distribution）原则进行归类，派克（Kenneth L. Pike）还在结构分析中区分位（-emic）和素（-etic），并尝试将之运用于一切人类行为分析。

概而言之，描写语言学派的特征有：注重口语和共时描写，这与欧洲着重于书面语的传统明显不同；运用直接成分分析，注重形式分析而回避意义问题，认为形式的对立决定意义的不同；创造了分布①和替代的结构分析法，建立了语素音位这个新单位；强调分析结果必须接受验证。

该派接受了索绪尔对语言与言语、共时和历时的区分，承认语言是个符号系统，但注重形式而忽视意义、重技术而轻理论、排除心理因素的影响。他们不否定结合共时性与历时性的必要性，对单元功能进行细致的分类研究，而对单元间的对立性、整体性相对不重视。

3.2.7 转换生成语法学派

该派的代表人物乔姆斯基（Noam Chomsky，1928— ）认为②，他创立的转换生成语法理论对语言学的贡献巨大，并影响到哲学、社会学、心理学、计算机技术、教育学等领域，以至于被认为出现了乔姆斯基语言学

① 该派的核心概念是分布，指的是某个单位或特征在话语里出现的不同位置的总和。

② 本段主要根据下列材料总结，参见尤泽顺《乔姆斯基：语言、政治与美国对外政策研究》，世界知识出版社2005年版，第25—58、125—181页；赵世开主编《国外语言学概述——流派和代表人物》，北京语言学院出版社1990年版，第50—57页；冯志伟编著《现代语言学流派》，陕西人民出版社1999年版，第206—307页；吴琦《美国结构主义语言学派和伦敦语言学派之比较分析》，《吉林省教育学院学报》2008年第9期。

革命①，一些人因而认为转换生成语言理论已经不属于结构主义范畴②。但一般认为，乔姆斯基的理论仅仅是对美国描写语言学派的革命③，属于结构主义理论的发展与分化④，整体上依然属于结构语言学的范畴。

乔姆斯基的主要观点是：不能把语言学的主要任务定位于对语言的客观描写，而应该是对语言现象做出恰当的解释。重要的是语法而不是语言，语言是从语法中派生的，语法存在于人脑中。所以，他把语言学研究的重心从对语言行为的描写转向对语言能力的研究。如果说，作为政治活动热心参与者的乔姆斯基的政治思想主要来自唯意志论自由主义者，那么，作为语言学家的他对语言能力的认识很大程度上受柏拉图、笛卡儿、洪堡（William Von Humbolt，1767—1835）等理性主义者的影响，如柏拉图的知识“回忆说”，笛卡儿的知识“天赋观念说”，洪堡的“语言是用有限手段进行无限的创造”思想⑤，但他做了自己的发展，如把语言机能归为人心智的一部分进而归为人脑的一部分，从而克服了笛卡儿的身心二元论。他认为，语言机能的初始状态就是普遍语法，是人普遍具有的一种潜能，具体的语言机能就是个体所掌握的具体语言的用法，即个体语法。从普遍语法到个体语法的转变通过学习来实现，这一转变过程在儿童语言学习期处于完全开放状态，所以，儿童可以学会任何一种语言。他试图揭示“句子被建构出来以传递信息”的具体过程。

---

① 张玲：《对乔姆斯基革命的评价》，《才智》2014 年第 26 期。

② 吴延平：《重新审视乔姆斯基的语言哲学思想》，《重庆工学院学报》（社会科学版）2009 年第 6 期。

③ 顾元华：《一副应对美国结构主义语言学缺陷的良药——浅议乔姆斯基语言学革命》，《常熟理工学院学报》（哲学社会科学版）2010 年第 7 期。

④ 陈霞：《美国描写语言学派与伦敦学派的比较》，《大学英语教学与研究》2014 年第 6 期。

⑤ 洪堡认为，人类共同本质决定了婴儿身上都有某种初始语言能力，儿童学话的过程就是语言能力增长的过程，伴随着对语言材料的创造性使用，语言是利用有限的语法规则去创造无限多的句子。

他的研究经历可以分为五个阶段。

（1）1947—1965 年的“第一语言模式时期”，又叫经典理论时期①。通过研究形式语言理论的基本原理，他提出了转换语法——先有短语规则产生核心句，而后通过转换规则得出各种句子。

（2）1965—1972 年的“标准理论时期”。思考前期的不足和后布龙菲尔德学派的批评意见，发展出较完整的理论框架并重点研究语义问题：把句法分为基础部分和转换部分，基础部分生成深层结构，而转换部分则把句子的深层结构转换为表层结构并以语音形式表现出来。深层结构的作用还包括依据语义规则表达句子的语义，表层结构则根据语音规则表达出特定的语音②。

（3）1972—1979 年的“扩充式标准理论时期”，其研究目标是普遍语法。这一时期他考虑了各种批评意见，尤其是卡兹—波士托假说（Katz-Postal Hypothesis）、踪迹理论（Trace Theory）和生成语义学③（Generative Semantics），先是承认深层结构和表层结构都与语义解释有关但以深层为主，后来则承认浅层结构都可以直接与语义解释相联系，从而使深层结构的概念失去了意义。但这反而使他意识到研究单一语言的局限，转向建立适用于各种语言的普遍语法。

（4）1979—1992 年的“管约理论时期”，提出管辖（government）和

---

① 吴琦：《美国结构主义语言学派和伦敦语言学派之比较分析》，《吉林省教育学院学报》2008 年第 9 期。

② 乔姆斯基引入句法描写的概念，认为句法描写既决定句子的语音表现也决定句子的语义解释。所谓的深层结构就是句法描写中确定语义解释的那一方面，而浅层结构则是确定语音表现的那一方面。这种定义确实是同义反复，说明他对自己的理论还没有考虑成熟，这也说明了为何他在不断的攻击下修正自己的理论，包括后来接受踪迹理论而放弃了深层结构的概念。

③ 生成语义学看到了乔姆斯基以句法为基础的研究方法的不足，转而采用以语义为基础。

约束（binding）的概念①，在原先的规则系统基础上增加了原则系统，提出虚范畴（empty category），通过研究人的心理活动来考察人类的语言机制。这时期由研究个别语言的语法规则转向普遍语法原则，也就是说，不再研究具体转换规则及其使用条件，而是探讨限制这些转换规则使用的总原则。

（5）到了20世纪90年代，进一步提出最少量原理纲领，主张以最小的一组所需要的理论和描写装置去描述语法②，认为语法机制乃非常少的原理互相作用的结果③。

由上可知，乔姆斯基是个善于学习与吸收的研究者。索绪尔对他的影响包括重视语言的心理基础（但不是社会心理而是认知心理），偏好通过符号—形式的分析来建立普遍语法（而不是索绪尔的普遍语言学）。他对理性主义的贯彻比索绪尔彻底，意识到归纳法的不足而更多使用演绎法说明语言的生成并以此说明语言能力问题。最后，他的结构观与索绪尔有所不同：弱化系统（整体）性与共时性，以（单向）动态对立取代静态对立，用转化关系代替互相限制的关系。能指与所指的对立在他那里变成了深层结构与浅层结构的对立，后来又淡化了深层结构的概念。

◇◇ 3.3　本章总结

赋予索绪尔“结构主义鼻祖”地位至少可以基于以下两点。第一，

① 管辖指成分之间的支配关系，意在说明短语的成分是否在同一管辖区域，并判定管辖区域内的主管成分与受管成分；约束即语义解释的照应关系，意在说明管辖区域内的成分何时是自由的、何时是受约束的。

② 吴延平：《重新审视乔姆斯基的语言哲学思想》，《重庆工学院学报》（社会科学版）2009年第6期。

③ 李修尚：《论乔姆斯基语言理论的革新性》，《学理论》2009年第25期。

他之前的语言学的价值难以否认，尤其是历史比较语言学，已经脱离了早期语文学的道路，在言语的研究上已经相当成熟，如果把标准稍稍放宽，把德国的史莱格尔（F. Schlegel）于1808年发表《论印度人的语言与智慧》[1]作为现代语言学的开端也未尝不可。但他显然不够显赫，而且比较历史语言学与此前的语法研究（如波尔－罗瓦雅学派）的差别不够显著，没有像索绪尔那样把语言学研究扭到一个不同的方向。语言学对别的学科输出影响也从索绪尔开始。第二，哲学史上的语言学转向[2]隐含着这样一种认识：人类对世界的认识通常是通过语言来进行的，语言揭示某种普遍性，研究语言不但可以探究世界，也可以探究人的思维和知识的构成。索绪尔的结构观正是挖掘这种普遍性的一个标志性开端。所以，他的影响远远超出了语言学界，对人文与社会科学产生了广泛的影响，甚至影响到自然科学（如计算机科学）。

当然，索绪尔的结构观也带有痼疾：（1）静态性[3]：悬置结构的来源；轻视互动（或进程）关系，结构的演变因而也不被重视。他对句段

① 史莱格尔在书中首次使用了比较语法（vergleichende grammatik）一词，并强调了比较各种语言的内部结构对研究亲缘关系的重要作用。参见赵世开主编《国外语言学概述——流派和代表人物》，北京语言学院出版社1990年版，第17页。

② 康德以前的哲学属于古代哲学，它不研究思维和存在的关系问题，只是从对象世界本身去寻求世界的统一性，康德以来的哲学属于近代哲学。哲学史上的大的转向有几个：先是经历了康德的“认识论转向”——从研究世界的本质转向研究认识如何是可能的，尝试在思维和存在的关系中寻求二者的统一性；接着是19世纪以马克思为代表的“实践转向”——用“现实的人”的社会实践去统一主—客二元对立并寻找人类解放道路；而后是20世纪的语言学转向——通过语言来研究人与世界，因为语言是人思维、交流的主要工具，也体现人类文明的主要成果。参见孙正聿《哲学通论》，高等教育出版社2005年版，第256—279页。

③ 索绪尔也承认自己的研究是“静态语言学”，参见许国璋《许国璋论语言》，商务印书馆1997年版，第106页，转引自李葆嘉《语言学大师之谜和心理索绪尔》，载赵蓉晖主编《索绪尔研究在中国》，商务印书馆2005年版，第69页。

关系和联想关系的分析①显示了他也尝试结合历时性与共时性，但由于他的偏好，这种结合也是在共时性的大背景下进行的，在他的理论中只占有相当次要的地位，而法国学派的大多数学者、布拉格学派都不大接受他的这种侧重。后世语言学者比他更多强调历时性的一面。文学、人类学、心理学等学科的结构主义者亦然。（2）忽视单位的地位与作用。在他那里，思想是混沌、不定型、模糊不清的浑然之物，词仅仅区别概念、使思想“不得不清晰起来的”媒介手段②，本身是非物质的、空洞的。他的这些界定是出于研究便利的考虑，但展示了结构概念的不足，这在后来的结构主义者（如华尔兹）身上被更清晰地展示出来，成为结构主义者难以克服的障碍。

索绪尔是不彻底的理性主义者和不彻底的经验主义者的结合体。（1）他有志于创立一门普遍适用的语言学，娴熟运用形式逻辑（尤其是归纳法），强调绝对规律性的存在，但是，他只是在共时性的层次探讨语言，关注的是符号—形式，而理性主义者通常会思考：符号是怎么来的？语言能力是什么？关系和系统如何演化？对“天赋观念”的“回忆”发挥了什么作用？他把这些都归入外部语言学中而不加考察。（2）善于归纳与反驳、注重收集材料、大量运用第一手材料论证自己的观点是索绪尔的一大特点，但把语言归结为社会心理现象，偏重于价值、关系等不可验证的概念则展示他的经验主义的限度。当然，这与时代限制有关。描写语言学派在经验主义方面拓展了他的理论，而抛弃了心理学立场。乔姆斯基弥补了他在理性主义方面的欠缺。哥本哈根学派则把他的共时与关系思想推到了极端。

从前面的分析可以看出，索绪尔之后的语言学各派对他的结构观做了

① ［瑞士］费尔迪南·德·索绪尔：《普通语言学教程》，高名凯译，岑麒祥、叶蜚声校，商务印书馆1980年版，第170—180页。

② 同上书，第157—158页。

各自的修正。那么，如何概述语言学中的结构观之特征呢？

笔者认为，结构主义的特征表现在四个方面：关于整体性、关于非实体性、关于共时性与历时性、关于单元功能①。对语言学中的结构特征之考察，也可以从这四个方面进行。

关于整体性 是指注重对研究对象的整体性把握，而不是把对象看成可以拆开的部件的机械组合。原子主义属于个体主义，作为对个体主义的反动，结构主义必然要强调整体性以体现成分之间的依存关系、整体大于成分之和。皮亚杰注意到，结构具有整体性特征是不言而喻的，这也是所有结构主义者都同意的②。

关于非实体性 结构可能不是实体，对结构主义的永远威胁是结构实在论思维③。结构包括静态关系和动态关系，因此可以表现为规则、运算、互动等，如帕森斯所说，结构迟早要表现为强制个人接受的规范或规则④。不存在没有构造过程的结构，结构总是处于构造和再造过程中，稳定只是相对的，因此，运算（operation）是结构主义的关键⑤。数理逻辑公式在具体生活中的应用就是具体运算⑥，这其实属于互动范畴。

但是，结构的非实体性受到了越来越多的挑战，在国际关系理论界尤其明显，这可能是因为，就社会世界而言，互动中单元交换的内容可能是信息，也可能是物质。属于互动内容者，都可以归入结构。其实，索绪尔

---

① 这四个特征是笔者的概括，皮亚杰概括的结构主义三特征强调结构主义的共性，笔者的四特征则主要强调结构主义内部的区分。用皮亚杰的三特征无法进行这种区别。当然，这里仅仅是一个尝试，笔者期待方家对结构的鉴别特征做出更好的概括。

② ［瑞士］让·皮亚杰：《结构主义》，倪连生等译，商务印书馆1986年版，第3页。

③ 同上书，第103页。

④ 转引自［瑞士］让·皮亚杰《结构主义》，倪连生等译，商务印书馆1986年版，第72页。

⑤ ［瑞士］让·皮亚杰：《结构主义》，倪连生等译，商务印书馆1986年版，第101—103页。

⑥ 同上书，译者前言，第2—3页。

与皮亚杰对结构的非实体性也没有贯彻到底。索绪尔一方面认为语言是符号，是纯形式的，另一方面又认为语言是一种社会实在，这就超出了纯形式的范畴而具有实体性质。皮亚杰则认为一个内容永远是下一级内容的形式，一个形式永远是高一级形式的内容①。但我们知道，内容只能是实体，而形式可以不是，他的“套叠法”模糊了二者的界限，等于否定了内容概念的核心内涵。我们的观点是：结构可以是实体，也可以是非实体。第9章将对此予以说明。

关于共时性和历时性 对共时性的强调是结构主义的共有特征，共时是指一段时间，从结构涌现的短暂时间到结构或系统维持稳定的一段时间②。索绪尔出于对比较历史语言学的反动而强调语言的共时性③，但他之后的语言学家已经意识到片面强调共时性是不适当的，必须结合历时性④才能解释语言的出现与变化。社会科学中其他学科的大部分学者在阐述自己的结构观时虽然强调共时性，也注重共时性与历时性的结合。但显然存在如下现象：（1）强调共时性者比较强调结构作为一种先在的模式、比较看重单元之间的静态关系，如单元之间的差异乃至对立、单元能力的分布等；（2）强调历时性者比较强调结构的发生、维持与变化，侧重分析单元间的动态关系即单元间的互动、转化。

关于单元功能 单元功能也可以理解为主体功能，在互动中容易被观

---

① ［瑞士］让·皮亚杰：《结构主义》，倪连生等译，商务印书馆1986年版，第100页。

② 索绪尔已经意识到“共时性”的说法不大确切，指出它实际上是指“稍稍长一些的特异共时”，参见［瑞士］费尔迪南·德·索绪尔《普通语言学教程》，高名凯译，岑麒祥、叶蜚声校，商务印书馆1980年版，第131页。

③ ［瑞士］费尔迪南·德·索绪尔：《普通语言学教程》，高名凯译，岑麒祥、叶蜚声校，商务印书馆1980年版，第118—119页；徐思益：《论语言的共时性和历时性》，载赵蓉晖主编《索绪尔研究在中国》，商务印书馆2005年版，第236页。

④ 根据索绪尔的定义，历时性包括前瞻与回顾两个维度，而对时间长度则不予限定。参见［瑞士］费尔迪南·德·索绪尔《普通语言学教程》，高名凯译，岑麒祥、叶蜚声校，商务印书馆1980年版，第131页。

察到。功能作为生物学概念是指器官所具有的机能（mechanism）；从目的论角度看，则是指满足某种需要。单元有对外功能和对内功能，对内功能与单元内成分一道构成单元属性（attribution）。对外功能表现为单元与外在环境（包括其他单元）之间的互动。社会有机体互动的内容是交换信息、物质。互动的结果是在不同程度上弱者顺应强者或强者同化弱者。

皮亚杰总结的结构三特征是整体性、转换性和自身调整性。转换性和自身调整性在上述第三、第四点都可以体现。转换性强调动态的一面，历时性和单元功能都与之相关；自身调整性强调守恒性和封闭性，即转换在结构的边界内进行①。

下面我们将应用这四个特征对不同学科的结构观进行检验。由于整体性是结构主义者都同意的特征，因此，我们在文中不再一一提及，而主要考察另外三个特征。

1. 索绪尔结构观

关于非实体　他区分了言语与语言，认为应该研究语言的状态，语言是个纯粹的价值系统，涉及同时存在的事物间的关系，是时代的价值特征的体现，这比具体的言语重要得多②。词的概念是抽象的，词的音响形象是感觉的，二者都是心理活动的结果。总之，语言是符号，是纯形式的，即非实体的。另外他又受涂尔干影响，认为语言是社会心理现象，是社会实在，因而具有实际内容，而非纯形式的。可见，关于语言作为一个具有相应结构的系统是否具有实体性，索绪尔的观点是矛盾的，后世的形式主义与功能主义或许都可以从他的这种矛盾中找到源头依据。而这种矛盾在国际关系理论家中也得到了体现。

---

① ［瑞士］让·皮亚杰：《结构主义》，倪连生等译，商务印书馆 1986 年版，第 6—7 页。

② ［瑞士］费尔迪南·德·索绪尔：《普通语言学教程》，高名凯译，岑麒祥、叶蜚声校，商务印书馆 1980 年版，第 118—119 页。

关于共时性与历时性 索绪尔反对把语言当作个人的生理、心理现象①，主张在共时性的基础上研究语言这种社会事实。在他看来，历时轴只是体现个别元素变化，共时轴则牵涉整个系统②。对于说话者来说，语言事实在时间上的连续是不存在的，而且共时观点和历时观点的对立是绝对的、不容许有任何妥协的③。

索绪尔的结构是静态的，他悬置结构的来源，轻视互动（或进程）关系，结构的演变因而也不被重视。而法国学派的大多数学者、布拉格学派都不大接受他的这种侧重。后世语言学者比较多地强调历时性的一面。文学、人类学、心理学等学科的结构主义者亦然。

关于单元功能 索绪尔认为，重要的不是声音本身，而是使这个词区别于其他一切词的声音上的差别，换句话说，单元功能并不重要，重要的是差别所体现的关系，关系的总和构成他所说的系统④。他的系统就是后人所说的结构。差别的极端就是对立，二元对立观贯穿他的整个研究。二分法看问题不是索绪尔的首创，但被他大大强化了。

索绪尔重视单元的相对位置，忽视单位的地位与作用。在他那里，思想是混沌、不定型、模糊不清的浑然之物，词仅仅区别概念、使思想“不得不清晰起来的”媒介手段⑤，本身是非物质的、空洞的。他的这些界定可能是出于研究便利的考虑，但展示了结构概念的不足，这在后来的结构主义者（如华尔兹）身上被更清晰地展示出来，成为某些结构主义者难以克服的一大障碍。

---

① 冯志伟编著：《现代语言学流派》，陕西人民出版社 1999 年版，第 130 页。

② 徐思益：《论语言的共时性和历时性》，载赵蓉晖主编《索绪尔研究在中国》，商务印书馆 2005 年版，第 236 页。

③ ［瑞士］费尔迪南·德·索绪尔：《普通语言学教程》，高名凯译，岑麒祥、叶蜚声校，商务印书馆 1980 年版，第 120—122 页。

④ 可见他的系统是非实体系统。这种观点与华尔兹的结构观相当接近。

⑤ ［瑞士］费尔迪南·德·索绪尔：《普通语言学教程》，高名凯译，岑麒祥、叶蜚声校，商务印书馆 1980 年版，第 157—158 页。

2. 俄罗斯学派的结构观

关于非实体性 他们赞成结构的非实体性，因为他们的结构主义态度表现为：一方面尝试从语言学中得到对字词自成一体的价值结构的认识①，另一方面把文学看成一个符号学系统②，一种形式表征。

关于共时性和历时性 侧重共时性，认为结构是一种形式，把形式视为有效的交流工具，主张形式是自主的、自我表达的，因而关心文学语言得以发生作用的技巧，探索对整体的一种新解释，一种新本体论。

关于单元功能 该派不但不否认单元功能，反而强调文学主体或文学个性，强调文本本身的作用，否认素材和形式的对立，认为素材本身就是形式的，相信诗歌语言不单单是一种形象的语言，诗句的声音本身便有独立的意义。

3. 法国社会学派的结构观

关于非实体性 观点不清晰，可能偏向于实体性，如房德里耶斯一方面注重关系，认为词没有独立的存在，通过意义而汇合成心里的词群，另一方面又强调词的多义性。显然，词群是实体而意义不是实体。

关于共时性和历时性 他们反对涂尔干对历时性的轻视，系统研究了历史比较法的一般原则及其使用中的优缺点，注重语言历时演变中的普遍现象，房德里耶斯把语言分为一般语言和个别语言，既研究共时系统也研究历时演变规律。除了规模较小的日内瓦一支外，索绪尔之后的法国学派与历史比较语言学有较多的共通之处，不太重视系统与符号，主张共时与历时的结合。

关于单元功能 他们强调词的多义性这一功能特征，并考察语言功能的变迁。不太重视符号概念和语言的系统性，而侧重从社会学角度研究语

---

① ［比利时］J. M. 布洛克曼：《结构主义：莫斯科—布拉格—巴黎》，李幼蒸译，商务印书馆 1981 年版，第 54 页。

② 同上书，第 56 页。

言，重视方言研究。如梅耶认为每个社会范畴都有自己在智力上的表现，因而都有自己的语言，又说社会变化是解释语言变化的唯一因素，他还善于综合，如用波浪说来改进历史比较语言法的不足。

4. 伦敦学派的结构观

关于非实体性 倾向认为语言结构不具有实体性，如弗斯把语言当作社会过程，一种生活形式，而不仅仅是一套约定俗成的符号和记号，强调语言的异质性和非交流性。形式意义来自索绪尔对语言内部上下文关系的强调，他还把形式意义分为搭配层、语法层和语音层。以韩礼德为代表的系统功能语法比较明显地表现为在语言描写中以语义和语篇为取向①。

关于共时性和历时性 强调共时性与历时性的结合。共时性方面，弗斯认为结构是符号的线性排列，是为了说明连续事实间的相似性而设立的范畴，系统是由一组特点组成的网，从某一特定系统网中形成的特点进行的任何选择就构成对某一单位的描写，系统从外部形式看就是一份可供说话者有效进行选择的清单；言语行为就是从数量巨大、彼此相关、可供选择的各种成分中，同时进行选择的过程。历时性方面，该派对结构进行分层，如韩礼德认为结构中的每个单位由一个或多个比它低一级的单位组成；提出了语法分析三尺度：级（rank）、幂（exponence）、细度（delicacy）。

关于单元功能 这派学者反对离开单元谈结构，如韩礼德提出语境由三个组成部分：场景、方式和交际者，强调语义的观念功能、话语功能和交际功能。语调的选择体现说话人对角色的选择②。

---

① 任绍曾：《叶斯柏森和韩礼德》，载钱军编《语言学——中国与世界同步》，外语教学与研究出版社2003年版，第491页。

② 赵世开主编：《国外语言学概述——流派和代表人物》，北京语言学院出版社1990年版，第62页。

5. 布拉格学派的结构观

关于非实体性 该派把语言当作为一定目的服务的表达手段体系，他们将语言的功能区分为交际功能与诗歌功能（即美学功能），前者针对表达对象，后者针对表达本身，认为诗的语言表达上的语境化产生了文艺作品的美学功能。表达系统是一种非实体系统。他们青睐的美学功能非实体特征是很明显的。

关于共时性和历时性 雅克布森对共时性是重视的，他在确认了索绪尔的音素的性质后将音素发展为“辨别特性”，并总结出所有语言共通的12 个辨别特性，他与列维 - 斯特劳斯将这 12 个辨别特性比作组成染色体的碱基。但他也强调历史的重要性，看重语言的外部历史和内部历史的相互作用。马泰修斯（Vilem Mathesius，1882—1945）主张比较法研究应该按先共时后历时的方法进行①。

关于单元功能 强调语言是一种功能体系，评价任何语言现象都应该从它所起的作用着眼。雅克布森与列维 - 斯特劳斯将这 12 个辨别特性比作组成染色体的碱基，集中体现了他对单元功能的强调，这一观点与索绪尔有明显不同，并对语言学、人类学等学科产生了重大影响。马泰修斯主张分析语言应考察其功能，句子的实际切分与形式切分的关系是每一种语言的典型特征，在语言交际中通常是把已知信息作为表述的出发点，而把传递的新知信息作为表述的核心②。

6. 哥本哈根学派的结构观

关于非实体性 语言是纯演绎系统，理论独立于经验之外；重视整体与关系，但认为整体不是由物体而是由实体内部和外部的关系构成的，其关系有三种：相互依存关系、决定关系和并存关系；主张把语言学建立在

---

① 赵世开主编：《国外语言学概述——流派和代表人物》，北京语言学院出版社 1990 年版，第 263—264 页。

② 同上。

符号逻辑的基础上以使所有科学都聚集在语言学周围。这显示哥本哈根学派极为重视语言符号的形式特征。

关于共时性和历时性　该派是一个追求纯理论的精干小群体，把索绪尔的共时与关系推到了极端，忽视历时性。这也与他们把语言看作纯形式的符号有关。

关于单元功能　注重语言的组合关系而忽视单元功能；内容（指语义和语法）和表现（指语音）两个平台之间的基本关系是转换，两个平面可以按照相同的规律进行结构分析；内容和表现的分析都必须独立于语言以外的标准；语言分析必须依次满足无矛盾、透明、简单三个标准。

7. 美国描写语言学派的结构观

关于非实体性　倾向于认为语言结构为非实体性。他们把确定单位之间的关系视作结构分析的任务。注重对语言的形式描绘和语言的意义。受逻辑实证主义和心理学中行为主义的影响，该派在研究中面向语言材料，主张根据形式结构的差别来分析语言。

关于共时性和历时性　这一流派的学者都同意在研究语言材料时划分语言与言语、共时和历时，强调共时性和历时性的结合但偏重于强调共时性，要求收集尽可能多的语言演变材料再对语言结构做客观、共时的形式描写。

关于单元功能　他们注重口语，这与欧洲着重于书面语的传统明显不同。操作上从话语开始切分，再把切分出来的单位依据分布（distribution）原则进行归类，派克（Kenneth L. Pike）还在结构分析中区分位（-emic）和素（-etic），并尝试将之运用于一切人类行为分析；注重形式分析而回避意义问题，认为形式的对立决定意义的不同；创造了分布和替代的结构分析法，建立了语素音位这个新单位，强调分析结果必须接受验证。

8. 转换生成语法学派的结构观

关于非实体性　代表人物乔姆斯基研究的重点是语言能力。他把句法分为基础部分和转换部分，基础部分生成深层结构，而转换部分则把句子的深层结构转换为表层结构并以语音形式表现出来。深层结构的作用还包括依据语义规则表达句子的语义，表层结构则根据语音规则表达出特定的语音。这里的两层结构都是非实体的。

关于共时性和历时性 他比较强调共时性，把语言机能归为人心智的一部分进而归为人脑的一部分，通过研究人的心理活动来考察人类的语言机制。但人的心理活动有历时性的一面，语言机制也只有在历时性的比较中才彰显。因此，他持一种强共时性弱历时性观点。

关于单元功能 他对单元（单词）的功能不是那么在意，而试图揭示“句子被建构出来以传递信息”的具体过程。他认为，语言机能的初始状态就是普遍语法，是人普遍具有的一种潜能，具体的语言机能就是个体所掌握的具体语言的用法，即个体语法。从普遍语法到个体语法的转变通过学习来实现，这一转变过程在儿童语言学习期完全开放，所以，儿童可以学会任何一种语言。

9. 法国学派日内瓦分支的结构观

该支流继续索绪尔的方法，偏重静态研究，主要成员是巴利（Charles Bally）和薛施蔼（Albert Sechehaye），即《普通语言学教程》的两位编者。巴利在文体论和风格学研究上也有较大的成就。皮亚杰认为巴利的文体论发展了索绪尔的能动平衡观念，已经在种种个别变化的有限意义上研究转换关系了①。但这似乎不能否定巴利的研究总体上是一种静态研究。

该派的结构观与索绪尔基本一致。

前面探讨了语言学中自索绪尔起的七大语言流派的结构观，为了直观起见，我们可以把语言学中的结构观列表如下。

---

① ［瑞士］让·皮亚杰：《结构主义》，倪连生等译，商务印书馆1986年版，第6—7页。

表3-1 语言学中主要流派的结构观

	整体性	非实体性	共时性/历时性	单元功能
索绪尔	是	不确定	共时性	忽略
俄罗斯学派	是	同意	二者结合	强调
法国学派	是（弱）	不确定	二者结合	强调
伦敦学派	是	同意	二者结合	强调
布拉格学派	是	同意	二者结合	强调
哥本哈根学派	是	同意	共时性	忽略
描写语言学派	是	同意	二者结合	强调
转换生成语法	是	同意	二者结合	忽略
日内瓦分支	是	不确定	共时性	忽略

根据前面的分析，我们可以得到几点结论：（1）对整体性的强调程度上可能有区别，但语言学家们都赞成结构的整体性特征。（2）关于非实体性，索绪尔、法国学派及其日内瓦分支的立场不确定，其余各派都承认结构的非实体地位。（3）索绪尔对共时性的片面强调只是被两个流派所继承，这一类强调从共时性（时间的横切面）维度研究语言。而以乔姆斯基和布拉格学派为代表的大部分流派的语言学家，都觉得有必要结合历时性与共时性特征来研究语言结构。（4）关于单元功能，索绪尔予以断然否定，这一点被哥本哈根学派继承了。日内瓦分支在较弱程度上也继承了，因为，他们已经开始研究转换关系，这与单元功能密切相关。转换生成语法学派转向研究人的语言能力而极大地淡化了对单元功能的重视。大部分语言学家在分析语言结构时都离不开对单元功能的强调，这说明大多数语言学家不同意索绪尔在研究语言结构时片面强调共时性、忽视单元功能的做法。

可见，索绪尔现代语言学始祖的地位虽然没有疑义，但就其结构观而言，并不为他以后的语言学家所普遍认同——大部分学者或者弱化了他结构观中的某些成分，或者干脆反对他对某些成分（尤其是共时性）的片面强调，开始注重单元功能与单元之间的进程（process），这实际上属于历时性因素，从而为解释作为一个系统的语言的变化打开了大门。后文将显示，语言学界以外的社会科学家在运用结构概念时，绝大部分人认为单元功能与结构不可分。

第四章

其他社会科学中的结构

在前一章中，我们对结构主义的大本营语言学中的结构主义思想进行了详细的考察，总结了结构观的四大特征。下面，我们将以此为工具，对其他社会科学领域中相关学科的结构观进行比较与分析。

结构主义对社会科学领域的影响深远。但对所有学科的结构观进行考察超出了笔者的能力。我们选择一些受结构主义影响比较明显的学科进行介绍，这些学科是：人类学、社会学、文学、心理学、马克思主义哲学、后结构主义和皮亚杰结构观①。有必要说明，经济学与教育学也是受结构主义影响比较明显的两个学科，限于时间只能留待以后进行。

◇◇ 4.1　人类学中的结构

结构概念在全球的广泛传播离不开克洛德·列维－斯特劳斯（Claude

① 分学科考察结构问题的好处之一是研究的便利。许多结构主义者显然并不局限于某一学科，有的甚至拒绝承认自己是结构主义者（如福柯、德里达、早期的皮亚杰）。这几个学科都采用集中介绍代表性人物结构观的方式，这诚然是因为笔者能力有限，无法在通览下列学科主要作者的研究成果后再总结出各个学科的结构观。把重点放在一个或几个代表性人物身上是次优的选择，大概也是一种还算合理的变通方式。

Levi-Strauss，1908—2009），一个学界传奇：首先是他的高寿，在学者中少有出其右者①；其次是他名动天下却淡然以对，晚年在巴黎郊区一个叫Lignerolles的小村庄里深居简出；登上了人类学研究的顶峰，却表示更喜欢音乐；厌恶旅行与探险，学术成就却基于在巴西的生活，特别是对土著博罗罗人的深入考察。

列维－斯特劳斯是个普遍主义者，认为人类的全部思维过程是受普遍法则支配的，这种法则通过人类所使用的符号的功能意义得以清楚地展示。借用德里达的话来说，他无疑具有“逻格斯中心主义”倾向，认为人“天生”有一种思维结构或思维模式②，至于这种结构（模式）的来源是被悬搁（epoche，suspending）的。人类实践就是将这种思维结构转化为社会事实的过程，所以，世界是人的思维结构的外化③。语言、无意识、艺术、神话、亲属关系、初民社会在他看来是考察人的思维模式的有效途径。弗洛伊德的学说使他能够在分析巫术时把无意识状态与意识状态联系起来；艺术是自然与文化的中介，在艺术作品中可以建立起客体本身的结构，所以，艺术能促进认识进步，是掌握现实和进行教育的手段；亲属关系事关人类的生存与繁衍，因而可以体现人的思维方式；初民社会是

---

① 在写作此书的初稿时，只查到他的出生年份，而没有去世的年份，困惑了好些日子，最后才推测，也许因为健康原因，他处于低调的生活状态，而没有想到这是他刻意选择的生活方式。

② 笔者先是从苏国勋研究员处得此观念，后发现吴文藻先生也赞成此说，参见［英］埃德蒙·利奇《列维－斯特劳斯》，王庆仁译，生活·读书·新知三联书店1985年版，中译本序言，第4页。

③ 在思考结构问题的过程中遇到无数的疑难，多方求教是不够聪明的笔者惯于采用的策略之一。两度旁听苏国勋、渠敬东两位学者开设的《社会理论》课对笔者构思本书启发甚大。笔者很感激两位老师以极大的耐心回应笔者无穷无尽的、钻牛角尖似的追问，并建议笔者阅读相关文献。对列维－斯特劳斯这一思想的把握就是受惠点之一。如果出现失误，那只能是因为笔者没有很好地理解两位学者的分析。

全人类的基本简化模式①，有助于发现结构特点，并与现代社会比较，可以说，他把研究初民社会的人类学看成一个具有普遍性的关系理论②；语言是人类表达世界的主要方式，神话就是靠语言来表述的，是最高层次的语言，是人性的最突出表现③，而索绪尔的结构观、雅克布森的音位学理论为他分析千差万别的神话——当然不限于神话——提供了极为有效的手段④。他认为神话是符号，神话的各个成分单位不是孤立存在的，而是受到多方面的束缚，正是因为有了多方面的关系，神话才具有意义。这里通过分析初民社会里的神话与亲属关系来讨论他的结构观。

4.1.1　关于神话结构

在讨论列维-斯特劳斯对神话的研究之前，有必要先谈谈神话与童话的区别。诚如普罗普所说，神话与童话在形态学上是相同的⑤。如果一定要加以区别的话，或许可以这么说：童话针对的是未成年人，其内容具有较强的道德教化作用，通常是发生在人间的事情；神话的内容体现人类消除思维对立的努力，隐含克服矛盾的逻辑模式，通常是发生在神界的事情。动植物与自然现象的拟人化是神话与童话的共同点。用一句不太准确的话来概括二者的关系：神话是大人的童话。可见，把对普罗普的介绍放

---

① ［英］埃德蒙·利奇：《列维-斯特劳斯》，王庆仁译，生活·读书·新知三联书店1985年版，第18页。

② ［美］罗伯特·肖尔斯：《结构主义——批评的理论与实践》，高秋雁审译，台湾结构出版群1989年版，第8页。

③ ［英］埃德蒙·利奇：《列维-斯特劳斯》，王庆仁译，生活·读书·新知三联书店1985年版，第134页。

④ 以上内容除了标有注释者，多引自下述页目［法］克劳德·列维-斯特劳斯《结构人类学——巫术·宗教·艺术·神话》，陆晓禾等译，文化艺术出版社1989年版，编后，第273—285页。

⑤ ［法］克劳德·列维-斯特劳斯：《结构人类学（第二卷）》，俞宣孟等译，上海译文出版社1999年版，第141页。

到这里也是可以的。

在人类早期，神话、宗教、巫术高度相关，所以，他的神话研究包括了这三个方面。但他区分了普罗普的形式主义与他自己的结构主义。他觉得，形式由与自身不同的素材的对立来界定，普罗普重形式而忽视内容，相信“语法”（即规则——笔者注）可以立即着手处理，而词汇则可以暂缓考虑，他认为“结构没有特别的内容；它本身就是内容，可以理解为是具有实在物属性的逻辑组织中的内容”，“神话和故事‘超结构地’使用语言形式可以说，它们形成一种‘元语言’，其中，结构在一切层次上起作用”①。

列维-斯特劳斯的神话研究主要体现在四卷本《神话学》中，二卷本《结构人类学》中神话研究也占了相当篇幅，其中一些文章（《神话的结构研究》《结构与辩证法》《结构与形式》《神话是如何消亡的》）概述了他的神话学结构思想。《神话的结构研究》② 一文被认为是他运用“新方法论的阶段性总结”和“神话结构分析的宣言”③。

神话具有两大特征：同一地区神话的千变万化，不同地区的神话却常常惊人地相似。研究者对这种矛盾现象无法给出令人满意的解释，就像索绪尔之前的语言学家面对语言现象一样。他们通常关注的是神话与语言的差异性，分析单一神话与语言的演变。列维-斯特劳斯认为这些研究是不科学的。索绪尔的划时代贡献在于阐明了语言符号任意性的原理，指出语

① ［法］克劳德·列维-斯特劳斯：《结构人类学——巫术·宗教·艺术·神话》，陆晓禾等译，文化艺术出版社 1989 年版，第 114、141、143 页。依笔者看来，列维-斯特劳斯夸大了他与普罗普之间的差别，普罗普对单元（词汇、角色）功能的强调就体现了对内容的重视，列维-斯特劳斯不过是注意到角色的变形与置换而稍稍放宽了对角色功能的界定。当然，普罗普作为早期的研究者，对童话的类别、层次等的区分确实相对简单。但构不成质的区别，所以，笔者仍然把他归入结构主义范畴，这也是许多研究者的做法。

② ［法］克劳德·列维-斯特劳斯：《结构人类学——巫术·宗教·艺术·神话》，陆晓禾等译，文化艺术出版社 1989 年版，第 42—69 页。

③ ［日］渡边公三：《列维-斯特劳斯——结构》，周维宏等译，河北教育出版社 2002 年版，第 151 页。

言的能指功能不是与语音而是与语音组合相关①，雅克布森进一步强调静态与动态之间的关系是语言的基本辩证关系。有了这些语言学成就，语言学才成为一门独立的学科，他所需要做的，就是把两人（尤其是雅克布森）的结构语言学发展到神话领域②。于是，他体察到了不同民族、地区具有相似性的神话之间的内在关联：消除了角色功能与情节的变形（包括置换、颠倒、省略，体现转喻与隐喻）后实际上是同一类故事。进而，他用神话素来指称神话的构成单位，即大构成单位，每一个大构成单位都由一种关系构成。这里，关系不是孤立的，而是由历时关系与共时关系组成的关系束。换句话说，关系束组成大构成单位，后者组成神话。于是，无论是俄狄浦斯神话、祖尼人起源神话、西普埃布洛神话，抑或别的神话，包括普罗普的童话，都可以拆解为几个简单的构成单位。构成单位之间通常两两对立：在俄狄浦斯神话中，是对血缘关系估计过高与对血缘关系估计过低，坚持人由土地所生和否定人由土地所生；在祖尼人起源神话中是永生与死亡的对立；在西普埃布洛神话中是生命与死亡的对立。当然，由于神话思想总是从认识对立关系逐步发展到消除这些对立关系，这种对立不是彼此隔绝的，可以通过一些中介的过渡来实现对立面之间的转换：在北美神话中的郊狼或乌鸦就是食草动物与食肉兽之间的过渡。关于神话的消亡，他认为有两种方式③：通过颠倒的形象恢复丰满；精力耗尽消亡，但残余部分仍以两种形式发挥作用：经虚构加工成为一般故事，为证明历史的合理性服务④。

---

① ［法］克劳德·列维－斯特劳斯：《结构人类学——巫术·宗教·艺术·神话》，陆晓禾等译，文化艺术出版社 1989 年版，第 44 页。

② 同上书，第 71 页。

③ 同上书，编后，第 284 页。

④ 可以认为，民族的建构就是现代神话的制造。列维－斯特劳斯也认为在现代社会，政治在很大程度上取代了神话，参见［法］克劳德·列维－斯特劳斯《结构人类学——巫术·宗教·艺术·神话》，陆晓禾等译，文化艺术出版社 1989 年版，第 45 页。

他从神话研究中得出的三点结论是：(1) 神话的共时—历时结构使得我们能够把神话的各个成分按照历时性序列排列（即排成行），但必须按纵向的列进行阅读。所有的神话都具有一种板岩结构，这种结构通过重复的手段来显示。概而言之，重复的作用是显示神话的结构。(2) 神话的目的是提供一种能够克服矛盾的逻辑，但不同神话板岩的结构并不完全一样，这种差异是神话传播中耗能的表现，故神话螺旋形发展直至产生神话的智力冲动耗竭。神话的发展是联系的，但其结构是非连续性的。神话可以被看作“分子的统计总数”和“分子结构”之间的中介物。(3) 关于原始思维与科学思维之间的差别，神话和科学中存在着同样的逻辑，人类从古至今都一样睿智地进行思考，进步所表达的，不过是人的不变的能力在这个世界中不断与新的客体搏斗①。

4.1.2 关于亲属关系结构

列维－斯特劳斯在这方面主要是借用并扩展雅克布森与莫斯②的观点：他把婚姻关系和亲属关系当成一种语言系统，把妇女当成词语③，以通婚关系来定义结构，认为亲属关系（即交换关系）与乱伦禁忌互为表里，亲属关系的基本结构是：社会成员分为可以结婚和不能结婚两类的状态，如堂表兄弟分为平行堂表兄弟和交叉堂表兄弟，与后者的结婚是被提倡的。以女性的交换为标准，他把亲属关系结构分为三个层次：精神结构

---

① ［法］克劳德·列维－斯特劳斯：《结构人类学——巫术·宗教·艺术·神话》，陆晓禾等译，文化艺术出版社 1989 年版，第 69 页。

② 马赛尔·莫斯阐述了这样一个观点：交换就是人类通过普通的物物交换行为进行交流，接受物品，由此产生欠情或回赠的义务等从远古时代起就发挥这样的作用：建立新的人际关系、维持老的人际关系。参见［法］马赛尔·莫斯《礼物：古代社会中交换的形式与理由》，汲喆译，上海世纪出版集团 2005 年版。

③ ［英］约翰·斯特罗克：《结构主义以来——从列维－斯特劳斯到德里达》，渠东等译，辽宁教育出版社 1998 年版，第 6 页。

层次，一般性地显示婚姻关系是通过交换女性来确立的；关系层次，通婚关系如何规定了父亲、母亲、子女和叔舅这些“亲属原子”个体之间的关系；社会结构，交换关系对社会整体组织的影响①。至于为什么必须以女性为交换媒介，他既受莫斯的影响但也有自己的创见：把莫斯的“物品”范畴扩大到女性，但强调乱伦禁忌是人从自然状态向文化状态过渡的转折点。乱伦禁忌是基于“我能得到妻子是因为妻子的父亲或兄弟对她死了心”，“邻居也执行同样的规则”。他的重心不是放在亲属的名称上，而是认为“亲属名称结构分析的大部分完全限于同义反复，它们证明了一些不证自明的东西，而将未知的东西却原样放在一边”。他自己的解决办法是：把重心放在对关系的强调上②，分析何种关系的人之间是可以结婚的，婚姻关系对亲属关系乃至社会整体的影响③。

有学者总结了他在这方面的四个贡献：（1）在前所未有的范围内把现有材料汇集起来，并对此进行系统的归纳。（2）指出正面规定的婚姻规则在基本结构中已经成为许多制度的核心，系统地分析了正面规定的婚姻规则及其特定称谓之间的紧密关系，揭示了两者在整个制度和文化表征体系中所具有的中心地位。（3）通过基本心理结构来理解亲属关系结构。（4）认为建立在正面规定的规则基础上的婚姻系统是最基本的系统，整个亲属关系理论的基础就在于对这些系统进行考察④。

他研究亲属关系得出的结论影响力似乎不如对神话的研究，注重实证的英美学者对他的研究结论更是心存疑虑⑤，如英国学者埃德蒙·利奇就

---

① ［日］渡边公三：《列维－斯特劳斯——结构》，周维宏等译，河北教育出版社2002年版，第271、277页。

② 同上书，第83、84、86页。

③ ［英］约翰·斯特罗克：《结构主义以来——从列维－斯特劳斯到德里达》，渠东等译，辽宁教育出版社1998年版，第36页。

④ 同上书，第35—36页。

⑤ 列维－斯特劳斯则认为人类学研究不能用实证化标准来衡量。

认为他研究亲属结构不过是围绕一些不严密的主张高谈阔论而已①。当然，在人文与社会科学研究中英美与欧陆秉承不同的学术范式，英美学者的评价常难以体现欧陆学者的学术影响力，列维-斯特劳斯这一研究成果1949年出版后即受到热烈欢迎，成为他的成名作。捎带提及，结构主义的靶心是存在主义，可首先向读者大力推荐《亲属关系的基本结构》一书的，却是存在主义阵营的大将西蒙娜·波伏瓦②。应该说，在这项研究中列维-斯特劳斯还是贯彻了自己的结构观。

4.1.3 小结

列维-斯特劳斯声称结构主义坚决采取目的论③，认为结构主义不是一种思想而是一种认识方法，他给结构下的定义是：所谓结构是要素和要素间关系的总和，这种关系在一系列的变形过程中保持着不变的特性。渡边公三认为这一概念定义有三个侧面：第一，强调不变。第二，把要素本身和要素之间的关系放在同一平面，即“从某种观点来看似乎是形式的东西，从别的观点来看则表现为内容，而似乎是内容的东西也可以表现为形式”。第三，强调了与不变概念相反的“变形（变换）”的重要性，认为结构的特性在于其均衡状态发生某种变化时，将变形为另一种体系，这种体系即为变形。结构就是通过变形来保持不变特性的、带有自相矛盾性质的某种事物。列维-斯特劳斯用画家狄奥勒（1471—1528）所画的各种脸形草图作为结构的生动例子：要素之间的关系一样，但人脸却是千变万

---

① ［英］埃德蒙·利奇：《列维-斯特劳斯》，王庆仁译，生活·读书·新知三联书店1985年版，第122页。

② ［法］佛朗索瓦·多斯：《从结构到解构——法国20世纪思想主潮（上册）》，季广茂译，中央编译出版社2005年版，第33页。

③ ［日］渡边公三：《列维-斯特劳斯——结构》，周维宏等译，河北教育出版社2002年版，第262页。

化的[①]。

综合上面的分析可以得知，列维-斯特劳斯的结构观大致是：除了赞成学者们普遍接受的整体性外，他强调关系的重要性但对单元给予应有的重视（承认单元的功能），突出对立面但不予以隔绝（经常分析单元之间的转化），主张共时性与历时性的统一（认为人的思维结构古今不变，但又从纵横两个维度进行分析）。他欣赏雅克布森的语言学思想但不拘泥其间，而且能兼收并蓄不同学科的研究成果（如弗洛伊德的无意识学说、莫斯的交换论、普罗普的形式主义），这种综合吸取的做法给了他比较宽广的研究视野，他的研究结论具有了较强的说服力，因而也易于被别人接受。

此外，涂尔干认为心理结构是社会关系的反映（即所谓“社会先于智力”[②]）。列维-斯特劳斯则认为这难以说明人类中存在的普遍的神话结构、古今人类思维方式上表现出来的稳定性。于是，他颠倒了涂尔干的结构观[③]，认为结构来源于智能或人的精神，因而结构先于社会，先于心理活动[④]。他相信人性的永恒性，持一种非发生论、非历史主义的演绎模式，把结构看作无意识的思维模式。

笔者不同意列维-斯特劳斯对结构采取一种非功能主义立场的说法[⑤]。上述分析显示，列维-斯特劳斯相当重视单元功能，这体现了雅克布逊的影响，而明显不同于索绪尔的结构观。另外，也不能“把结构看成

---

① ［日］渡边公三：《列维-斯特劳斯——结构》，周维宏等译，河北教育出版社2002年版，第4—6页。

② ［瑞士］让·皮亚杰：《结构主义》，倪连生等译，商务印书馆1986年版，第75、78页。

③ ［美］乔纳森·特纳：《社会学理论的结构（下）》，邱泽奇等译，华夏出版社2001年版，第148、150、157页。

④ ［瑞士］让·皮亚杰：《结构主义》，倪连生等译，商务印书馆1986年版，第78页。

⑤ 同上书，第74页。

人类社会生活的初始事实”①，这与列维－斯特劳斯关于结构源于智能先于社会的观点矛盾。总之，他认为从根本上说结构不具有实体性，“具有实在物属性的逻辑组织中的内容”的神话结构，似乎具有实体性，但仅仅是人的思维模式的展示，还是不具有实体性，只有如此，结构才能“在一切层次上起作用”②。

◇◇ 4.2 社会学中的结构

一般认为，社会学是19世纪前半期至中期以克服欧洲市民社会危机为课题，以重新组织这一社会为目的而建立起来的实证科学③。社会学的研究对象经历了从物质实体到关系实体的转变，但对社会关系的重视却只是程度上的区别，所以有“社会学即关系学”之说。社会结构通常被认为是“一个群体或一个社会中的各种要素相互关联的方式”④，因而也可以说社会学即结构学。可见，对社会学中结构观的分析是结构概念研究非常重要的一环。本研究将借用苏国勋的四分法框架来分析社会学中主要流

① ［瑞士］让·皮亚杰：《结构主义》，倪连生等译，商务印书馆1986年版，第74页。

② ［法］克劳德·列维－斯特劳斯：《结构人类学——巫术·宗教·艺术·神话》，陆晓禾等译，文化艺术出版社1989年版，第114、141、143页。依笔者看来，列维－斯特劳斯夸大了他与普罗普之间的差别，普罗普对单元（词汇、角色）功能的强调就体现了对内容的重视，列维－斯特劳斯不过是注意到角色的变形与置换而稍稍放宽了对角色功能的界定。当然，普罗普作为早期的研究者，对童话的类别、层次等的区分确实相对简单。但构不成质的区别，所以，笔者仍然把他归入结构主义范畴，这也是许多研究者的做法。

③ ［日］日本社会学会编辑委员会编：《现代社会学入门》，李银河等译，中国社会科学出版社1987年版，第172页。

④ ［美］戴维·波普诺：《社会学（第十版）》，李强等译，中国人民大学出版社1999年版，第94页。

派对结构问题的理解。

根据苏国勋的看法，社会学理论流派的分野主要是基于对两个基本问题的回答：社会的本质是什么？如何认识社会本质？在他看来：（1）认为社会的本质是物质的，在社会存在问题上持物质主义立场；认为社会本质是观念，是为观念主义。（2）认为社会是个体组成，社会本身不过是个名义，主张从个体出发研究社会的方法，为唯名论的研究方法，也可以叫作个体主义的研究方法，如行动理论；认为社会是个完整的实体，应该从整体出发研究社会的流派，则为唯实论的研究方法，也可以叫作整体主义的研究方法，如早期涂尔干大力倡导的社会学主义就强调环境对人的制约与影响。列表如下。

表 4—1　　社会学理论流派的分类

		社会如何被认识	
		个体主义（唯名论）	整体主义（唯实论）
社会实在的性质	物质主义	经验主义（如帕森斯、早期涂尔干、芝加哥学派）	实质主义（如马克思、威尔斯、达伦多夫）
	观念主义	主观主义（如韦伯）	理性主义（如晚期涂尔干、米德、布迪厄）

说明：这里的经验主义、主观主义、整体主义和理性主义是在特定意义上使用。

经验主义的特点是：（1）社会是物质的，认识社会从构成社会的个体出发。（2）人的活动是在可观察环境中的可观察的行动，侧重从环境—有机体的角度看问题。（3）知识的获得来自系统观察、试验、比较。（4）知识的形式乃是对对象之间关系或然性的概括，需要可观察知识的积累，通常用归纳法，但现在也吸收了演绎法，从而承认经过严格训练者的观察洞见可以导致认识的概化。（5）整体上是功能主义的视角。（6）无法回答实质如何超越经验？只考虑“有效经验”，而不考虑本质—经验—事件三者的关系。

主观主义的特点是：（1）用观念论看社会本体，用唯名论方法认识社会。（2）社会世界由个体行动者互动而来，所以必须诠释（interpretation）行动的结果，强调观察者对行动者意义的理解。（3）社会科学就是解释行动者之间的集体交往行动的意义与结果。（4）社会事实（事件）无法脱离个体解释而单从客观层面进行描述。语言学已经证明语言不可能是中立的。

实质主义的特点是：（1）以物质论的眼光看待社会本体，认为社会本体是物质的整体，故社会是客观的物质的关系结构。（2）认为社会结构不能被肉眼看到，生产关系的潜在结构说明物质关系。（3）社会科学研究中可以将社会实在当作事物本质。（4）解决了经验主义无能为力的本质问题。

理性主义的特点是：（1）从观念、整体的观点看待社会。（2）社会事实是观念但又是实在的，所以构成客观、强制性的结构作用于人。（3）关注社会整体，思考框架是整体性的，认为个体行动者有意义的活动既提供社会交往的可能性也导致社会交往的限制。

4.2.1　经验主义的结构

一战后社会学的主流是涂尔干学派和文化社会学，但二战后社会学的中心无疑在美国。经验主义体现了美国的学术传统，芝加哥学派是其典型代表。但就理论化程度和对美国社会学的影响而言，则首推帕森斯（Talcott Parsons，1902—1979）为代表的结构功能主义，其特点是：以社会系统的概念为前提，在对社会作总体认识时，用分析的方法确定局部对整体造成的影响①。“功能”常常是“作用”的代词，深受生物学影响的社会

① ［日］日本社会学会编辑委员会编：《现代社会学入门》，李银河等译，中国社会科学出版社1987年版，第183页；袁亚愚等主编：《社会学——历史理论方法》，四川大学出版社1989年版，第52—53页。

学带有功能主义色彩并不奇怪。功能主义的基本原则是：社会与生物在许多方面是相似的，都具有结构、能满足自身的需要、各部分能协调发挥作用。功能主义认为社会是由在功能上满足整体需要，从而维持社会稳定的各部分所构成的一个复杂系统①。帕森斯在社会学中的贡献有点像黑格尔之于哲学：都志在总括既往的研究以建立全面的学科总体理论，即一种可以用来分析所有类型社会现象的理论框架。把他归入经验主义既因为他注重经验研究，更因为他建立理论框架以指导经验研究的努力。他的思想显然是多源头的，其结构观也体现一种综合：韦伯的理解的社会学、涂尔干的社会实在论、帕累托的意志论②和社会均衡思想、马歇尔的功利主义（工具理性主义）。韦伯文笔晦涩、概念内涵不够清晰的特点帕森斯也在较轻的程度上继承下来了，他的结构概念即是如此：可能指某种安排（“两组结构成分”③）、某种成分（“单一理论体系的结构”④），苏国勋认为是指单元行动的环境（“社会行动的结构”）⑤。这里用大致上能代表他的学术成就的AGIL模式来初步分析他的结构观。

AGIL分析模式体现了他所说的“一般行动的理论”，也就是说，社会学的任何研究对象，都可以套用这一模式进行分析：先划分成四个成

---

① ［美］戴维·波普诺：《社会学（第十版）》，李强等译，中国人民大学出版社1999年版，第109页。

② 意志论强调行动者依靠自己的意志选择达成目标的手段，社会结构——实际上指社会文化——是形成个人意志的社会条件。

③ ［美］塔尔科特·帕森斯：《社会行动的结构》，张明德等译，译林出版社2003年版，第299页。

④ 同上书，第48页。

⑤ 2006年4月18日课堂笔记。在2006年8月11日晚的电话请教中，苏先生简明扼要的解答使笔者得以初步摆脱帕森斯理论的“字面的困扰”而体会到其实质内涵。但笔者对苏先生的一个观点有保留。他认为结构是环境，既包括单元的外环境，也包括单元自身的内环境。笔者认为，不宜把内环境当成单元环境的一部分，那意味着单元的虚无化。另外，向苏老师的高足、专攻帕森斯的博士候选人赵立伟的请教，也大大有助于笔者加深对帕森斯的理解。

分——组成研究对象的整体的四个单元，然后再分析这四个成分的功能及其相互关系。他认为，一个社会只有满足了以下四个基本需求才能维持其秩序和稳定：A 即 adaptation，指对环境的适应；G 即 goal attainment，指目标的获得；I 即 integration，指社会成员的整合；L 即 latency，指社会潜在模式的维持或对越轨行为的控制。这些都是正功能和显功能，他的学生莫顿则补充了反功能（dysfunctional）和潜功能（latent function）的概念。帕森斯特别强调社会整合功能的满足，认为这需要社会成员接受和遵守共同的社会价值观才能实现。比如，他把一般行动系统分为行为系统（A）、人格系统（G）、社会系统（I）和文化系统（L）四个部分（每一部分又可以进一步再分为四个亚系统，直至某一层次不能再分为止）。行为有机体或行为系统使行动者适应相应的环境，人格系统确定行动目标，社会系统为实现目标提供能为某一社会所接受的适当手段，文化系统则以文化规范来指导行动者、防止反规范行为的发生。这四个系统围绕着人的社会行动和组织而构成一个整体，当然，他也认为，某一部分的功能失调会使社会结构在稳定的情况下有序演进，但不是革命①。在这里，他的功能是指四个部分各自所发挥的作用，结构是指四个部分按一定规则互相配合（互动）的关系模式。

可见帕森斯的结构功能主义是指：研究对象是具有四个单元的系统，社会学应该研究这四个单元的功能及其相互关系。功能主义始终是社会学的主流，帕森斯则用自己设想的结构观来分析研究对象的功能。结构在这里是指“成分及其安排”。皮亚杰也注意到，英美学者谈到结构总要涉及可以观察的关系和相互作用，而帕森斯则部分跳出了这一“窠臼”，把结构定义为一个社会体系的各种成分的稳定布局，且不受外界强加于它的变

① ［美］戴维·波普诺：《社会学（第十版）》，李强等译，中国人民大学出版社1999年版，第109页；袁亚愚等主编：《社会学——历史 理论 方法》，四川大学出版社1989年版，第53页。

动的影响①。我们知道，帕森斯的雄心是建立普遍适用的一般行动理论，所以必然要寻找行动的一般特点或内在结构，但作为社会学家，显然知道不能抛开功能谈理论，所以，他在确立 AGIL 框架后，马上展开了对四个成分的功能分析。结构功能主义理论的含义，由此彰显。

概而言之，帕森斯的结构观强调四个单元本身的作用和彼此之间互相协调的关系特征，而弱化了单元之间的对立性，共时性与历时性的结合、对整体性的强调是题中应有之义。既然结构与功能交织在一起，结构也就不可能是非实体。

4.2.2　主观主义的结构

就社会学而言，法国似乎代表一种社会静力学的取向，关注社会制度、结构研究，而德国传统则是一种社会动力学取向，属于注重社会变迁的历史主义范畴：马克思如此，韦伯也如此。但二人之间观点的对立也常常可见，如韦伯主张的价值无涉就是主张“人的历史范畴”的马克思绝不能同意的。又如他认为社会既不是只有和谐也不是只有斗争，一致性不少于斗争性。韦伯擅长的是“专题研究”（issue studies），注重对某些问题给出自己的答案，而无意于建立自己的理论体系。他认为社会的本质是观念，社会只是个名称，离开人的行动什么都不是，所以理解人的行动的意义是研究社会的关键。研究个人显然只能用方法论个人主义（methodologically individualism）而无法直接研究整体或社会。他注重“行动”这一概念，将之界定为“行动个体对其行为赋予主观的意义”，相应的，他的“社会行动”（soziales handeln）概念是指“行动者的主观意义关涉他人的行为，而且指向其过程的这种行动”，社会学则被他定义为“是一门科

① ［瑞士］让·皮亚杰：《结构主义》，倪连生等译，商务印书馆 1986 年版，第 71 页。

学，其意图在于对社会行动进行诠释性的理解，从而对社会行动的过程及结果予以因果性的解释”。诠释（deuten，interpretation）是指主观心灵状态以及可被归结为行动者意图的意义解读，理解（verstehen，understanding）指对行动者主观的心智状态加以观察和理论上的解读，但也可以指掌握逻辑的或其他象征性体系的意义①。

他眼中的社会学是一种“理解的社会学”。他把行动分为两类，第一类是理性行动，包括价值（即伦理）合理的行动和手段—目的合理性行动，基于这一类行动组成的社会叫“交互活动体”，类似于滕尼斯所说的基于个人选择意志的“社交社会”（gesellschaft，societe 或 ensocialisation）。第二类是非理性行动，包括情感的行动和传统的行动，基于这一类行动形成的社会叫“共同生活体”，类似于滕尼斯所说的基于自然本质意志的“共同体社会”（gemeinschaft，communaute 或 encoummunisation）②。齐美尔注重挖掘个人和群体联系的潜在形式（模式），认为社会结构（模式）中存在永恒的互动，形式社会学就是探究这些永恒互动的潜在模式，他认为社会分化的增加使个体联系向多方向散开从而增加人的自由和个性，这可能有助于防止社会的两极分化③。这些观点对韦伯也产生了影响，如韦伯认为社会领域单因素分析太片面，必须进行多因素分析；又认为个人及其行动构成社会现象的原子，社会现象是原子的总和。研究者认为韦伯代表

---

① ［德］马克斯·韦伯：《韦伯作品集 VII：社会学的基本概念》，顾忠华译，广西师范大学出版社 2005 年版，第 2—3、10 页。

② ［日］日本社会学会编辑委员会编：《现代社会学入门》，李银河等译，中国社会科学出版社 1987 年版，第 177 页；王养冲：《西方近代社会学思想的演进》，华东师范大学出版社 1996 年版，第 203—205、183 页；苏国勋《社会理论》课 2005 年 4 月 25 日课堂笔记。

③ ［美］乔纳森·特纳：《社会学理论的结构（下）》，邱泽奇等译，华夏出版社 2001 年版，第 151 页。

了德国的形式和系统社会学[1]。但他似乎不是特别强调社会作为完整系统的一面。韦伯的社会关系或社会结构可以是单元，也可以是某种安排，还可以是文化，所以可以指涉对象包括了阶级、身份、政党、宗教、科层、变迁等众多的内涵[2]。这种模糊性也被帕森斯继承了。

总的来看，韦伯的结构观是：视不同情况强调单元（如个体、政党）、关系（如科层、阶级）的重要性，结构可以是实体，也可以是非实体；不是很重视社会的整体性，认为对立成分之间的合作与转化是可能的，他强调社会变迁决定了他考虑社会关系时必须结合共时性和历时性两个方面。

4.2.3　实质主义的结构

如果说孔德、涂尔干、帕森斯、韦伯是从社会合作以恢复均衡的观点研究社会行为体的功能，那么，马克思则是从社会冲突的角度研究问题，这一视野为后来的冲突学派尤其是以米尔斯（C. Wright Mills，1916—1962）与达伦多夫（Ralf Dahrendorf，1929—）为首的辩证冲突论派所继承[3]。马克思一方面强调物质因素（经济）的基础决定作用，另一方面强调单元之间（阶级之间、生产力与生产关系之间、经济基础与上层建筑之间）的对立性，认为这种共时性的对立是历时性的社会发展的动力，当然，他是从社会整体的角度研究社会，关注的是系统的再生产和系统矛盾[4]。冲突论

---

① 王养冲：《西方近代社会学思想的演进》，华东师范大学出版社1996年版，第220页。

② ［美］乔纳森·特纳：《社会学理论的结构（下）》，邱泽奇等译，华夏出版社2001年版，第13页。

③ ［美］戴维·波普诺：《社会学（第十版）》，李强等译，中国人民大学出版社1999年版，第18—19、110—111页；袁亚愚等主编：《社会学——历史 理论 方法》，四川大学出版社1989年版，第54页。

④ ［美］乔纳森·特纳：《社会学理论的结构（下）》，邱泽奇等译，华夏出版社2001年版，第146—147页。

者的共同信条是：社会总是处于对稀有资源尤其是权力的争夺中。他们把社会看作一个持续展开的权力竞技场，他们的主要理论假设是：社会、社会设置和社会秩序主要是通过强力来维持的，而不是像功能论者主张的那样，是通过共享价值观将彼此“粘”在一起的。因此，冲突论者关注统治阶级如何获得权力、维持统治。如米尔斯认为大企业高级主管、政府主要官员、军队高级将领组成的权力精英为美国社会做出了绝大多数的重要决策，虽然他们为了控制公众的反感而刻意模糊与大众的界限，但大众仍意识到自己的无权状态并表示怨恨，因此，强势者与弱势者之间的紧张难以消除，并孕育重大的社会变迁。达伦多夫抨击功能主义者的“社会基本有序”理论前提，主张把社会变迁而不是社会秩序当作社会分析的主要关注点。与马克思把冲突看作阶级间对经济资源的争夺不同，他把冲突看成权力斗争①。

可见辩证冲突论者的结构观与马克思相似：强调整体性，从历史的视角研究时代的冲突表明他们主张结合共时性与历时性。他们也重视关系性，但是一种对立关系，隐含着通过对立单元之一的消亡来实现社会变迁的意图，否定对立单元之间的合作与转化。深层结构是一种起作用的实体存在，而他们看重的物质因素更是一种物理存在。同样，但单元功能（如精英、集团、阶级）在他们那里也得到高度的强调。

4.2.4 理性主义的结构

涂尔干的思想②经历了一个转变过程，早期作品（1900 年前）强调

---

① ［美］戴维·波普诺：《社会学（第十版）》，李强等译，中国人民大学出版社 1999 年版，第 110—111 页。

② 涂尔干对华尔兹结构观有明显的影响，笔者后面还要详细分析涂尔干的社会学思想。这里先做扼要概述。

社会宏观结构如文化的机制，属于经验主义范畴；而在后期作品中则转向理性主义，强调人际和认知的机制，主张对社会结构的心理分析，如在《宗教生活的基本形式》中指出，宗教崇拜实际上是社会崇拜，这种崇拜有赖于把神圣性灌注于社会力量中，借此规制社会成员，并通过仪式设定在精神上加以把握①。他的社会学思想可以经过孔德上溯至圣西门。米德、布迪厄等继承了他的社会学思想。孔德和斯宾塞一样，都认为社会均衡是可能的，强调社会合作对均衡的重要性，主张社会学的目的就是维护社会秩序、促进社会进步，把改良主义列为社会学的根基。涂尔干把社会事实确定为社会学的研究对象，把社会看作一个整体，高度关注社会整合问题，认为社会形态学的分析应该把重点放在“数量”“性质”、部分或“成分”的“相互关系”上，坚持思维的结构反映了真实的社会关系的物质结构，这一点被英国功能主义学派所接受，并发展为后来的网络分析②。米德的心智—自我—角色扮演学说综合了实用主义、达尔文主义和行为主义，为后人分析集体意识怎样和个体行为相联系提供了一种机制，他尤其强调“一般化他人的角色扮演”和“作为自我批评基础的态度交流”对结构再生产的重要性③。他认为人类的心灵和自我意识主要是社会的产物④。布迪厄的阶级冲突概念模型综合了马克思、韦伯和涂尔干的社

---

① ［美］乔纳森·特纳：《社会学理论的结构（下）》，邱泽奇等译，华夏出版社2001年版，第12、148页。

② 如拉德克利夫－布朗把结构当作一个现实，指出结构功能主义强调的结构乃是实体之间的关系，参见［美］乔纳森·特纳《社会学理论的结构（下）》，邱泽奇等译，华夏出版社2001年版，第148、159页；涂尔干社会学思想，也可参见［美］戴维·波普诺《社会学（第十版）》，李强等译，中国人民大学出版社1999年版，第14页。

③ ［美］乔纳森·特纳：《社会学理论的结构（下）》，邱泽奇等译，华夏出版社2001年版，第4、152页。

④ ［美］戴维·波普诺：《社会学（第十版）》，李强等译，中国人民大学出版社1999年版，第15页。

会学思想，并把被列维－斯特劳斯颠倒的涂尔干结构观归位复原①。

可见，涂尔干、米德、布迪厄等人的结构观可以概括为：心理结构是社会关系结构的反映，包括逻辑秩序和分类系统的生成，这些秩序和系统是社会中个人理解和行动的基础；现象间的联系是固有的、整体系统的一部分；无论是社会的物质结构、文化结构、心理结构还是个人的心理结构，都展示亲近性、对立性等逻辑关系②。可见他们除了强调社会的整体性之外，也主张从历时的角度考察社会关系，把结构看作一种实体（物质的或观念的）。在强调社会对个人作用的同时，没有忘记分析个体的功能。

4.2.5 小结

经验主义认为社会实在的性质是物质，主张从个体入手研究社会事实；实质主义同意社会实在的性质是物质，但主张从整体角度研究社会现象，以抓住现象下面隐藏着的“深层结构”；主观主义认为社会存在的实质是观念，但必须从个体的社会行动入手研究社会，通过把握行动的意义来理解社会现象；理性主义同意社会存在的实质是观念，但认为作为观念的物是集体意识，无法分割，可以通过对社会心理的分析来把握社会事实的意义。

社会学各流派都重视社会关系，都强调共时性与历时性结合考察社会的必要性，但实质主义高度强调单元（或层次）之间的对立，认为这种对立非革命手段难以消除。其余三派都指出了单元之间转化的可能性，但主观主义相对不那么强调社会的整体性，而理性主义相对不那么强调单元

---

① ［美］乔纳森·特纳：《社会学理论的结构（下）》，邱泽奇等译，华夏出版社2001年版，第196页。

② 同上书，第148—149页。

的重要性。四个流派的结构观可以用表格概述如下。

表 4—2　社会学各个流派的结构观

流派	整体性	非实体性	历时性/共时性	单元功能
经验主义	是	反对	二者结合	强调
实质主义	是	反对	二者结合	强调
主观主义	是（较弱）	不一定	二者结合	强调
理性主义	是	反对	二者结合	强调（较弱）

社会学新进展值得关注。从网络的角度，社会结构可以定义为位置或结点之间联系的模式，社会网络中的单位被概念化为点或结点，在图形中列出相关单位的联系模式、解释结点之间不同联系模式的驱动力成了网络分析的两大目标。吉登斯（Anthony Giddens）的结构化理论坚信人能够改变社会的进程，他把结构概念化为行动者在跨越空间和时间的情境（context）中利用的规则（rules）和资源（resources）。规则是行动者在各种环境下面理解和使用的可归纳而得的程序，是行动者知识能力的一部分；资源是控制的要素，是行动者用来处理事物的工具。规则和资源具有中介性，故可以被转变为不同的模式与组合。行动者在使用规则和资源的过程中维持和再生产结构①。这些观点都极具启发性，本研究后面将借用这些概念。

◇◇ 4.3　文学中的结构

文学是对语言的运用，所以，从广义上说，文学是语言的一部分。对

① ［美］乔纳森·特纳：《社会学理论的结构（下）》，邱泽奇等译，华夏出版社 2001 年版，第 170—171、200—201 页。

文学下定义是一件困难的事。为了研究的便利，我们退而求其次，从功能的角度概括文学的特征：文学是模仿性质的，它通过在读者和真实之间插入一个“虚幻的世界”来指称“真实的”世界①。这里只考察童话、诗歌、小说，而放弃了戏剧等文学“家族”的成员。至于神话，则放到人类学中去考察。换句话说，本节分析的是：学者们如何在童话、诗歌和小说研究中运用结构主义（也包括形式主义）的方法，而不研究童话、诗歌和小说创作中如何运用结构主义。

前面，笔者把俄罗斯形式主义放在“索绪尔以后语言学中的结构观”中做了初步的评价，这出于两种考虑：俄罗斯形式主义兴起在索绪尔去世之后，俄罗斯形式主义研究的对象包括语言学和诗学两个方面。诗学在这里是文学的代称。有必要指出，俄罗斯形式主义是独立发展起来的，对结构主义的发展起了重大作用。正是雅克布森所在的布拉格学派于1935年提议用“结构主义”一词取代不贴切且略带贬义的“形式主义”②。全面研究文学中的结构问题超出了笔者的能力，这里综合肖尔斯、霍克斯、方珊3位专家的观点，尝试通过对普罗普、雅克布森、格雷马斯、托多罗夫、巴尔特的考察来总结文学批评家（即文学理论家）眼中结构观的大致内涵。普罗普是形式主义的代表性人物，研究重点是童话，他的法国“继承人”格雷马斯侧重语义、研究神话与民间故事，托多罗夫侧重语法、研究小说。托多罗夫后来脱离结构主义回归传统，发表的作品注重对话批评。而巴尔特既研究神话也研究小说，经历了从结构主义到后结构主义的转变。雅克布森作为形式主义与结构主义的代表人物，其研究的重点是诗歌。

---

① ［美］罗伯特·肖尔斯：《结构主义——批评的理论与实践》，高秋雁审译，台湾结构出版群1989年版，第38页。

② ［法］茨维坦·托多罗夫选编：《俄苏形式主义文论选》，蔡鸿滨译，中国社会科学出版社1989年版，译后记，第282页。

4.3.1　弗拉基米尔·普罗普

普罗普（Vladimir Propp，1895—1970）① 因对童话的杰出研究而成为形式主义的代表人物之一，他的研究开创了结构主义小说研究的先河，对后来者尤其是法国的文学批评家产生了很大的影响。在文学研究中把人物与功能概念相联系，他是第一人②。1928 年出版的《童话故事形态学》（也译作《民间故事的形态学》）是他的主要代表作。

他认为结构分析的单位是具体的故事，试图从民间故事中提炼出一个典型的故事结构。依据所收集到的 100 多个俄罗斯民间故事，他归纳出这些故事的 4 条法则、31 种功能、7 个情节范围、8 类人物角色和 2 种成分（固定成分和可变成分）。他把功能定义为"人物的行为，服从人物行动意义的行为"。他的基本结论是：故事里的人物虽然是可变的，但他们在故事里的功能是固定、有限的，功能的顺序永远不变，虽然"功能的数目极小，而人物的数目极大"，但童话都属于一种结构类型，上述 31 种功能、7 个情节不一定出现于每个故事中，8 类角色中允许 1 人兼任不同角色。

普罗普的结构观可以概括为：从不同的叙事内容中抽象出一个共同的形式，结构包括故事的成分和成分间的关系两个部分。他在共时的意义上分析童话，认为童话是个封闭的系统，但予以淡化。他认为单元本身功能固定，单元之间的关系转化（功能传递）也按固定程序发生。

---

① 此段内容概括自［美］罗伯特·肖尔斯《结构主义——批评的理论与实践》，高秋雁审译，台湾结构出版群 1989 年版，第 83—96 页；［英］特伦斯·霍克斯《结构主义和符号学》，瞿铁鹏译，上海译文出版社 1987 年版，第 58—73 页。

② 卢普玲：《普罗普功能理论对叙事学人物研究的启发意义》，《江西社会科学》2011 年第 4 期。

4.3.2 罗曼·雅克布森

雅克布森（Roman Jacobson，1896—1982）的显著特征是阅历丰富、在多方面取得突出成就。作为语言学家，1915 年参加组建“莫斯科语言学小组”，1926 年参与组建“布拉格语言学会”，20 世纪 40 年代跟一些从欧洲去美国的学者建立“纽约语言学会”并创办专业杂志《词》（*Word*）。他在语言学上的重大成就有两个，一是前面所说的建立 12 对语言的“辨别特性”，另一个是我要重点介绍的极性概念和等值概念（polarities and equivalence）。结构主义诗学研究中，极性是个重要的概念。他本人在文学研究中也果实累累：一生发表著作 475 种，其中有关文学和诗歌的著作超过了语言学著作①。作为社会活动家的他交游广泛，与语言学中结构主义的三大流派都有联系，并大力促进欧美语言学的交流②。列维－斯特劳斯的结构观也主要来自他。

雅克布森在《历史音位学原理》一书的结尾透露了他的基本语言学思想：“静态和动态之间的关系是决定语言思想的最基本的辩证矛盾之一。”③ 他的功能语言观，也志在消除这种对立。他的主要兴趣是说明语言的诗歌功能或美学功能，他给语言的诗歌功能下的定义是：它既吸取选择的方式也吸取组合的方式来发挥等值原则，诗歌功能把等值原则从选择

① 参见赵世开主编《国外语言学概述——流派和代表人物》，北京语言学院出版社 1990 年版，第 199、377—378 页。

② 普罗普的《童话故事形态学》也是他于 20 世纪 50 年代翻译成英文出版，从而影响了法国、英国、美国的结构主义者。参见方珊《形式主义文论》，山东教育出版社 1999 年版，第 224 页。

③ 转引自［法］克劳德·列维－斯特劳斯《结构人类学——巫术·宗教·艺术·神话》，陆晓禾等译，文化艺术出版社 1989 年版，第 71 页。

轴弹向组合轴[①]。所以，不奇怪他对准的恰恰是索绪尔唯一提到共时性与历时性结合的部分：句段关系和联想关系。他强调的对立与索绪尔的对立也不同。索绪尔的对立，通常指的是符号—符号、能指—能指、所指—所指之间的静态对立，谈到同时轴线与连续轴线时，用的是二重性而非对立的概念[②]，认为研究中不可兼得这种二重性，消除矛盾的方法是集中研究同时轴线上的关系系统。索绪尔是在共时性（即处于一种状态的那段时期[③]）的大背景下，结合句段关系与组合关系来谈词的意义。他对词的意义的解释是可接受的，但出现了一个有点费解的现象：词的意义主要取决于词的组合关系，这是沿水平方向、线性排列的，却是历时的；词的意义次要方面取决于词的联想关系，这是纵向的，却是共时的[④]。将之归因于句段关系是在场的、联想关系是非在场的[⑤]似乎不足以解释这种别扭。

雅克布森则为我们消除这种别扭提供了解决办法[⑥]。他在研究儿童失语症时发现，两种对立的组合错乱（相似性错乱和临近性错乱）和两种基本修辞（隐喻和转喻）紧密相关，两种修辞是等值的，他进而总结出任何转喻都具有隐喻的特征，任何隐喻又都带有转喻的色彩。这就使他可

---

① ［英］特伦斯·霍克斯：《结构主义和符号学》，瞿铁鹏译，上海译文出版社1987年版，第78页。

② ［瑞士］费尔迪南·德·索绪尔：《普通语言学教程》，高名凯译，岑麒祥、叶蜚声校，商务印书馆1980年版，前言，第118页。

③ 同上书，第123页。

④ ［美］罗伯特·肖尔斯：《结构主义——批评的理论与实践》，高秋雁审译，台湾结构出版群1989年版，第26页。句段关系即组合关系，联想关系即聚合关系。许国璋先生认为，用连锁关系代替句段关系，用选择关系代替联想关系更贴切，参见许国璋《关于索绪尔的两本书》，载赵蓉晖主编《索绪尔研究在中国》，商务印书馆2005年版，第107—108页。

⑤ ［瑞士］费尔迪南·德·索绪尔：《普通语言学教程》，高名凯译，岑麒祥、叶蜚声校，商务印书馆1980年版，前言，第171页。

⑥ 本段以下内容总结自［英］特伦斯·霍克斯《结构主义和符号学》，瞿铁鹏译，上海译文出版社1987年版，第76—87页；［美］罗伯特·肖尔斯《结构主义——批评的理论与实践》，高秋雁审译，台湾结构出版群1989年版，第19—56页。

以通过交际理论得出如下结论：语言具有自我意识，它使文学作品中的内容和形式统一起来，作品成了自我生成的、自我调节并最终自我关照的整体。所以，诗人在创作真正的诗歌的过程中，其话语是一个与常人不同的符号系统，诗人可以使历时性的词库获得共时性的意义。在这里，原先探讨语言的“垂直”关系的隐喻与探讨语言的“平面”关系的转喻之间的对立消失了。可见，在雅克布森的结构观中，他把文学看作一个系统，对立是相对的和可化解的，关系是活的而不是静态的，共时性与历时性被较好地统一起来了。

4.3.3 阿尔葛达·格雷马斯

格雷马斯（Algirdas Julien Greimas，1917—1993）的结构主义思想主要体现在《结构语义学》（1966）、《意义》（1970）两书中。他继承并发展了普罗普的分析模式，将后者对民间故事的分析方法扩展到所有叙事，提出与行动相关的三对共六种“行动元”概念，即：与愿望、探求和目标相对应的主体和客体；与交流相对应的发送者和接收者；与辅助支持或阻碍相对应的帮助者和阻挠者。同时，格雷马斯压缩了普罗普提出的功能种类，并将它们归入三种序列结构：契约型结构、完成型结构和离合型结构。如契约型结构中，叙事可能采取两种模式来进行：

契约——违背契约——惩罚

缺乏契约（秩序）——重建契约（秩序）

他感兴趣的是语义，并认为词义始终二元对立，一切意义都依赖于对立面的意义而存在，两者共同构成意义产生的区域，如上下、高低等①。

他假设了一种先于语言的思维层次，又把对立关系拟人化：逻辑或概

① 钱翰、黄秀端：《格雷马斯“符号矩阵”的旅行》，《文艺理论研究》2014年第2期。

念的对立在一种辩论的场面成为行为者，场面稍加发展就成为故事。如果行为者具有社会性，就会成为故事中的角色，角色带上个性，就成了表演者或人物。但始于语义对立的叙事会相应转化为对立的场面和情节，所以，在连续叙事中行为者基本数为两个，基本情节是散与聚、离与合、斗争与和解。叙事主要就是一个行动者向另一个行动者进行对象或价值转换的过程。他的研究有两大特点：将行为者作为研究起点，这与普罗普相同；直接对神话素材进行研究，试图从中找出材料组合在一起的原理。他把叙事语法当作整体来研究，虽然有人认为他的描绘与解释概括力不足①。与托多罗夫一样，他把叙事当作一组语言现象，一些现象被一套超语法的结构规则以一种特殊的方式组织在一起②。他认为，从长远观点看，能指和所指的关系本质上是不断后退（靠近）的，关系本身就产生意义，而不是它的所指在它之外的任何现实世界产生意义③。

可见，他的结构观是：整体性之外，承认词义之间和概念之间的二元对立却又认为关系非常重要、强调单元功能，结构具有实体性。但他对共时性不那么强调。

4.3.4　茨维坦·托多罗夫

托多罗夫（Tzvetan Todorov，1939—　）的思想经历过一些转变，1980年后，转向“对话批评”，以《批评的批评》为代表，他的转变带有回归传统的味道：主张文学是对社会和人生的解释，作品在阐述真理，

---

① ［美］罗伯特·肖尔斯：《结构主义——批评的理论与实践》，高秋雁审译，台湾结构出版群1989年版，第141页。

② 本段主要归纳自［美］罗伯特·肖尔斯《结构主义——批评的理论与实践》，高秋雁审译，台湾结构出版群1989年版，第140—151页。

③ ［英］特伦斯·霍克斯：《结构主义和符号学》，瞿铁鹏译，上海译文出版社1987年版，第125页。

文学是通向真理和道德的话语①。这时他已经不是一般意义上的结构主义者了。所以，笔者的探究针对他研究叙述学和诗学时期（1968—1980）。《〈十日谈〉的语法》体现了他的结构观，通过对《十日谈》中一组故事的分析，他发现了故事的共同之处，如图 4—1 所示。

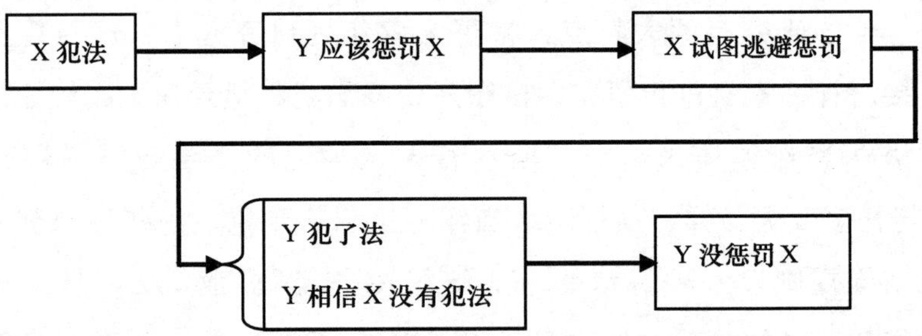

图 4—1 故事结构（托多罗夫）

上述箭头表示一种限定的继承关系。他还总结出《十日谈》中的故事可以归结为两大类。一类是避免惩罚型：平衡—不平衡—平衡；另一类是转变型：不平衡—平衡。

由上可知他的结构观明显受普罗普的影响，他强调叙事学②研究的目的是寻找普遍语法，实际上是寻找句法结构，即语言结构，或进一步说，等同于世界本身的结构，这一点像列维-斯特劳斯。另外，他的诗学不限于研究诗歌作品，是一种既抽象又内在地理解文学的学科，意在通过对文学内部法则的探讨辨认出作品的总法则，反对从作品之外寻找社会学、心

① 本段主要概述自方珊《形式主义文论》，山东教育出版社 1999 年版，第 251—266 页。符号的范畴要比结构广，形式主义大致上可以理解为结构主义的前身。可见三者有共同的交集。本研究所选用的参考书包括了符号学和形式主义方面的。

② 叙事学的定义是：研究所有形式叙事中的共同叙事特征和个体差异特征，旨在描述控制叙事（及叙事过程）中与叙事相关的规则系统。

理学等法则，关注的不是实在的文学而是可能的文学即文学性①。他认为诗学的对象是自身的方法，诗学的客体是一种抽象的结构，作品的价值依赖于作品的结构。由于只有从结构的层次上才能描绘文学的演变，研究结构就成了研究演变的唯一途径。

可惜的是，他没有阐述清楚对象与客体的关系、如何从结构层次描绘文学的演变。他虽然主张历时和共时结合的研究，希望通过结构研究消除结构和时间的对立，但整体上看，他重视的是共时性研究。他在普罗普的基础上对结构做了进一步的简化，单元功能也更为固定。他的结构包括了单元，故不是非实体。

4.3.5　罗朗·巴尔特

从结构主义者转向后结构主义者，并且不同时期都有重要作品问世，这方面罗朗·巴尔特（Roland Barthes）具有典型意义②。

有人认为，20 世纪的文学理论③研究的重心经历了如下的转变过程：

作者←——→作品←——→读者

图 4—2　20 世纪文学理论研究重心变迁

结构主义者对文学的批评不同于传统的文学批评之处主要在于：重心从作者转到了作品④，此即谢尔盖·杜勃罗夫斯基所说的从“没有作品的

① 方珊：《形式主义文论》，山东教育出版社 1999 年版，第 258 页。

② 郭聪修：《从结构主义到后结构主义——罗兰·巴特文本理论转型研究》，硕士学位论文，广西师范大学，2013 年。

③ 本书在同等意义上使用文学理论与文学批评。

④ 方珊：《形式主义文论》，山东教育出版社 1999 年版，第 305 页。

作家”向“没有作家的作品”的转变[①]。后结构主义则将重心进一步转移到读者，认为本文（text）不是一个封闭的结构，而是一个开放的网络[②]，每个读者都可以有自己的解读甚至因为“创造性的反应”而变成“狂喜的作家”[③]。与托多罗夫从结构主义转向对话批评不同，巴尔特（Roland Barthes，1915—1980）从结构主义走向后结构主义，加入了德里达的解构主义大合唱。他既反对存在主义也反对结构主义，在《写作零度》中认为写作中应保持零度风格，反对文学介入思想、政治的讨论，或者再现社会生活。而文学批评则研究文本本身就行了[④]。

概括而言，他的研究重心早前是作品尔后转向读者，但常常是两者并存。显然，从1970年出版《S/Z》开始（但包括1953年出版的《写作零度》）他属于后结构主义。

这里先考察他此前的结构观。他的结构观展示在对神话、叙述学的阐述中。

值得注意的是，他的《神话学》不是通常的神话，而是社会构造出来以维持和证实自身存在的各种意象和信仰的复杂系统，也可以被视作一种言语、一种形式结构、一种符号学系统[⑤]。他剖析了法国大众传媒创造的“神话”，揭露其为了自身目的而暗中操纵代码[⑥]。在他的心目中，结构神话既是形式又是社会实在，在这一点上他继承了索绪尔。但他也有自

① ［英］特伦斯·霍克斯：《结构主义和符号学》，瞿铁鹏译，上海译文出版社1987年版，第159页。

② 方珊：《形式主义文论》，山东教育出版社1999年版，第230页。

③ ［美］罗伯特·肖尔斯：《结构主义——批评的理论与实践》，高秋雁审译，台湾结构出版群1989年版，第118页。

④ 陈伟：《罗兰·巴尔特“零度写作”理论述评》，《安庆师范学院学报》（社会科学版）2010年第10期。

⑤ 方珊：《形式主义文论》，山东教育出版社1999年版，第220页。

⑥ ［英］特伦斯·霍克斯：《结构主义和符号学》，瞿铁鹏译，上海译文出版社1987年版，第112页。

己的发展。图**4—3**和图**4—4**集中体现了他的神话观。

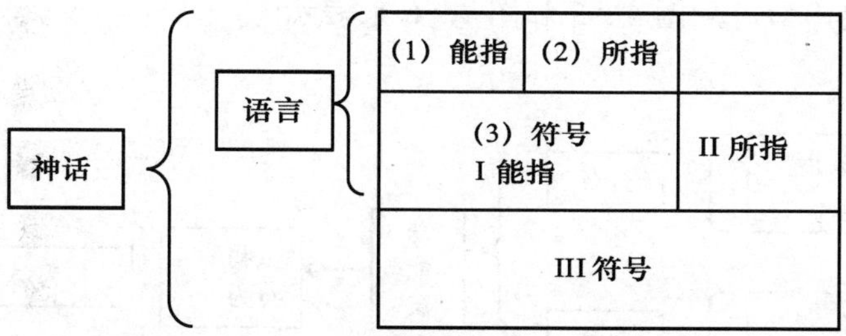

图4—3　神话语言结构一（巴尔特）

说明：索绪尔把能指与所指的统一体称作语言符号，巴尔特则把语言符号系统称作第一符号系统，神话作为一种特殊的符号则是第二符号系统。第一系统的符号成了第二系统的能指。

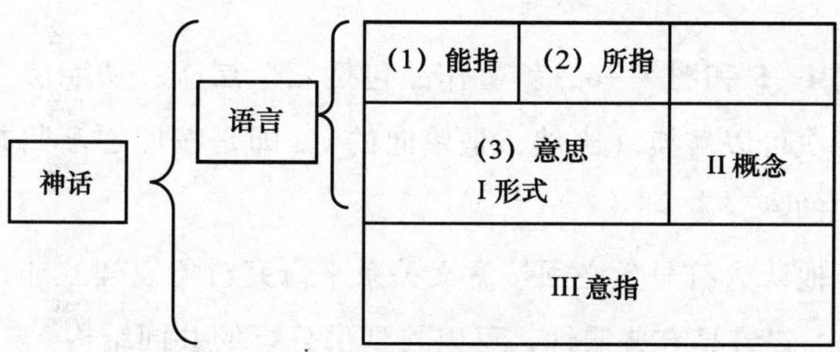

图4—4　神话语言结构二（巴尔特）

说明：在神话系统中，能指与所指的结合体是形式，等于语言学中的意思。神话的所指即概念（这与语言学相同）。神话的形式与概念组合为意指，意指表示了神话的两种功能：表意和告知，它使人理解并强迫人理解。

由图**4—3**可见，巴尔特把第一级符号系统看作第二级符号系统的内容与成分，这与皮亚杰结构观相似。根据图**4—4**，符号（形式、意思）与概念（所指）是变形关系，即概念改变意思但不取消它，于是意思总是在展示，形式总是在分离，因为二者不在同一点上，故二者并不对立。

形式是空虚却出现，意思不出现但充实，能指的二重性决定了意指的含糊性（ambiguity）。含糊性是结构主义普遍强调的一点。

他的叙述学可用图 **4—5** 和图 **4—6** 来表示①。

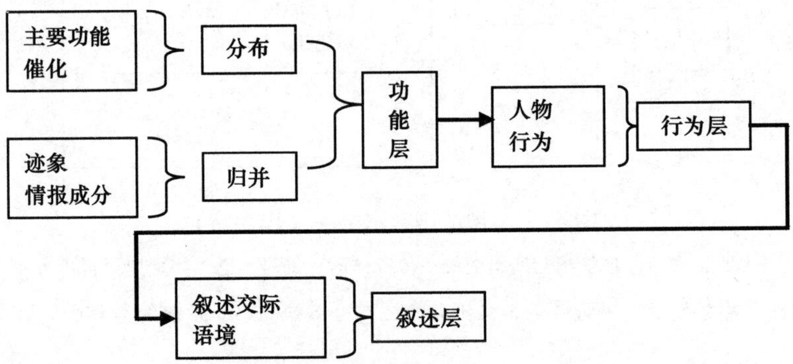

图 4—5　神话叙述程序

根据图 **4—5** 和图 **4—6**，叙事作品包括三个层次：功能层、行为层和叙述层。层次可以转换（当然，是单向的），即是按照逐渐归并的方式互相联系起来的②。

可见，他认为符号学必须按意义关系来研究对象以建立非语言的意指系统功能③，叙事具有普遍性，可以找到供分析的共同结构④。

从上面的分析可以概括出他的结构观：赞成整体性但比较弱，主张共时和历时的结合，重单元功能与单元之间的转换关系而不是“否定单元以强调关系”。他把“神话”看作一个符号系统，一级套一级，又认为神话

---

① 两个表格及其说明见方珊《形式主义文论》，山东教育出版社 1999 年版，第 281—287 页。

② ［法］罗朗·巴尔特：《叙事作品结构分析导论》，张寅德译，中国社会科学出版社 1989 年版，第 9—10 页。

③ 方珊：《形式主义文论》，山东教育出版社 1999 年版，第 280 页。

④ 同上书，第 282 页。

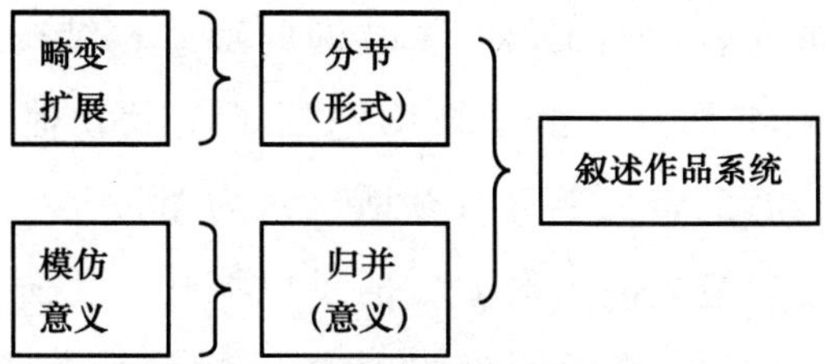

图4—6　神话的双层结构

说明：（1）功能层研究基本的叙事单位及其关系，需以意义为衡量标准确定最小叙述单位；行为层研究人物的分类，用人物参加一个行为范围来确定人物①；叙述层研究叙说人、作者、读者间的关系。（2）最小叙述单位分为两类：分布类和归并类。分布类包括主要功能（即核心）和催化，归并类包括情报成分和迹象。主要功能是打开或结束一个未定的局面，决定故事的发展方向，是冒险的时刻；催化是围绕主要功能的次要描写，是连续的单位；迹象表示性格、感情、气氛与哲理；情报（成分）用于识别身份、定时定地；催化、迹象与情报成分都是核心的扩展。（3）语境就是消费叙事作品的整套规定。（4）从形式或分节看，叙事作品有畸变和扩展两种能力。畸变是句法市场现象，可导致序列（sequence）分割，以悬念为例，一方面通过开放性序列方法加强同读者接触，另一方面又提供一种逻辑混乱，从而造成读者的焦虑与快乐；由于分割，扩展开来的间隔需要催化来填补。从归并看，它是指把某层次分解开的东西在高一层次中联结起来以确定意义；模仿是偶然的，叙事作品中“发生的事情”，从现实的角度看，是“无中生有”，是语言的历险而已。

是社会意象和信仰，显示他在结构的非实体性问题上与索绪尔一样持矛盾的观点。

4.3.6　小结

前述5位学者的结构观可以概括如下。

普罗普的结构观　他的理论在文学批评界影响较大，其结构观大致

① 方珊：《形式主义文论》，山东教育出版社1999年版，第284页。

是：从不同的叙事内容中抽象出一个共同的形式，结构包括故事的成分和成分间的关系两个部分。由于结构包括了单元，他的结构显然是实体。他主要是在共时的意义上分析童话，认为童话是个封闭的系统。他承认形式和内容、角色之间的对立，但予以淡化，不强调二元对立而代之以多元对立。他赋予单元固定的功能，情节的发生也遵循既定的程序。

格雷马斯的结构观 与普罗普比较接近，但把普罗普提出的功能种类并入三种序列结构：契约型结构、完成型结构和离合型结构。他对整体性的强调主要表现在把叙事语法当作一个整体来研究，承认词义之间和概念之间的二元对立却又认为关系非常重要，由于强调单元（行为者）功能，他的结构也具有实体性。相应地，对共时性不像普罗普那么强调。

托多罗夫的结构观 他的结构分析也比普罗普更简洁：注重整体，主张共时与历时结合但偏重共时性、认为对立是相对的，关注单元功能，认为单元之间的关系转换体现一种固定程序。此外，他的结构包括单元，故不是非实体。

雅克布森的结构观 作为布拉格学派的代表性人物，雅克布森的结构观已经在前面做了介绍，概括而言就是：注重整体性、赞成结构的非实体性、主张共时性与历时性的结合、在研究中重视单元功能。

巴尔特的结构观 后结构主义时期的巴尔特已经不关注文本的整体性，关注的是读者个体的解读与体验，但结构主义者时期的巴尔特还是把“神话”看作一个系统。他意识到不能单单从共时性视角看问题，因为结构是一层套一层的，认为第一级符号系统成为第二级符号系统的内容与成分，这又暴露了他矛盾的一面：结构既是形式又是实体。这与他注重分析单元的功能有关。

上述五人的结构观可用表 **4—3** 概括如下。

表4—3　　文学中的结构观

	整体性	非实体性	共时性/历时性	单元功能
普罗普	是	反对	共时性为主	强调
雅克布森	是	同意	二者结合	强调
格雷马斯	是	反对	共时性为主（较弱）	强调
托多罗夫	是	反对	共时性为主	强调
巴尔特	是	不一定	二者结合	强调

由表4—3可以看出，五个代表性的文学理论家的结构观是：接受了索绪尔的整体观而在别的三个方面多有所保留。普遍不赞成索绪尔对单元功能的否定，索绪尔对历时性的忽略得到三个人的支持但程度有所弱化。他们强调了单元之间功能的传递，但认为传递通常是按固定程序进行。对立不限于二元对立，可以是两个以上单元（层次）之间的多元对立。认为对立面的设定是暂时的、可消除的。

普罗普、格雷马斯、托多罗夫将单元功能予以固定的做法在华尔兹那里得到了回应，但没有华尔兹走得那么远。他们坚持了单元功能与结构的不可分割，深知没有单元功能，结构就成了无源之水。

4.4　心理学中的结构：以拉康为例

不止一个学者关注过心理学，索绪尔、雅克布森、列维－斯特劳斯都做过心理学研究，对弗洛伊德理论的解构也是德里达建构自己理论的基础工作之一。但这些学者的工作重心都不在心理学，而拉康则被称作“法国的弗洛伊德”。以他为代表论述心理学中的结构主要源于此。

雅克·拉康（Jacques Lacan，1901—1981）与列维－斯特劳斯一样，

对结构主义语言学始终持一种忠实的态度，因而被认为是典型的结构主义者。如果说，列维－斯特劳斯是从社会的“外界”推动了结构主义运动，那么，拉康则是从心理的“内界”为结构主义开出了一片新天地，20世纪五六十年代法国结构主义代表人物绝大部分都参加过他的研究班，他的“主体与无意识”思想因此得以影响法国乃至整个西方思想界①。拉康的作品十分晦涩难懂，研究者对他玩弄修辞、破坏法语句法之举更是啧有烦言，但这正是他所追求的内涵不确定的语境②，意在彰显无意识的能量。随着研究的深入，研究者对他的贡献已经有了基本的共识，因而有可能用较少的篇幅描述其研究要点，并总结出其结构观。

从笛卡儿起，学者们就注意到人的无意识，费希纳③更是直接把无意识称为心理能量。但直到弗洛伊德对无意识进行了系统的研究，并以潜意识为核心概念建立起自己的精神分析学说，他的相关思想大致如图4—7。

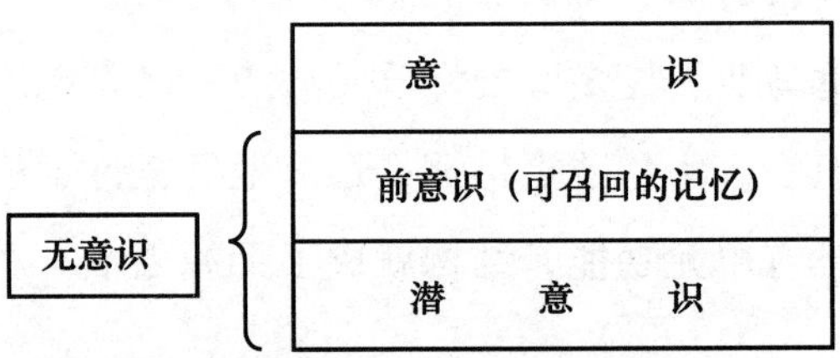

图4—7　弗洛伊德的意识与无意识

从图4—7中可以看出，他把人的心理过程分为意识层和无意识层，

---

① 李幼蒸：《雅克·拉康》，载台湾谷风出版社编《结构的时代——结构主义论析》，台湾谷风出版社1988年版，第116—117页。

② ［英］约翰·斯特罗克：《结构主义以来——从列维－斯特劳斯到德里达》，渠东等译，辽宁教育出版社1998年版，第136页。

③ 古斯塔夫·西奥多·费希纳（Gustav Theoder Fechner，1801—1887），法国物理学家、心理学家。

意识是与直接感知有关的心理部分，无意识包括个人的原始冲动和各种本能（可分为死的本能与生的本能，后者包括性本能、自我保护本能等），无意识又分为前意识和潜意识。前意识与意识之间是互通的，但潜意识很难转为意识。潜意识是心理的主要过程：无意识决定意识，无意识像海中的冰山，意识只是露出水面的那一部分而已。他认为人的精神状态（人格）是个能量系统、动态系统，人格则可以分为本我（ido）、自我（ego）、超我（superego），本我代表潜意识，自我代表意识，超我是检察官（censorship，即潜意识压抑力）①。本我由遗传的本能、欲望组成（本能是心理能的储藏库），奉行快乐原则，目的是消除或尽量降低人的紧张；自我源自本我，处于本我与外界之间，是意识的结构部分，在幼儿期通过父母的训练和与外交打交道而形成，它奉行现实原则，既要满足来自本我的要求又要把违背超我的内疚赶回潜意识中，常通过抑制来推迟心理能量的释放；超我由良心和自我理想组成，是人格中专管道德的“司法部门”，奉行理想原则，目的是通过奖罚促成人的社会化。② 本我、自我、超我三者相互作用构成统一的、动态的能量系统即人格。弗洛伊德的无意识的结构就是指无意识各个组成部分及其相互关系。

拉康的口号是：“回到弗洛伊德学说本身去。”这有两种理解。一种认为，这不过是拉康的一种托词，为的是建立一种新的精神分析来对抗弗洛伊德理论，因为他的学说与弗洛伊德差距甚大，实际上是对弗洛伊德学说的整体转换③，比如，对于大多数弗洛伊德学派的人来说，分析的目的

---

① 张传开等：《弗洛伊德精神分析学述评》，南京大学出版社 1987 年版，第 47—55 页。

② 同上书，第 134—148 页。

③ ［英］玛尔考姆·波微：《拉康》，牛宏宝等译，昆仑出版社 1999 年版，第 177 页。

是巩固自我，而拉康分析的目的则是让主体的欲望克服想象对自我的限制①。更多的人则认为，拉康不满于新弗洛伊德学派对弗洛伊德学说所进行的实证化，认为这种科学化努力去掉了弗洛伊德学说的精髓，他倡导“回到弗洛伊德”——即回到以无意识层次的探讨为主要目标的方向上去，“完好阅读弗洛伊德，恢复其本意”。拉康学说的意义，麦雷尔（作为拉康弟子中唯一被拉康本人认可的阐释者）的评价是：他让我今天才能理解无意识在生命伊始如何构成，以及他的精密的配置方式与功能是什么。美国的拉康研究家威尔顿则认为，拉康从实证主义的医疗方向中彻底拯救了弗洛伊德，并把弗洛伊德的研究结合到人的科学中去②，与弗洛伊德轻视哲学相反，拉康使得精神分析学理论与医疗实践、哲学探讨紧密地交织在一起③。对无意识的结构的研究、提出镜像阶段期和俄狄浦斯情结期是他的三大贡献。

拉康与许多学者一样，认为弗洛伊德最主要的洞见不在于无意识的存在，而在于无意识的结构，揭示了这一结构是如何通过各种途径影响人类的一言一行，梦、笔误、遗忘都是无意识的表现④。但他思想中最受人注目的部分是在理论上把精神分析学与结构主义语言学联系起来，如对雅克布森隐喻/转喻概念的借用⑤。更重要的是，他吸取索绪尔的思想但又有

---

① ［英］伊丽莎白·赖特：《拉康与后女性主义》，王文华译，北京大学出版社2005年版，导读，第9页。

② 李幼蒸：《雅克·拉康》，载《结构的时代——结构主义论析》，台湾谷风出版社1988年版，第112、117页；［英］约翰·斯特罗克：《结构主义以来——从列维－斯特劳斯到德里达》，渠东等译，辽宁教育出版社1998年版，第130页。

③ 李幼蒸：《雅克·拉康》，载《结构的时代——结构主义论析》，台湾谷风出版社1988年版，第104页。

④ ［英］约翰·斯特罗克：《结构主义以来——从列维－斯特劳斯到德里达》，渠东等译，辽宁教育出版社1998年版，第132页。

⑤ ［英］约翰·斯特罗克：《结构主义以来——从列维－斯特劳斯到德里达》，渠东等译，辽宁教育出版社1998年版，第142页；李幼蒸：《雅克·拉康》，载《结构的时代——结构主义论析》，台湾谷风出版社1988年版，第113页。

自己的发挥，如索绪尔认为语言是组织在声音物质中的思想，语言使混沌的思想变得明确起来①，他则主张语言创造出无意识②，强调语言单位的功能作用，在将索绪尔思想应用于无意识研究时，独创性地把无意识看作一种类似于语言的结构，从而在无意识与意识之间建立了清楚的联系。他的名言是："无意识是以类似于语言的方式建构起来的"③，即无意识就像语言的话语或文本，语言组成规则也适用于无意识④。他的另一句名言是"无意识是他者的话语（discourse）"⑤，这里的"他者"应理解为"真实存寄之场所"，这显然是借用了他欣赏的一句弗洛伊德的话："我在我不在的地方思想，因而我存在于我不思想的地方。"他把无意识看作另一套"文字系统"，存在于意识话语的空白处，在话语的空隙中穿行。无意识不是信息，而是写在文章下面的另一文本，人们必须通过后面照明它或者借助显影剂来阅读⑥。另外，他还论证了语言的结构是多层的，不存在绝对元语言，即能解释所有其他语言的语言⑦。

---

① ［瑞士］费尔迪南·德·索绪尔：《普通语言学教程》，高名凯译，岑麒祥、叶蜚声校，商务印书馆1980年版，第157—158页。

② ［英］约翰·斯特罗克：《结构主义以来——从列维－斯特劳斯到德里达》，渠东等译，辽宁教育出版社1998年版，第142页。

③ 转引自［英］约翰·斯特罗克《结构主义以来——从列维－斯特劳斯到德里达》，渠东等译，辽宁教育出版社1998年版，第141页。

④ 转引自李幼蒸《雅克·拉康》，载《结构的时代——结构主义论析》，台湾谷风出版社1988年版，第114页。

⑤ 同上书，第112页。

⑥ 同上书，第114—116页。

⑦ 霍红、车俊思：《从结构主义到解构主义——拉康"元语言"观演变进路》，《社会科学家》2014年第8期。这里揭示出来的一个困境是：如果进化论成立，那么，语言的结构是在人类进化的哪一个阶段成型的？由于进化论很难回答这个问题，由此似乎可以推论，进化论是错的，人类实际上是突然出现在这个星球上的。按照这个逻辑进行推理，则绝对元语言（或叫原初语言结构）显然存在，拉康认为"不存在绝对元语言"的结论错了。

拉康的镜像阶段理论[①]分析了6—18个月的婴儿如何实现自我的第一次认同[②]或曰“一次同化”，这一阶段包括三个步骤：（1）婴儿与大人同时出现于镜前，但婴儿尚不能区分镜像与自身、自身镜像与大人镜像；（2）可区分镜像与自身；（3）认出镜像是“自己的”，并为此而欢喜。婴儿在观察、想象、模仿的过程中获得了靠自身无法实现的个性的同一性、一贯性和完整性。但这第一次同化也是第一次的自我异化，因为此时出现了自我与镜我的对立，我似乎被分裂了，自我居然要靠一个客体，一个他者来确定[③]！加上这个看上去很完整的客体又是不存在的，多重对立导致的不确定性可能导致婴儿心理焦虑，从而构成一种心理侵犯（aggresive），直到俄狄浦斯情结期实现二次同化后才得到较好的平衡。

4岁左右开始的伊底普斯情结（离乳情结）时期对于儿童非常重要，儿童在这一时期意识到自己、他者和世界而逐渐使本身“人化”或“主体化”。拉康把这一时期分为三个阶段。（1）第一阶段为母子双边关系期，父亲没有介入，孩子想成为她的一切，包括去补充她的短缺——阳具。弗洛伊德强调性的作用，拉康则将阳具（phallus）作为最重要的能指，它可以表示一切表象、观念和象征，既是能指又是事物本身。婴儿为了独占母爱，有“成为”母亲的阳具从而与母亲同化的欲望。（2）第二阶段，父亲介入而成为三边关系期。父亲作为既是阳具的主人又是父法的发出者，禁

---

① 笔者认为，这一理论的一个明显不足是不能解释：没有使用镜子的婴儿是如何实现这一过程的？毕竟，镜子的普及是相当晚近的事情，原始部落的人也能完成这一过程。依照风俗不让婴儿照镜子也没有影响这一过程的实现。有学者也注意到了这一不足，认为对别人的模仿也起到镜像的作用。这种说法有一定道理，但无法从根本上弥补镜像理论的不足。2007年以来，与哲学界人士几次谈到这个问题，均赞成我的质疑，但都没能回答我的问题。参见［英］伊丽莎白·赖特《拉康与后女性主义》，王文华译，北京大学出版社2005年版，导读，第6页。

② ［英］伊丽莎白·赖特：《拉康与后女性主义》，王文华译，北京大学出版社2005年版，导读，第5—6页。

③ 李幼蒸：《雅克·拉康》，载《结构的时代——结构主义论析》，台湾谷风出版社1988年版，第105—106页。

止了儿童的欲望。换句话说，作为阳具扮演者的（个体符号意义上的）父亲成了一切象征性活动和阉割情结的最终驱动力，取代了弗洛伊德的“俄狄浦斯情结”（恋母情结）。（3）第三阶段，儿童在父亲的干预下发生心理上的象征性去势，与母亲“疏远”而接受了父法，从而有可能与社会、文化、语言相结合而建立起自己的主体性，即完成二次同化。可见父亲通过分开孩子与母亲而使孩子“去势”乃是孩子成长过程中必须付出的代价。这里显示拉康并不重视弗洛伊德前期思想中的生物学性质，而赞成列维－斯特劳斯的思想，认为乱伦禁忌是社会表层组织的底层结构，幼儿必须经过俄狄浦斯情结的考验才能进入社会，这一时期通常也是幼儿语言形成期，所以，拉康认为“主体将被俄狄浦斯情结和语言结构模塑”①。

从上面可以看出，拉康一方面把索绪尔的语言学概念引入无意识的结构研究，另一方面也兼收了雅克布森关于言语组织的两极方式（转喻和隐喻），强调单元或行动者的功能，并进行历时性的考察。此外，他明显受到了列维－斯特劳斯的影响，认为存在一种无意识的结构，可见，他也是赞成结构的非实体性的。当然，雅克布森也是这么认为的。

◇◇ 4.5　马克思主义哲学中的结构：以阿尔都塞为例

马克思主义与结构主义挂钩，主要归功于路易·阿尔都塞（Louis Althusser，1918—1990）。有人认为他并没有通读马克思的著作，而主要是基

① 关于俄狄浦斯情结期儿童、母亲、阳具三者关系的复杂互动过程，请参见［英］伊丽莎白·赖特《拉康与后女性主义》，王文华译，北京大学出版社2005年版，导读，第9—10页；李幼蒸《雅克·拉康》，载《结构的时代——结构主义论析》，台湾谷风出版社1988年版，第107—112页；［英］约翰·斯特罗克《结构主义以来——从列维－斯特劳斯到德里达》，渠东等译，辽宁教育出版社1998年版，第153页。

于对部分马克思著作（主要是一些哲学文本）的解读，提出了独树一帜的“结构主义的马克思主义”学说①。但不管怎么说，这一学说的影响已经远远超出了法国和哲学界，对许多学科、对全世界都产生了重大的影响，20世纪90年代以来，随着一大批遗著的出版，对他的研究形成了一股新的热潮。他的研究生涯集中在巴黎高等师范学校（巴黎高师），让·依波利特（Jean Hyppolite，1907—1968）是对他帮助甚大的巴黎高师校长。他的学生中有福柯、德里达、布迪厄（Pierre Bourdieu，1930— ）、马修莱（Pierre Macherey，1938— ）、巴里巴尔（Etienne Balibar，1942— ）、朗西埃尔、埃斯塔莱布②等，拉康也是在他的帮助下才得以在巴黎高师开设讲习班。他因而被视为巴黎高师几代急进知识分子的精神之父③。所以，笔者这里的分析也集中在他身上。

贯穿阿尔都塞一生的思想底蕴是“空或无”，坚持“以个人主体的缺席为核心的无主体座架和伪主体的反目的论”④，因此，他被称为“真空哲学家”⑤。但在学术思想上，表现为不同的“面相”，其中1950年之前

---

① 国内张一兵先生赞成此说。另外，感谢中国社会科学院哲学所李西祥博士，他对马克思主义哲学、西方马克思主义的理解与把握给笔者提供了很有价值的指点与帮助。

② 马修莱、巴瑞巴尔、朗西埃尔、埃斯塔莱布与阿尔都塞共同写作了1965年首版的《读〈资本论〉》，前四个人从不同角度解读《资本论》，阿尔都塞除了写《〈资本论〉的对象》一节外，还写了《从〈资本论〉到马克思的哲学》置于首卷开头，构成全书的序论。在这篇序论中阿尔都塞提出了解读马克思著作的方法论。但更常见的版本是1968年版本，该版本只保留了阿尔都塞和巴瑞巴尔两人写作的部分，巴里巴尔写作的那部分名为“关于历史唯物主义的基本概念”。中文版也是如此，参见［法］路易·阿尔都塞等著《读〈资本论〉》，李其庆等译，中央编译出版社2001年版。

③ 陈越编：《哲学与政治——阿尔都塞读本》，吉林人民出版社2003年版，封底。

④ 张一兵：《问题式、征候阅读与意识形态——关于阿尔都塞的一种文本解读》，中央编译出版社2003年版，序，第4页。

⑤ ［日］今村仁司：《阿尔都塞——认识论的断裂》，牛建科译，河北教育出版社2001年版，第270页。

的两个“面相”在时间上重叠：(1) 作为天主教徒的阿尔都塞I，相信要内省到一切皆伪的程度，才能两手空空重返彼岸的上帝之城，上帝是最大的大写他者。(2) 接受黑格尔普遍性绝对观念的阿尔都塞II，否认人的主体性。(3) 转向马克思主义的阿尔都塞III，从1950年到1977年，详后述。(4) 接受“偶然相遇的唯物论”的阿尔都塞IV，远离了上一时期的思想，认为马克思主义理论本身存在危机，所以，他转向斯宾诺莎与马基雅维利，认为哲学家思考问题就像是一个人偶然跃上飞驰的火车，并不知道也不关心火车的出发点和目的地，哲学家思考不同问题就是在跃上不同的飞驰的火车。可见他关注的是“偶然”与“相遇”。相遇的概念来自马基雅维利、德谟克里特和伊壁鸠鲁，偶然的概念来自德谟克里特和伊壁鸠鲁①。他在分析生产方式时，“关注要素的偶然发展及生产方式结构形成的偶然性，强调要素对结构的优先性”②。

结构主义的马克思主义发生在阿尔都塞III时期，尤其是1965年出版的《保卫马克思》和《读〈资本论〉》两书中。他写作的目的有二：阻止“人道主义的马克思主义”思潮对马克思主义的“污染”，探索马克思主义进一步发展的“潜能”③。他对斯大林主义（这里指经济决定一切的经济主义）持比较温和的态度，德国右翼社会民主党人制造“青年马克思”问题、卢卡奇等倡导人道主义马克思主义、苏共“二十大”指责“斯大

---

① 关于偶然相遇的唯物论，参见［日］今村仁司《阿尔都塞——认识论的断裂》，牛建科译，河北教育出版社2001年版，第256—269页。关于四个面相及其时期的划分，参见张一兵《问题式、征候阅读与意识形态——关于阿尔都塞的一种文本解读》，中央编译出版社2003年版，序，第2—5页；［法］路易·阿尔都塞《黑格尔的幽灵——政治哲学论文集》，唐正东等译，南京大学出版社2005年版，代译序，第6—9页。

② 郭华：《阿尔都塞与结构主义关系的再思考——以其中晚期对马克思生产方式的解读为例》，《理论界》2013年第6期。

③ 李青宜：《阿尔都塞与“结构主义马克思主义”》，辽宁人民出版社1986年版，第51—54页。

林主义”等隐含的否定马克思主义才是他关注的重心①。在他的解读中，可以看到拉康②、福柯③、葛兰西④、弗洛伊德等人的影响。他的结构观贯穿于他所创造的主要概念中，尤其是如下概念：问题式（problematic，problematique）、症候阅读（symptomatic reading，lecture symptomale）、意识形态一般（general ideology，ideologie en general）、认识论决裂⑤（epistemological rupture，coupure epistemologique）、结构因果性（causalite structurale）、重层决定（surdetermination）。

根据他的观点，人在世界（社会）中生存的时候，就同时想象地描绘出与世界关系特定的表象（形象、印象）来。换句话说，在世界中生存，和想象与世界的关系是一回事。与世界的关系的表象就是意识形态一般。可见，人必须依赖于意识形态才能生存，意识形态是永恒的，是作为被感知、被接受、被忍受的客体，是社会生活的一种基本结构，以强加于人的方式实现对人的社会化建构。结构没有主体就不运动，因此必须通过言说制造（“呼唤”）出主体来作为承担者，但个人是通过组成共同体而

---

① 李青宜：《阿尔都塞与“结构主义马克思主义”》，辽宁人民出版社 1986 年版，第 125 页。

② 他也应用镜像的概念，但用大写的主体代替了拉康的大写的他者，参见张一兵《问题式、征候阅读与意识形态——关于阿尔都塞的一种文本解读》，中央编译出版社 2003 年版，第 185 页。

③ 他的问题式与福柯的知识型有明显的共同之处。当然，一般认为他们两人之间是一种互相影响的关系。

④ 他接触葛兰西不会晚于 1961 年，他关于“统治阶级通过国家将自己的观念以各种渠道输灌给民众”的观点明显受到葛兰西的影响，参见李青宜《阿尔都塞与“结构主义马克思主义”》，辽宁人民出版社 1986 年版，第 203 页；张一兵《问题式、征候阅读与意识形态——关于阿尔都塞的一种文本解读》，中央编译出版社 2003 年版，第 345 页。

⑤ 这里采用李青宜的译法，而不用更为常见的“认识论断裂”。“决裂”意味着人的努力，表示的是一个过程；而“断裂”通常是非主观的现象，也无法体现“有个过程”“主体的努力”等含义。

成为主体的①。

问题式有点类似福柯的知识型或知识阶，是指在特定的时代被历史地创造出来的支配性的思维结构，常包含着一些对立的因素。考察问题式，可以区分思维的历史。古代是柏拉图/亚里士多德的问题式，中世纪是基督教神学的问题式，近代是主体/客体的问题式，因而研究问题式可以确定一个时代的思维深度和界限，并描述占统治地位的问题式与居于从属地位的问题式共存、对立的历史，而一个思想家头脑中并存的问题式也常常通过用语表现出来②。症候阅读法就是把明确的论点之外未曾言明的论述（欠缺点、空白点、沉默点）找出来，从而抓住相互对立的问题式③。运用这一方法，他发现马克思于1845年发生了一次认识论的决裂：决裂前是意识形态阶段，决裂后是科学阶段。这个决裂是经过一个阶段后逐步完成的，因此马克思的著作可以分为四个不同时期。

（1）1840—1844年为青年时期，从博士论文到《1844年经济学哲学手稿》。其中还可以再分为两个时期：1840—1842年的理性加人道主义时期，声称哲学要求国家成为人性的国家，这时期马克思的思想离康德和费希特较近，而离黑格尔较远；1842—1844年的“社团的”人道主义时期，倾向于费尔巴哈哲学，认识到国家的异化，要求哲学与无产阶级结成同盟，争取在历史的终末人再次成为真正的人。

（2）1845年为决裂期，此时期马克思生前未发表的两篇文章《关于费尔巴哈的提纲》和《德意志意识形态》中充满了明显的对立的问题式，

---

① ［日］今村仁司：《阿尔都塞——认识论的断裂》，牛建科译，河北教育出版社2001年版，第234—236、295—296页；［法］路易·阿尔都塞：《保卫马克思》，顾良译，商务印书馆1984年版，第201—203页。

② ［日］今村仁司：《阿尔都塞——认识论的断裂》，牛建科译，河北教育出版社2001年版，第287—288页。

③ 同上书，第292页；张一兵：《问题式、征候阅读与意识形态——关于阿尔都塞的一种文本解读》，中央编译出版社2003年版，第81页。

但占统治地位的关于人的本质的意识形态论让位了，出现了后来成为成熟马克思主义的新的科学论题。

（3）1845—1857 年为成长期，写作了《共产党宣言》《哲学的贫困》和《资本论》初稿等，马克思完成了与旧的意识形态的隔绝。

（4）1857—1883 年为成熟期，阿尔都塞特别推崇《哥达纲领批判》和《评阿·瓦格纳的〈政治经济学教科书〉》，视之为完全的科学著作。至于《1844 年经济学哲学手稿》，他认为其理论框架是黑格尔的理性主义和费尔巴哈的人本主义，这使马克思"突兀地"回到了黑格尔①，从而让人本主义哲学问题式最后做一次主人。发生这种现象的原因在于，第一次研究经济学的马克思思想经历着巨大的转变，在觉得费尔巴哈哲学"不够用"后，捡起了学生时代学过的黑格尔哲学"去碰最后一次运气，他赋予哲学对它的对立面的绝对统治，使哲学获得空前的理论胜利，而这胜利也就是哲学的失败"②。也就是说，在后人看来，这是一次非常成功的"绝对理念与人本主义"的美妙结合，但它却使志在"改造世界"的马克思认识到意识形态问题式的局限性，从而走向科学问题式。决裂期的两篇作品就体现了这种过渡。

那么，成熟的马克思又有什么样的科学问题式呢？这集中在重层决定、社会整体性、结构因果性等概念上。重层决定在强调"多因一果"时可以理解为多元决定论，但仅仅理解为这样是不够的。这一概念借自精神分析学，弗洛伊德认为多重、互相交错的因素（性本能、自我保护本能、死本能等）共同作用形成人的无意识，阿尔都塞借用这个概念来说明：在社会整体中，起源相异的各种要素互相融合、互相制约、互相斗

① 李青宜：《阿尔都塞与"结构主义马克思主义"》，辽宁人民出版社 1986 年版，第 102—111 页。

② ［法］路易·阿尔都塞：《保卫马克思》，顾良译，商务印书馆 1984 年版，第 132 页。

争，在“横切面”表现为不同领域多种矛盾的并列，在“纵切面”上表现为不同层次矛盾（主要矛盾和次要矛盾）共存，主要矛盾是变化的①。也可以说，社会是由不同的结构（环节）通过“有机结合”（而非“简单组合”）而形成一个整体。社会的阶层结构是专门用来说明：存在着与整体不同的层面或领域的效能。经济结构可能具有最终决定作用，但别的层次结构（如政治结构、意识形态结构）具有相对的独立性和自主性，可能成为某一特定社会形态的主导结构②。再以生产方式为例，马克思指的是一种社会体制或曰综合结构。生产力的结构是劳动力、劳动对象、生产工具诸要素的有机结合，生产关系的结构是生产资料的所有者和非所有者诸要素的有机结合，生产方式就是复数的诸要素的有机结合（诸结构的结构化）。从构成方式的角度看，结构是异质的诸要素的结合；从效能即结构对要素起作用的方式看，结构给诸要素带来了不同程度的效能。可见，结构与要素（即整体与部分）的关系是：由结构的效能规定结构的诸要素、要素与要素的诸关联以及这种关系的诸结果。结构的效能内在于结果中，“不出现”与“内在”两方面的相结合，体现的正是结构效能的潜在。显然，结构对部分（结果）产生效能但结构自身却从部分（结果）中销声匿迹了。这就是结构因果性③。阿尔都塞认为只有结构因果性能说明复杂的社会原因与结果的关系，而线性因果性与表现因果性都无法做到。所谓线性因果性又叫机械因果性、推移因果性，把因果关系归结为发生于平面空间的一种传递作用，只考虑部分与部分之间的关系。表现因果性源自莱布尼茨的单子论与黑格尔的本质/现象论，认为各种现象都具有

① ［日］今村仁司：《阿尔都塞——认识论的断裂》，牛建科译，河北教育出版社2001年版，第289—291页。

② 同上书，第192—194页；李青宜：《阿尔都塞与“结构主义马克思主义”》，辽宁人民出版社1986年版，第52、185页。

③ ［日］今村仁司：《阿尔都塞——认识论的断裂》，牛建科译，河北教育出版社2001年版，第212—218、293—294页。

整体精神的性质，因而可以还原为一个内在本质，各个要素作为“整体的组成部分”无非是内在总体的表现①。

有人认为，阿尔都塞已经脱离了从索绪尔、雅克布森、列维－斯特劳斯到拉康的阐释学谱系的结构观，他的结构不是思维的模式而是指社会整体性的概念构筑。他的共时态被纳入认识对象的结构中形成认识活动的综合整体，体现的是要素与结构的关系；他的历时态也不是历史经过的过程，而是认识过程中概念和范畴形式的水平展开形式②。

那么，他还是结构主义者么？他的结构观与本研究的界定是否吻合？初看起来他对结构的运用有些独特，但总体上仍是结构主义者。首先，他注重从整体把握社会，重“社会关系”而轻“社会实体”，而且从先在性与强制性的角度加以把握③，这是典型的马克思思想，也是社会学的主流趋势，体现的是对整体性与关系性的强调；其次，他所说的不同因素（成分）的异质性与索绪尔的声音之间的“差异性”相近，但他不像索绪尔那样强调对立性；再次，他的研究偏向共时态④，其重层决定大致上是索绪尔的“联想关系—聚合关系”的翻版，谈的是共时性；最后，他认为不同结构（成分）都发挥作用的思想体现的既是多元论思想（这与雅克布森无关），又是对单元功能的强调（这是雅克布森的思想），文学、社会学、人类学、历史学等都强调对单元（言语、事件、社会组织、神话大

---

① 李青宜：《阿尔都塞与“结构主义马克思主义”》，辽宁人民出版社 1986 年版，第 185—186 页；［日］今村仁司：《阿尔都塞——认识论的断裂》，牛建科译，河北教育出版社 2001 年版，第 293—294 页；张一兵：《问题式、征候阅读与意识形态——关于阿尔都塞的一种文本解读》，中央编译出版社 2003 年版，第 290—297 页。

② ［日］今村仁司：《阿尔都塞——认识论的断裂》，牛建科译，河北教育出版社 2001 年版，第 201—208 页；

③ 卢永欣：《西方马克思主义中的结构主义意识形态理论探析》，《广西社会科学》2014 年第 1 期。

④ 彭洲飞、李佳裔：《探析阿尔都塞的结构主义马克思主义的系统观——系统科学理论视域下的初步考察》，《系统科学学报》2012 年第 3 期。

构成单位）进行历时与共时相结合的研究。他的结构包含了成分，因此是一种实体。索绪尔否认单元功能而强调关系性的重要性，对别的学科的影响体现在人的主体地位的消解。

笔者同意皮亚杰的下述判断：阿尔都塞著作的意义是建立马克思主义的科学认识论，这一做法至少有两个目的，其一是，给马克思主义辩证法一个现代结构主义的形式；其二是，从黑格尔的辩证法里阐发出马克思的辩证法来，马克思的辩证矛盾与黑格尔的辩证矛盾没有关系，黑格尔的辩证矛盾最后归结为对立面的同一性（identité），而对于马克思来说，则是超决定作用（即相互作用）的产物①。

4.6　后结构主义

结构与结构主义是现代性范畴的概念，普遍主义与科学实在论是他们的信仰底线；而后结构主义则是后现代的主张，他们否定先验主体，否认客观经验的可能，相对主义是他们的信仰。所以，后结构主义不是本研究关注的重点，这里介绍几个后结构主义者是因为，他们通常被视作结构主义的终结者。考察他们有助于我发现结构主义的不足，理解结构主义为何难以长领风骚。

4.6.1　罗朗・巴尔特

与一般的研究者不同，我把《零度写作》也归入后结构主义。因为，巴尔特的这部早期作品不同于1970年之前的其他作品，展示了后结构主

① ［瑞士］让・皮亚杰：《结构主义》，倪连生等译，商务印书馆1986年版，第88页。

义的明显特征。

零度写作①是指一种毫不动心、全不介入的写作②。与古典时代“使字词尽可能抽象以表达关系”不同，现代写作不是关系引领字词，而是“字词就是一切”：它是百科全书，包含一切意义。名词可以不需要冠词而独立存在，这是一种零状态，消除了所有限制，充满无限张力和可能，不仅包含了自身的价值和意义，也包含过去和未来的一切意义。零度写作即中性写作或新闻式写作，让词自己说话，词的组合都在说明和表达什么。在这里，结构主义就是一种运用语言学重构的活动，重构原对象的幻象。方法是通过切割和排列两个步骤。切割就是把对象分割成最小单元（可以是方块、节段、神话素、音位、主题等），单元的最小变化都会引起总体的变化。然后按照一定规则对单元进行重新的排列。由于作者“死亡”了，对作品的破译也就没有必要，结构已经不定型而成为可以多次编织的无限过程，重要的是读者的阅读与理解。重构赋予事物不同的意义，意义的制造比意义本身更重要③。读者的诞生要以作者的死亡为代价，一个作者死亡换来的是千万个读者的生④。这已不是一般所说的结构主义解读，而彰显了他的解构立场，或叫后结构主义立场。可以说，后结构就是没结构。

《S/Z》是他转向后结构主义的明显标志。如果说《零度写作》还是从作者视野进行分析，在《S/Z》中，他则把读者的阅读与重构看的比理解作者的原意更重要——原意根本不存在，因为人们面对的世界没有客观的或“纯粹的”经验事实，人们总是修改和重新构造所给予的东西，所

---

① 本段改编自方珊《形式主义文论》，山东教育出版社1999年版，第268—274页。

② 方珊：《形式主义文论》，山东教育出版社1999年版，第271页。

③ 同上书，第273页。

④ 同上书，第274页。

有的人都卷入这项巨大、隐蔽、协作的事业之中①。对于作者而言，写作即风格，表现激情的是文学写作，表现惩罚威胁的是政治写作，马克思是一种说明性写作，斯大林是独断性写作②。所以，读者没必要也不可能发现作品中的客观事实，而是在重构文本中体验快乐（plaisir）乃至极乐（jouissance）③。《S/Z》就是这种实践：用200页的一本书分析巴尔扎克一篇30页的小说《萨拉西纳》（Sarrasine）④。他“用一种类似小小的地震的方式”把小说“震碎”成561个长短不一的阅读单位，他称之为专门词汇（Lexies）。他又确定了五条规则（或叫五种代码）：情节规则、阐释学规则、文化规则、内涵规则和象征领域。根据这五条规则，他可以在适当的地方停下来，对阅读单位的多元性展开分析；必要时可以离开本题，对阅读单位及其顺序的笼统含义进行探究⑤，全书93个断片即由此而来。他的解读诚然展示了许多精彩，但这种方法局限性也非常明显：长篇小说如何拆解？他的五条规则内涵相当不确切，加上读者的个体差异，第一步确定阅读单位是很困难的事，第二步解读和重构的产物则肯定是“千面观音”。所以，按照巴尔特的方法得出的只能是一些“含义不定”的“喧哗声”⑥。这可能正是后结构主义者所要的，但已经与笔者的研究

---

① ［英］特伦斯·霍克斯：《结构主义和符号学》，瞿铁鹏译，上海译文出版社1987年版，第108页。

② 方珊：《形式主义文论》，山东教育出版社1999年版，第269页。

③ ［英］特伦斯·霍克斯：《结构主义和符号学》，瞿铁鹏译，上海译文出版社1987年版，第117页。

④ 中文译本中，巴尔特的解读占290页，巴尔扎克的小说译文占41页。参见［法］罗朗·巴特《S/Z》，屠友祥译，上海人民出版社2000年版。

⑤ 对这五种规则的分析请参见［英］特伦斯·霍克斯《结构主义和符号学》，瞿铁鹏译，上海译文出版社1987年版，第118—125页；及［美］罗伯特·肖尔斯《结构主义——批评的理论与实践》，高秋雁审译，台湾结构出版群1989年版，第201—214页。

⑥ ［美］罗伯特·肖尔斯：《结构主义——批评的理论与实践》，高秋雁审译，台湾结构出版群1989年版，第214页。

关系不大了。

总体上看，《S/Z》是“精心构造与诱导”的样本①，意在把读者的阅读习惯引导到他所主张的方式上去，在文学领域促成“单向度的人”的解放。至于解放后的人会不会变成做布朗运动的分子，那似乎不是后结构主义关切的事。所以，他虽然也运用对立方法，意义已经不大，只能算是结构主义的残迹②。

4.6.2 米歇尔·福柯

福柯（Michel Foucault，1926—1984）被许多学者归入结构主义阵营，而他自己则坚决否认。依照他自己的看法，结构主义是人文科学知识内部的一个重大转型，他的方法则是另一个转型③。尼采“重估价值”的观点对他有重大影响，但尼采用新神（超人）来代替旧神（上帝），他则进一步从三方面（知识、权力、性）论证了笛卡儿以来（尤其是近200年来）作为主体的人是如何被客体化，从而完成对人的消解。所以，把他归入现代性范畴的结构主义是他所不能接受的。

主张他属于结构主义的理由，可以归结为下列几个④：第一，他重视语言，代表作《词与物》的基本主题就是反思语言。第二，结构主义的

---

① 最明显的是把作者第47个断片命名为“S/Z”，在其前后各有46个断片，而这中心断片却是“阉割”，即中心不存在。参见［法］罗朗·巴特《S/Z》，屠友祥译，上海人民出版社2000年版，第31页。

② 根据巴尔特的解释，S指称主人公Sarrasine，Z指称主人公热爱的对象、阉人歌手la Zambinella。依据法语词源学，Sarrasine应该来自Sarrazine。另外，Balzac（巴尔扎克）与Barthes（巴尔特）也分别有这两个字母。可见，两个字母之间的对立是多重的。同上书，第30—31、199页。

③ 莫伟民：《莫伟民讲福柯》，北京大学出版社2005年版，第139页。

④ 同上书，第140—141页。但莫先生对这五点的批驳说服力不足，本书没有采用。

研究客体是语言或言语，而非语言主体，这就类似于福柯对人类学主体主义的批判①。第三，福柯偏爱间断性历史而忽视连续性历史，这可以算是共时性研究。第四，福柯把二分实践当作主体的客体化模式，这与结构主义关注对立性可以挂钩。第五，他对符号学表现出的浓重兴趣，这在《临床医学的诞生》和《词与物》中表现得最为明显。

问题在于，结构主义首先是现代性框架下的一股思潮，坚信元状态的存在及其重要性，因此，他致力于发现、演绎、构拟出事物的普遍特征，追求用一种终极模式来解释世界（包括人的思维模式）。结构化的思维模式是结构主义中居于第一位的特征，注重形式、符号、关系、共时、整体、对立、单元功能、非实体性等都是为这一目的服务的第二位的特征。仅仅具有第二位的特征不足以说明问题。这可能也是福柯拒绝“结构主义”标签的主要理由。

那么，他是如何展开自己的研究呢？他的做法是：以主体问题为核心，重新思考17世纪以来的人与理性，说明主体如何进入真理游戏②。这抓住了要害。17世纪前的主体是上帝，笛卡儿强调理性，为人性取代神性开辟了道路，但笛卡儿是个二元论者。接下来，康德与黑格尔先后用大写的理性取代了上帝的位置，人类精神逐渐实现了自身，费尔巴哈进一步通过消除人的异化而使人意识到了自由。但费尔巴哈认为，这种在现代性框架内建立人的主体性的努力是一种谵妄，体现了西方文化的危机③，所以尼采奋起攻击把主体与意识等同起来的先验哲学，认为没有永恒的主体，主体与其他事物一样是被建构出来的；对世界的阐释是无限的，世界的价值取决于我的阐释，主体不过体现阐释的话语功能，不是优先的认识

① 这一条值得商榷。更准确的表达应该是：结构主义用语言取代了人的主体地位，这与福柯对人类学中心主义的批判相似。

② 莫伟民：《莫伟民讲福柯》，北京大学出版社2005年版，第25页。

③ ［英］约翰·斯特罗克编：《结构主义以来——从列维－斯特劳斯到德里达》，渠东等译，辽宁教育出版社1998年版，第86页。

论与形而上学的出发点①。尼采的超人概念意味着上帝的缺场和人的缺场，从这一意义上说，上帝之死预示着人之死②。

福柯没有接受超人的概念（超人显然具有某种新主体的性质），尼采的权力意志是酒神精神的体现，酒神精神就是个体生命的毁灭并与宇宙的拯救和确认融为一体③。他比尼采更进一步地抗拒寻求某种起源或超验主体的冲动④，认为人并不是具有普遍性的认知主体和可知客体⑤。现代人是主体化的人，是“文明的产物”，所谓真理只是暗中对人进行塑造与控制的手段而已，以人为主体的哲学存在根本的理论困境与生存困境⑥。要打破这一困境必须摆脱人这一主体。因此，他同意“人之死”，但不同意把人之死看作上帝之死，而是看作“主体之死，大写的主体之死，作为知识、自由、语言和历史的源头和基础的主体之死”⑦。一句话，“人之死”是其反人类学主体主义的宣言⑧。

为此，他宣称自己的话语“力图进行一种去中心的操作，使任何中心都丧失它的特权……它并不打算恢复起源或对真理的记忆。恰恰相反，它的任务是创造差异”⑨。而人作为具体存在，其生命力的张扬通过生命、劳动和言语来表现，所以，他认为可以通过对生物学、经济学

---

① 莫伟民：《莫伟民讲福柯》，北京大学出版社2005年版，第125页。

② 同上书，第127、129页。

③ 同上书，第146页。

④ ［英］约翰·斯特罗克编：《结构主义以来——从列维-斯特劳斯到德里达》，渠东等译，辽宁教育出版社1998年版，第84页。

⑤ 莫伟民：《莫伟民讲福柯》，北京大学出版社2005年版，第128页。

⑥ 李风：《主体的结构——对福柯主题思想的理解》，硕士学位论文，吉林大学，2015年。

⑦ 转引自莫伟民《莫伟民讲福柯》，北京大学出版社2005年版，第129页。

⑧ 莫伟民：《“人之死”——〈词与物〉的主旨及其哲学意蕴》，《外国哲学》2015年第4期。

⑨ ［英］约翰·斯特罗克编：《结构主义以来——从列维-斯特劳斯到德里达》，渠东等译，辽宁教育出版社1998年版，第86—87页。

和语文学的考察来确定一个人的概念①。为此，他考察了200多年来人作为主体被消解——即客体化——的三种模式：科学理论、区分实践和人对自身生物性的思考。科学理论方面，不同研究模式争相取得科学地位，为此，他研究了语言学、语文学、政治经济学、博物学、生物学；在区分实践方面，主体或者与自身分隔，或者与他人分隔，所以有了癫狂者与正常者、病人与健康者等的分隔；在对自身生物性的思考上，自认为是性的主体②。上面三种模式中，他始终在追问的是：当人感到自己是疯子（《癫狂与文明》）、当人自以为是病人（《临床医学的诞生》）、当人讲话与劳动（《词与物》）、当人自认有罪（《监督与惩罚》）、当人体认到欲望的存在（《性史》）——在这些情况下，人是通过哪些真理游戏来思考自身的存在的?③ 尼采破除了“人类学沉睡”，他则展示人被客体化的情形。改变这种情形以实现人的解放是他的志向④，但他所采用的研究方法——即直觉和即兴思辨⑤——的可靠性却让人犹疑。总的来说，福柯展示的是一种伦理学的历史存在论，旨在探讨我们是如何在真理游戏中把自身构造为知识主体、权力主体和道德主体。知识、权力、道德（性集中体现人的道德）是主体得以构成的三个

① ［英］约翰·斯特罗克编：《结构主义以来——从列维-斯特劳斯到德里达》，渠东等译，辽宁教育出版社1998年版，第108页；莫伟民：《莫伟民讲福柯》，北京大学出版社2005年版，第126页。

② 莫伟民：《莫伟民讲福柯》，北京大学出版社2005年版，第215页。莫先生的原文逻辑上多有费解之处，笔者在概述的过程中根据他上下文的意思做了梳理。可能与作者的理解有不一致之处。

③ 同上书，第25页。

④ 他不单单是个理论家，也是个实践家。以知识分子身份参与反抗权力、消除不公的政治活动，是他实现人的解放的理念的实践。法国《新观察家》周刊的名记者埃里蓬写的福柯传记名称也突出这一点，参见［法］迪迪埃·埃里蓬《权力与反抗》，谢强译，北京大学出版社1997年版。

⑤ 莫伟民：《莫伟民讲福柯》，北京大学出版社2005年版，第145页。

可能谱系学领域①。

皮亚杰把福柯看作“没有结构的结构主义者”，他认为福柯的理性考古学的真正含义不过是理性的变换，这种变换是没有理由的，理性的结构通过偶然的突变或暂时的涌现而出现和消失。福柯把人文科学看作一些突变或“知识阶”（épistémè）的暂时性产物，而突变或知识阶在时间历程中的出现并无秩序可言，既无发生学的演变关系，也无历史的演变关系。由此可见，福柯从静态的结构主义中保留了所有消极的方面，如对历史的贬低、对功能的蔑视和否定主体。②

皮亚杰的分析有一定道理，但笔者认为，福柯不是结构主义者。结构主义有三个层次：哲学上，属于现代性（或逻格斯中心主义）框架内的一股思潮（或许是由于写作时间的关系，皮亚杰没注意到这一点）；从方法论而非本体论的角度看待结构（皮亚杰对此很清楚）；结构主义者关注的因素有四个：关于整体性、关于非实体性、关于共时性与历时性、关于单元功能。需要强调的是，对功能的蔑视是少数结构主义者的偏好，多数结构主义者仍注重结构与单元功能；否定主体不是结构主义者的普遍特征；对历史的贬低把福柯往结构主义方向推了一步，但这构不成他是结构主义者的充分必要条件。虽然福柯的价值不在于他是不是结构主义者，但应该承认，他深化了我们对结构主义与结构的认识。更重要的是，这位后现代的代表性人物提醒我们：自认为真理在握时可能已经进入了谬误的樊篱。他彰显了人的认识的局限性和改进的必要性。以《临床医学的诞生》为例，我们知道诞生于18世纪末的现代医学与以前医学的区别，不在于描述语言的差别（如描述假膜时用“像蛋白膜”代替“像湿羊皮纸”），

---

① 莫伟民：《莫伟民讲福柯》，北京大学出版社2005年版，第259页。可见，不能把他的理论仅仅概括为探讨知识和权力的关系。

② ［瑞士］让·皮亚杰：《结构主义》，倪连生等译，商务印书馆1986年版，第90、91、95页。

而应为“可见物与不可见物之间的关系——一切具体知识必不可少的关系——改变了结构”，“词语和事物之间的新联盟形成了，使人们能够看见和说出来”①。通过《癫狂与文明》，我们知道了癫狂有自身的价值和地位，是人性不可分割的一部分，以非理性为由予以压制和排斥是对人的自由和尊严的侵犯，须知，“自萨德、戈雅以后，对现代世界来说，非理性在任何艺术作品中已占有决定性的地位”，而“尼采的癫狂……使他的思想不可能存在的因素却对我十分现实，从他的思想中取出的东西正是给予我的东西”②。应该把癫狂理解为一种理性，或“十分简单地理解为炫惑的理性”③。

他对国际关系学的影响主要表现在对力量（forces）与知识关系的解读。但国际关系学者尤其是后现代国际关系理论家对福柯的意思有所扭曲。他认为，权力是一种力量关系。就权力对知识的影响而言，《话语的秩序》审视的是权力限制话语的消极作用，而《监督与惩罚》与《知识意志》则考察了权力产生话语的积极作用④。就知识对力量的影响而言，既定的知识是一种力量，比如医生的“目视”（指根据医学知识用特定的词汇和语言对病情的判断）就享有一种主宰权力⑤——对病人来说难以抗

---

① ［法］米歇尔·福柯：《癫狂与文明——理性时代的精神病史》，孙淑强等译，浙江人民出版社1990年版，前言，第4—5页。尸体解剖在现代医学中具有极为重要的地位，通过对死亡组织的解剖，才能确定疾病的病理基础，所以说，病理诊断是最高诊断。对死亡的考察有力促进了对疾病的治疗与对生命的维护，所以，有人说海德格尔的“向死而在”把死亡提升到本体论地位，福柯的“由死而生而病”则把死亡推回到了医学认识论的基点。参见方珊《形式主义文论》，山东教育出版社1999年版，第11页。

② ［法］米歇尔·福柯：《癫狂与文明——理性时代的精神病史》，孙淑强等译，浙江人民出版社1990年版，译者序，第3—4页，正文，第257、259页。

③ 同上书，第97页。

④ 方珊：《形式主义文论》，山东教育出版社1999年版，第216页。

⑤ ［法］米歇尔·福柯：《临床医学的诞生》，刘北成译，译林出版社2001年版，第2页。

拒的力量。显然，从权力对知识的影响角度，可以说“理论总是为某些人和某些目的服务的”①。从知识对力量的影响角度而言，知识不是权力的附属，福柯注意到了知识的独立性及由此带来的力量即权力②。

4.6.3 雅克·德里达

德里达（Jacqques Derrida，1930—2004）的主要代表作有《论文字学》（1967）、《声音与现象》（1967）、《写作与差异》（1967）、《散播》（1972）、《哲学的边缘》（1982）、《立场》（1972）、《人的目的》（1980）、《马克思的幽灵》（1993）等。《文学行动》是他20世纪90年代的新作，汇聚了他各个时期以来的文学思考。

德里达提出的“文本”③“解构”“双重阅读”“延异”等概念，已经成了后现代主义、后结构主义的标签性言语，尽管他一再否认自己是后结

---

① Robert W. Cox, and Timothy J. Sinclair, *Approaches to World Politics*, Cambridge: Cambridge University Press, 1996, p. 88.

② 莫伟民注意到，在福柯的著述中，pouvior一词是指力量（forces）与力量关系，而不是指政府权力（power）。可见，中英文世界对福柯在这个问题上的理解可能都存在偏差。英语中把法语pouvior英译为power，后现代国际关系理论学者的意识形态偏好决定了他们注重这一词汇的“权力”义项而忽略“力量”义项；在政治学领域，汉语通常把power译为“权力”，这又是一个“任意性”导致“不可变性”的例子。由此导致的一个常见不足是：把“力量与知识的关系”片面理解为“权力与知识的关系”进而在两者关系中给予权力以特别的重视，如秦亚青注意到，“后国际关系理论学者受福柯关于权力和知识关系的论述影响颇深，他们反对知识中立说，不接受知识不受权力关系左右的理性主义观点，认为权力造就了知识。所有权力要求知识，所有知识依赖于并加强现存的权力关系”。后现代国际关系学者把福柯的意思缩窄了，把两者关系变成了主从关系，忽略了知识具有的独立性以及由此带来的力量。福柯对临床医学诞生历程的考察也显示，医学知识不大可能是权力的奴仆。参见莫伟民《莫伟民讲福柯》，北京大学出版社2005年版，第32页；［美］亚历山大·温特《国际政治的社会理论》，秦亚青译，上海人民出版社2000年版，“译者前言”，第18页。

③ 本书在同等意义上使用“文本”与“本文”，其英文都是text。

构主义者和后现代主义者，认为自己根本不是要摧毁传统，而是在揭示传统之不足，在“解中心”之后通过“补充”“再重复”来实现最终的重构①。

他涉及的领域广泛，创作的作品数量甚多，并创造了大量的词汇以准确表达他想传达的信息。但他的核心思想主要体现在语言哲学观上②，“反对逻格斯中心主义”是一以贯之的立场，策略也比较单一（在重读经典时揭示其内在的不和谐与差异，进而导向他自己的解释框架），大部分作品并不难懂。所以，可以通过一些核心概念的解读来考察他的立场与方法。

“逻格斯”语出古希腊语 logos③，原是指说话、思想，后引申为规律、本质、终极存在等。逻格斯中心主义就是以逻格斯为基点的思想。西方几千年来最基本的思维模式就是：设定事物与世界内部有固有的终极存在或中心，哲学与科学的目的就是解释这种终极存在或中心。而在他看来，这纯粹是一种理论幻想。事物都是相比较而存在，对一事物的规定存在于他者之中，本身不能自我规定，也不存在不属于结构中任何成分的中心或终极存在，中心是规定、协调和组织结构，“中心不属于整体（不是整体的部分），整体的中心在其他地方”④，比如，“张三身高 1.70 米，是个小个子”，是个完整结构，但其核心因素“小个子”不是其自己规定的，而只能是在与别人（如李四身高 1.80 米）相比的过程中获得自身的规定性。由此，德里达得出结论：中心没有自然基地，它不是一个固定的中心点而

---

① 肖锦龙：《德里达的解构理论思想性质论》，中国社会科学出版社 2004 年版，第 249 页。

② 杨卿：《德里达语言哲学思想渊源简论》，《理论月刊》2009 年第 8 期。

③ 本段概括自肖锦龙《德里达的解构理论思想性质论》，中国社会科学出版社 2004 年版。

④ Jacques Derrida, *Writing and Difference*, trans. By Alan Bass, Chicago: The University of Chicago Press, 1978, pp. 278 – 289. 转引自肖锦龙《德里达的解构理论思想性质论》，中国社会科学出版社 2004 年版，第 7—9 页。

是一种功能，是一种无中心点，在那里无穷尽的符号—替换物开始投入差异运动（play）中①。于是很容易推出如下结论：事物是无终极无原点的，有的只是差异以及由此而来的互补性；没有元文本，有的只是文本间性（intertextuality）。有了这些利器，他就可以展开对经典的解构并将之导向他自己的解释框架。

首先，对胡塞尔现象学的解构造就了他的基本话语平台②。现象学意在消除哲学上长期存在的现象与本质、主观知识与客观世界之间二元对立，将之统一在“现象”这一共同体之中，因而声称现象即本质。现象是指呈现于人的意识中的一切东西。胡塞尔认为事物是意识中的事物，意识是关于事物的意识，意识与事物合而为一，不可分离，共同构成无限丰富的世界万象即现象，现象又统一在“自我”中，自我的存在既是确定无疑的又是先天统一的，所以，世界是确定而统一有序的。他把作为“自我”的核心内容的意识看作一种集过去、现在和未来为一体的一股流，认为意识的本质是它的时间性，现在的意识（“现在的在场”）是与过去的“意识留存”与未来的“意识预存”相对照中显现出来的。也提到“他人”包含在“自我”中，但“自我”无法完全进入“他人”的意识中，因而“自我”与“他人”作为两个独立的存在体现一种交互主体性。德里达由此抓到了现象学的内在矛盾：作为统一体的意识只能是一个点，即胡塞尔所说的“当下”与“现在的在场”，而不可能是包括了过去（“意识的留存”）和未来（“意识的预存”），那意味着意识不是统一的，而是

---

① Jacques Derrida, *Writing and Difference*, trans. By Alan Bass, Chicago: The University of Chicago Press, 1978, pp. 278 - 289. 转引自肖锦龙《德里达的解构理论思想性质论》，中国社会科学出版社2004年版，第8—9页。

② 本段概括自肖锦龙《德里达的解构理论思想性质论》，中国社会科学出版社2004年版，第63—70页；［法］雅克·德里达《声音与现象》，杜小真译，商务印书馆2001年版。我得感谢河南农业大学马克思主义学院副教授鹿林在我初期接触现象学、存在主义时所给予的细心解答。

开裂（breaching）的。而“自我”和“他人”的互主性也突破了胡塞尔关于“自我”是个统一体的观念，无形中承认了“自我”内部是异质的。

其次，他反对索绪尔的声音优先于文字的“声音中心主义”①，也反对所指与能指一一对应②、所指（是“灵魂”）优先于能指（是“肉体”）的观点，将索绪尔的差异概念发展为“延异”③概念，提出了“书写学”并阐明“文本之外无物”。又通过对卢梭关于“人类文化植根于人的自然情感”这一语言学思想的消解，提出了“补充”（supplement）说。索绪尔主要是从语言结构的角度探讨语言各个主要方面如意义、声音、图像、文字之间的关系，卢梭则从语言发生的角度探讨意义、声音、图像、文字之间的关系，还探讨了情感与反思、乐音与和声、图像与文字符号之间的关系。德里达认为索绪尔与卢梭都带有逻格斯中心主义的观念，在各自的理论中都展现了胡塞尔那样的自我矛盾。实际上，事物、结构乃至世界本身都不是自然的产物，而是人类的文化产品，是人对周围的物质原料和环

---

① 本段主要概括自肖锦龙《德里达的解构理论思想性质论》，中国社会科学出版社2004年版，第76—84、129—159、231—252页。

② 他认为，能指的意义取决于语境与参照物，可以是多义的，如“说”字在“说故事”中是“陈述”的意思，在“说大话”中是“吹牛”的意思，在“说人”中是“谴责”的意思。可见“说”字本身没有固定的意义。能指因为语境的变化有不同所指的状态，德里达称为“散播”（dissemination），他认为散播是语义的基本特征。参见肖锦龙《德里达的解构理论思想性质论》，中国社会科学出版社2004年版，第11页。

③ 延异（differance）来自德里达对索绪尔差异（difference）概念的改造，但内涵大大扩展：(1) 除了语言的能指与所指之间的差异外，也包括语言之外所有事物在空间和时间上的差异。(2) 指一种差异的自由运动（play of difference），包括空间差异（differing），体现横向差异；时间的延衍（difering），体现纵向差异。如“王三是个老人”，“王三”和“老人”之间的关系是“差异”，而在场的老人与不在场但发挥作用的“年轻人”之间则是一种“延衍”，也可以说，“老人”是“年轻人”的痕迹（trace）。参见肖锦龙《德里达的解构理论思想性质论》，中国社会科学出版社2004年版，第25—27、78—79页。德里达对索绪尔与福柯的解读，还可以参见［法］雅克·德里达《论文字学》，汪堂家译，上海译文出版社2005年版；［法］雅克·德里达《书写与差异（上下册）》，张宁译，生活·读书·新知三联书店2001年版。

境建构的结果。书写（writing）或原书写（archi-writing）就是人类所进行的一切文化活动的总称。事物是由符号组成的一个个文本，世界就是人类通过各种书写造就的，“世界上除了书写不曾有过任何东西”。摆脱固有的逻格斯中心主义视野后会发现，索绪尔和卢梭所树立的对立面之间不是一种优先与靠后、决定与被决定的等级关系，而是一种基于延异的、一方以另一方为前提的互补关系，或者说，是一种互为文本的关系。这样一来，胡塞尔、弗洛伊德、福柯等人理论中的矛盾得以消除①。

海内外研究者都注意到了犹太人学者的一大特点：从矛盾性与差异性入手，建立自己的学说：马克思、胡塞尔、弗洛伊德、德里达、勒维那（Emmanuel Levinas）② 等的学说都明显表现出这一特点。民族与个人的遭遇对他们理论偏好的形成或许有决定性的影响③。德里达觉得上述学者的理论都没有逃脱逻格斯中心主义的窠臼，都不过是先打破一个中心再自己立一个中心而已。他自己则摆脱了这种俗套，将中心看作动态、变动不居的。事物之间的对立变成了平等的互补关系。这种颠覆是空前的，而在研究中他也做到了逻辑自恰。但这也决定了他被定位为现代性的“异者”的命运。

最后用我们前面的参照系来分析一下德里达的结构观。去中心的结果

---

① 对弗洛伊德与福柯的解读，本书没有展开，请参见肖锦龙《德里达的解构理论思想性质论》，中国社会科学出版社 2004 年版，第 86—112 页；［法］雅克·德里达《书写与差异（上下册）》，张宁译，生活·读书·新知三联书店 2001 年版，第 51—103、305—416 页。

② 勒维那的“他者中心主义”给德里达以很大启发，但德里达只保留“他者”而去掉了“中心主义”以消除其“逻格斯中心主义”色彩。参见肖锦龙《德里达的解构理论思想性质论》，中国社会科学出版社 2004 年版，第 113—123 页；［法］雅克·德里达《书写与差异（上下册）》，张宁译，生活·读书·新知三联书店 2001 年版，第 128—276 页。

③ 《德里达》一书的作者克里斯蒂芬也这样形容过德里达：“他属于边缘性的、被放逐的民族文化的特殊感受——这一切对他的思想构成无疑是具有深刻影响的。”转引自杨卿《德里达语言哲学思想渊源简论》，《理论月刊》2009 年第 8 期。

使他被排除在现代性之外，丧失了加入结构主义行列的基本资格。从前面提到的结构主义四特征看，从作品中看不出他对整体性的关照；延异概念倒是显示出他对单元功能、对结合共时性与历时性都持肯定态度；在非实体性上，他的观点是模糊的，一方面，认为事物无极点无原点、轻文本而重文本间性，这显示他对非实体性、关系性、对立性的偏好；另一方面，对单元功能的强调又显示他似乎倾向于把结构当作一个实体。

◇◇ 4.7　皮亚杰的结构

关于发生认识论　瑞士学者让·皮亚杰（Jean Piaget，1896—1980）是个百科全书式的学者，熟悉许多学科的前沿成果并对之有自己的见解，因此能够把这些成果应用于自己的研究中。一个明显的例子是，从布尔巴基学派的结构观尚未在数学界普及到1968年写作《结构主义》，他一直从群的概念出发来逐级阐述他的结构概念，这使他的发生认识论研究有了一个相对可靠的始基。但到了1970年，年过七旬的他不再关注发展的结构而试图找出心理发展的一般机制时，就转而把自己的结构观建立在“态射”和“范畴”这两种互相协调的数学工具基础上，并在《态射和范畴》一书中初步探讨了生物和智力的形式问题①。

当然，他最为人称道的成就是关于儿童思维形成的研究。他认为，儿童具有与成人不同的思维方式，以往的心理学研究忽视了这一点。他的任务就是揭示儿童的思维是如何发生和发展的，并把自己的研究命名为发生科学认识论，简称发生认识论。它是哲学认识论的前奏，其最高阶段是现

① ［瑞士］让·皮亚杰等：《走向一种意义的逻辑》，李其维译，华东师范大学出版社2005年版，总序，第4—5页；［瑞士］让·皮亚杰：《结构主义》，倪连生等译，商务印书馆1986年版，第15页。

代最先进的科学认识，并为未来更先进的科学认识论敞开大门①。

如果说发生认识论是认识论的深化，那么，心理逻辑学就是发生认识论特有的研究领域，关注的是动作。皮亚杰曾说过，经验论只关注客体，而唯理论只关注主体，却忘记了动作这个联系主客体的桥梁，而笔者知道，"任何动作都包含着客体之间的联系和主体操作（运算）之间的联系这两个侧面，这须在主客体两端之间联系（即动作）的基础上才能发生，动作发展了，主客体各自的联系也就得到了发展，它们分别演化成关于客体的物理知识结构和主体的逻辑—数学结构。于是，后者变成了某种可以运用于不同的场合、赋予不同的经验内容的框架，也就是变成了作为同化工具的主体认知结构"②。考察主客体相互作用的活动，用主体动作内化建构来解释认识的起源和发展，成为皮亚杰发生认识论的特色，而主体作用于客体的动作和活动，既是分析发生认识论的起点，也是分析心理逻辑学的起点。皮亚杰的基本思路可以概括为：心理运算的根源是主体动作，即产生于双向建构中的内化建构。内化建构形成主体的认知结构。认知结构是主体动作中蕴含的逻辑—数学经验的概括。对认知结构的形式表述就是心理逻辑。纯认知结构只存在于研究者的设想中，而实际上总是与物理知识的结构紧密相连，因为，认知结构是主体对物理经验的同化工具，认知结构与知识结构不是同一关系，而是对应的同构关系，知识结构是认知结构运用于现实世界所产生的结果。心理逻辑可以解释众多的、具体的实际思维活动，心理逻辑说明的是实际思维规律，这些规律经过再次的抽象概括，形成一般的形式逻辑③。可见，皮亚杰的立场是以个体来解释群体，认为个体活动的内化建构导致个体心理逻辑的产生，心理逻辑导致形

---

① ［瑞士］让·皮亚杰：《结构主义》，倪连生等译，商务印书馆1986年版，译者前言，第1—2页。

② 李其维：《论皮亚杰心理逻辑学》，华东师范大学出版社1990年版，第33页。

③ 同上书，第33—34页。

式的产生。

关于运算　以上是皮亚杰发生认识论的大致内容，解决了逻辑起源问题。而他的结构观是服务于他的理论建构的，因而把运算列为他的结构观的核心内容。他的心理运算具有以下特点。

（1）运算是一种能在心理上进行的、内化了的动作。所谓内化了的动作，是指这种动作不仅可以在物质上而且也可以在心理上（或头脑里）进行。运算一定是内化的动作，但仅仅是内化的动作还构不成运算，还需要具备以下三特征。

（2）运算是可逆的动作，一个运算具有两个相反的过程。

（3）运算具有守恒性，守恒性离不开可逆性。

（4）运算不是孤立存在的，它总是集合成"群"从而构造成结构或系统。

运算的特点就在于它形成了体系（系统），这是皮亚杰整个认识结构理论的立论根据。在上述四个特点中，可逆性最为重要，运算的结构本质上是以可逆性为黏合剂而构造起来的①。运算与学习不同，在皮亚杰看来，传统的学习理论只是一种从外在刺激出发的外因论，而发生认识论则从动作或运算出发，主张认识是主体构造起来的，强调主体内部的构造能力。运算在本质上不是对环境的适应，而是动作之间的协调。换句话说，运算主要是同其他动作有关的动作，其次才是对环境的动作②。

皮亚杰的对结构的描述　在皮亚杰看来，结构主义有如下特点。

（1）结构主义主要是一种方法，其应用是有限制的，结构研究不是排他性的，结构主义并不取消任何别的研究，而倾向于把别的研究方法整合进来。

---

① 李其维：《论皮亚杰心理逻辑学》，华东师范大学出版社 1990 年版，第 45—46 页。

② 同上书，第 48—49 页。

（2）对结构的探讨只能在多学科协调上寻找出路，否则，就可能会因为难以区分结构与关系而不知道把结构的存在安置在什么地方。

（3）结构没有消灭人，也没有消灭主体的活动，应该区分个别主体与认识论上的主体，主体的活动在认识论层次上要求有一个连续不断的除中心过程来把他从自发的心理方面即自我中心现象中解放出来，以利于一个协调的、建立互反关系的过程。这个过程本身正是结构的产生者，它使种种结构处于不断的构造和再构造过程中。

（4）不存在没有构造过程的结构，无论是抽象的构造过程，还是发生学的构造过程。一个内容永远是下一级内容的形式，一个形式永远是比它高一级的形式的内容。抽象的构造过程只是一个发生过程的形式化了的倒转。发生过程从来是一个结构向另一个结构过渡，而且是从弱到强；而结构从来只是一个转换的体系，其根基是运算系统，故而有赖于适当工具的预先形成。

（5）不存在一个一切结构的结构，主体的本性就是构成一个功能作用的中心，而不是一座先验地完成了的建筑物。

（6）威胁结构主义的是结构实在论，结构只是代表运算的组成规律或平衡形式，结构并不先于它们所依靠的实体。结构主义的关键在于运算的第一性，运算本身就是相互协调并组织成体系，这些体系通过其构造过程本身构成种种结构，而不是这些结构事先动作和形成种种构造过程，从而得以先于动作和构造过程而存在。

（7）只有把结构放入它们的来源中时，人们才能重新建立起结构和发生构造论（即历史构造论）之间、结构与主体的种种活动之间不可分割的紧密关系①。

为了找出结构主义的一般特点，他检验了各个研究领域里出现的主要

① ［瑞士］让·皮亚杰：《结构主义》，倪连生等译，商务印书馆 1986 年版，第 97—103 页。

的结构主义，并总结出结构的三要素：整体性、可转换性和自身调节性。他的结构定义是：结构就是由具有整体性的若干转换规律组成的一个有自身调整性质的图式体系。结构的界限由组成这个结构的转换规律来确定，转换即变化的规律，可用一个以上的数理逻辑公式表示，公式在具体生活中的应用就是具体运算，公式源自对具体运算的抽象。所以，运算是形成结构的基础①。

整体性被认为是结构的当然特征。结构由若干成分组成，但这些成分服从于能说明体系特征的一些规律。整体性的特质来自它们的组成规律。这些规律不能还原为一些简单相加的联合关系，因为这些规律把不同于各种成分的整体性质赋予了全体②。在他看来，"在原子论式的联想图式和涌现论的整体性图式之外，是还存在一种第三种立场的。这种立场，就是运算结构主义的立场。这种立场，从一开始就采取了一种重视关系的态度。按照这种态度，认为真正重要的事情……是在这些成分之间的那些关系。换句话说，就是组成的程序或过程，因为这个全体只是这些关系或组成程序或过程的一个结果，这些关系的规律就是那个体系的规律。"③

转换性是指结构不是静止的，而是活动着的变换体系，一级结构的形式又是上一级结构的内容。"结构"就是要成为一个由若干个"转换"的体系。一切已知的结构，从最初的数学"群"结构，到规定亲属关系的结构等，都是一些转换体系。这些转换可以是时间性的，也可以是非时间性的。结构如果不能转换的话，就可能与静止的形式混同起来，从而失去解释事物的作用。即便是非时间性的转换体系，如群结构，也要问一声：

① ［瑞士］让·皮亚杰：《结构主义》，倪连生等译，商务印书馆1986年版，译者前言，第2—3页。

② 同上书，第3页。

③ 同上书，第3—5页。

结构是怎么得来的。[①] 当然，通常对结构的研究要优先于对结构的发生过程和结构演化的研究，原因不难理解，以发生心理学为例，发生只是从一个结构向另一个结构过渡，这个过渡解释第二个结构，而对这两个结构的认识又是必须理解这个转换的过渡[②]。

自身调整性是指结构能自己调整，这种性质带来了结构的守恒性和某种封闭性，一个结构所固有的各种转换不会越出结构的边界之外，只会产生总是属于这个结构并保存该结构的规律的成分。结构的这种自身调整性，是按照不同的程序或过程才能实现的。自我调整通过非常有规则的运算而起作用，这些规则正是结构的整体性规律。在这里，运算是一个“完善的”调节作用，它是可逆的、非时间性的，并对行动的结果起预先矫正的作用。当然，也存在一个时间内进行的转换结构，如语言学结构、社会学结构、心理学结构等，这些结构不是建立在严格的可逆的运算基础上的，而是建立在预见作用和反馈作用的基础上的。[③]

对皮亚杰结构观的评析 皮亚杰的结构主义与他的发生认识论紧密相连。倪连生与王琳注意到：“他的科学认识论是以认识论的主体（即一般意义上的不是特殊个别的人）为出发点的，把认识的基点放在主体与客体接触中由动作产生的运算上，运算由动作内化而成，所以这个科学认识论是以心理学特别是发展心理学为基础的。”[④] 心理发展正是皮亚杰终身关注的核心问题。

在分析结构主义在社会科学中的应用时，皮亚杰将之分为两类：整体性结构主义和方法论结构主义。整体性结构主义以涂尔干为代表，认为结

---

① ［瑞士］让·皮亚杰：《结构主义》，倪连生等译，商务印书馆1986年版，第5—8页。

② 同上书，第89—90页。

③ 同上书，第8—11页。

④ 同上书，“译者前言”，第12页。

构是涌现的、自我满足的，是方法论上不彻底的结构主义。

由此我们立刻想到，华尔兹的结构是涌现的。为了对个体主义进行纠偏，他刻意强调结构的作用，因而侧重考察稳定结构的机制。先研究稳定的结构，再研究结构的产生和转换，这是正常的做法，但也暴露了华尔兹是个不彻底的结构主义者。真正的方法论上的结构主义从涌现过渡到组成规律，强调体系内的相互作用，并试图找出一个深层结构来，以对体系进行演绎性的解释①。在笔者看来，莫斯与列维－斯特劳斯正体现了这一点。

皮亚杰非常清楚，在区分结构与功能的同时，必须把结构和功能联系起来②，在一个通过调节作用来保持自己恒定性的总体体系里，结构和功能是不可分的③。强行划分只能损害结构的完整性④。

笔者欣赏皮亚杰的结构观，但也注意到他强调转换性的同时把侧重于静态研究的一部分人从结构主义队伍中排除掉了。没有理由把索绪尔、叶姆斯列夫、巴利、普罗普、托多罗夫、格雷马斯清除出结构主义行列。那意味着华尔兹也不是结构主义者了。静态的结构主义是结构主义的一部分。笔者对结构主义的概括包含了皮亚杰结构观的内容，但他对结构变迁的高度重视笔者应该铭记。

我们认为，皮亚杰关于结构不是实体的观点值得商榷，而且他也没有把这一立场贯彻到底⑤。他认为“一个内容永远是下一级内容的形式，而

---

① ［瑞士］让·皮亚杰：《结构主义》，倪连生等译，商务印书馆1986年版，第68页。

② 同上书，第72页。

③ 同上书，第71页。

④ 后面的研究将展示，华尔兹正是在这一点上犯了错误：先把国家归并为功能相同的单元，再把功能归于单元层次。参见 Kenneth N. Waltz, *The Theory of International Politics*, New York: McGraw-Hill, Inc., 1979, p. 101。

⑤ ［瑞士］让·皮亚杰：《结构主义》，倪连生等译，商务印书馆1986年版，第103页。

一个形式永远是比它更高级的形式的内容"。① 这种描述看似自然，其实混淆了内容和形式的界限，否定了内容这一概念的核心内涵。因为，内容是与形式相对应的实体——包括物质实体和观念实体。其实，他在声称"威胁结构主义的永远存在着的危险是结构的实在论"的同时，又把结构和物理算子、生物算子这样的实体联系了起来②。

◇◇ 4.8 总结：系统、结构及其相互关系

前面的大量分析是为后面做铺垫，但在转入国际关系理论中的结构问题的探讨之前，有必要对前面的内容进行总结。

关于系统 欧洲文艺复兴通常被视为现代性的开端，文艺复兴的过程就是"人本"张扬、"神本"衰落的过程。人性代替神性的主要依据是人具有理性，自然科学则是人类运用理性探究未知世界的主要工具。理性大致可以分为苏格兰的经验理性与法兰西的演绎理性，基于"苏格兰理性"的 18 世纪苏格兰启蒙运动有力推进了人们对理性的认识与应用，牛顿力学、达尔文进化论可以视作苏格兰理性结出的科学硕果，早期的经验理性偏爱用归纳法。以笛卡儿为代表的法兰西演绎理性同样是自然科学研究中不可缺少的手段，但对社会科学的影响似乎更明显些，法国人在社会科学领域中擅长提出革命性的哲学主张可能也与其偏爱演绎理性有关。而英美学者则比较擅长将那些革命性主张实用化③。

17 世纪以来自然科学上的突飞猛进前所未有地改变了人类的生活，

① ［瑞士］让·皮亚杰：《结构主义》，倪连生等译，商务印书馆 1986 年版，第 100 页。

② 同上书，第 103 页。

③ 当然，历史事实表明，演绎理性已经不是法兰西人专美之物，英国与欧洲大陆的学者们应用演绎理性也取得了大量的成果。

也影响了人类的思维方式，于是，科学分析中的成分分析方法在社会科学中大行其道。孔德甚至主张社会科学可以像自然科学那样进行实证研究，这一点经过20世纪50年代的行为主义革命后发展为现在社会科学中的科学研究方法，定量分析与定性分析成为科学方法的实践形式。成分分析方法的不足也促使人们反思，进而重新关注被淡忘的整体性分析方法。系统方法、结构方法就是这种反思的产物，而且发展为20世纪的一大主要社会思潮。系统方法与复杂社会实践有关，社会分工日益复杂，科学与技术不断跃进，各个部门或领域的协调成为人们必须面对的一个问题，所以，系统方法在工程领域发展最快，并扩展到别的社会领域与学科领域。系统观点与结构观点的结合大致同步于行为主义革命，互相促进是二者结合后的趋势。但从时间上看，结构主义的兴起要早于系统观念。

系统，在古希腊语中指部分构成的整体，中国的荀子则表述为“万物为道一偏，一物为万物一偏”。综合学者们的观点，系统可以被定义为：为达到共同目的，具有特定功能的、相互间具有有机联系的许多要素所构成的一个整体。有机联系是指若干要素（P）处于若干关系（R）中，以至一个要素P在R中的行为不同于它在另一关系中的行为。[①] 在考察了一般系统论、信息论、控制论、耗散结构论、协同论、超循环论等主要的系统理论分支后，我们发现，系统的特征可以概括为：整体性、开放性（或目的性）、层次性（包括结构性）。

关于结构　20世纪初滥觞于瑞士语言学家索绪尔的结构主义，占据了20世纪语言学的主流。结构主义已经远远扩出语言学界，对社会科学的许多学科产生了广泛的影响。我们认为，结构主义有三个层次：秉承逻格斯中心主义，它是现代性框架内的一股哲学思潮；它是一种方法论；具体操作时，结构主义者关注结构的四个方面：整体性、非实体性、共时性/历

① 周方银：《国际问题数量化分析：理论·方法·模型》，时事出版社2001年版，第34页。

时性与单元功能。除了少数静态结构主义者外，结构主义者一般都认为单元功能与结构不可分。大部分的语言学家与绝大部分的社会科学家都重视单元功能并将之视作结构概念的题中应有之义。我对语言学史的梳理比较清楚地展示了结构的这些特征。人类学、心理学、文学、社会学、结构主义马克思主义等社会科学领域对结构主义的应用也显示了同样的功效。

索绪尔在1913年去世前那几年在课堂上所表达的语言学思想是对同行结构观的总结和提炼。总体上看，他的语言思想原创性不大，这可以解释他的苦恼和没有将自己的语言学思想整理出版。但这无碍于他被公认为结构主义的鼻祖：他的学生整理了他在课堂上阐述的思想，这些最早被比较系统阐述的思想恰恰符合社会思潮的新方向。在现代性框架内，索绪尔的结构观可以被概述为：整体性、共时性、非实体性和非单元功能性。这里，没有单元功能和历时性的位置。作为对历史比较语言学的反动，他在创建普通语言学的过程中刻意强调共时性并忽视单元功能是可以理解的，但这肯定是一个缺憾。所以，在他身后，对他这一极端做法应者寥寥：语言学界，只有哥本哈根学派与法兰西学派的日内瓦分支；在整个社会科学界（除了语言学界之外），走的最远的如文学界的普罗普、格雷马斯、托多罗夫，人类学界的列维－斯特劳斯，也不过是将单元功能予以相对固定。但他们与别的学者一样，都意识到：不能把功能从结构中剔除出去。单元功能一消亡，单元间的有机联系消失，单元内外也就无任何结构可言。这显然不是社会科学家分不清楚功能与结构，而是因为他们不约而同地意识到，武断分离结构与功能不可行。

吉登斯的结构化理论把结构概念化为行动者在跨越空间和时间的情境中利用的规则和资源，认为行动者在使用规则和资源的过程中维持和再生产结构。这与皮亚杰的结构观遥相呼应，他认为结构是指系统内部各组成要素之间在空间或时间方面有机联系或相互作用的方式或顺序，体现要素之间相对稳定的联系方式、组织秩序及其空间表现形式。

通过对皮亚杰结构观的介绍，我尝试对社会科学中林林总总的结构观做出初步总结。我们注意到，皮亚杰毕生关注的是心理的发展：75 岁之前研究心理结构，75 岁之后研究心理机制。所以，他一定会超越对稳定结构的研究，考虑结构的发生与变迁。他批评经验论太关注客体、唯理论太关注主体，都忘了联系主客体的桥梁——动作。动作是心理运算的根源，皮亚杰整个结构理论的立论依据为：具有可逆性的运算构成了系统。为了分析结构的共性，他考察了数学、物理学、生物学、心理学、语言学、哲学、人类学中的结构观，总结出结构的三个特点：整体性、转换性、自身调整性。进而给出了结构定义：结构就是由具有整体性的若干转换规律组成的一个有自身调整性质的图式体系。结构的转换规律确定结构的界限，转换就是变化的规律，常表示为一个以上的数理逻辑公式。公式源自对具体运算的抽象，而公式在具体生活中的应用就是具体运算，可见，运算是形成结构的基础。这显示了他的“运算第一性”的结构观。他的运算乃是一种能在心理上进行的、内化了的动作。他否定了结构是个实体，把结构实在论看作对结构主义的主要威胁，坚持运算本身就能互相协调而组成体系或系统。

根据前面文中的分析，表 4—4 把人类学、社会学、文学、心理学、哲学中的结构观加以概括。

表 4—4　　社会科学五个学科的结构观

	整体性	非实体性	共时性/历时性	单元功能
人类学	是	同意	共时性	强调
社会学	是	大多数人同意	二者结合	强调
文学	是	大多数人反对	共时性为主	强调
心理学	是（较弱）	同意	二者结合	强调
阿尔都塞	是	反对	二者结合	强调
皮亚杰	是	同意	二者结合	强调

说明：阿尔都塞与皮亚杰可以看作同属于哲学领域。

另外，就“去逻格斯中心主义”而论，后现代主义等于后结构主义。我解释了为什么巴尔特（后期）、德里达、福柯不属于结构主义，对这三位后结构主义者的分析深化了我们对结构主义的认识。他们对结构主义的批评各有特色，都不失犀利与深刻。他们展示，结构主义者并没有真理在握，即使是大行其道的思想与理论也可能是基于不可靠的知识底座，充满了内在的矛盾与不足。三者中德里达非常典型地展示了思想的前后一致与理论的逻辑自恰。像他这样思想有深度但不摇摆且能把自己的思想一以贯之地坚持下来的学者在社会科学中比较少见。考虑到后现代常常意味着晦涩难懂与自相矛盾，这一点就显得尤其难得。

关于系统与结构的关系 系统理论源自工程技术领域，结构概念虽然来自生物学，但结构主义却是在社会科学中勃兴的。系统观在20世纪50年代被引入社会科学界后，系统与结构的关系越来越密切，现在已经难解难分了。广义而言，无论是有机界还是无机界，也无论是社会世界还是自然世界，任何事物都可以构成系统。但一般认为，有机界的事物之间的联系是“天然”有机的（这种联系是生命维持的必要条件），社会世界的事物之间的有机联系才有意义（社会意义本来就是主观），因而构成一个系统。系统与结构的关系可以概括为：（1）一方面，系统包括结构；另一方面，结构是一个系统，但也属于上一级系统。不过，国际体系是社会世界的顶级系统，不存在包含了顶级系统的系统，因此，国际系统无法作为一个独立的单元对外发挥作用，对国际体系的考察通常要下降一级，考察国家行为体和结构之间的作用。（2）系统通常是实体（entity），但可以是非实体（non-entity）；社会科学中的结构，由于与非物质相关，通常被认为是非实体，但这一点正经受越来越多的挑战。（3）系统有整体性、开放性（目的性）、层次性（结构性）。结构则偏重整体性、非实体性、共时性和历时性的结合、单元功能。（4）结构功能通常来自单元，可分为两个部分：单元现在和将来发出的功能、单元曾经发出的功能。前者是原发的、具有自主性、但受后者的影响，后者凝结为结构而具有相对独立性的功能。结构通常表现为规则的效能，所以它只能起着干预变量的作用。（5）系统是个想象出来的概念，没有明确的边界，或者说，它的边界是变动的，其取决于研究的需要。系统本身没有功能，只有系统内的结构和单元才有功能。单元互动造就初始结构，而后单元的进程受结构的影响。结构的功能施加影响的对象是单元，但单元互动是结构变化的源泉。

第五章

新现实主义的系统与结构观：以华尔兹与吉尔平为例

学界公认，国际关系学①创立于1919年，主要原因是，该年由英国国会议员大卫·戴维斯出资，在阿伯里斯特魏斯的威尔士大学（University of Wales，Aberystwyth）设立了世界上第一个国际关系讲席教授（chair professor）——伍德罗·威尔逊国际政治讲席教授②。此后20年间，国际政

① 本书在同等意义上使用“国际关系学”（International Relations）和“国际政治学”（International Politics）。这两个词的含义有所不同。国家之间的关系显然不仅仅是政治关系。国际政治学是学科刚刚成型时的称谓，那是学科专注于高端政治（high politics）的时代。而随着学科的发展（如IPE与新自由主义的出现），国际政治学的称谓已经名不符实，于是，国际关系学成了较好的替代称呼。但另一种表达法International Studies以及与此相关的Regional Studies则是一种综合研究，内涵更广，已经不限于“国与国之间的各种关系”研究。

② 英国大学教师以前实行的是“蜂王制”，每个专业乃至每个系只有一个教授或讲席教授，余者大部分是讲师，讲师分为高级讲师、一般讲师。有些大学设有reader，某些方面给予教授待遇。现在情况有所改变，有向美国靠拢的趋势，但各校情况不同，总体上教授仍然较少。Chair professor翻译为“讲席教授”比较合适，不宜翻译为“讲座教授”，因为讲座常常是短期乃至一次性的行为。美国大学教师的职衔排序如下：university professor，chair professor，professor，associate professor，assistant professor，adjunct professor。Associate professor以上有资格申请tenure（终身教职），获得终身教职者除非院系解散等特殊原因外不能被解聘。University professor即校聘教授（而通常则是系或院聘教授），每个学校都很少，哈佛才20余人。Professor也就是通常所说的正教授。Associate professor即为副教授。Assistant professor是指助理教授或助教授，相当于中国的讲师但非终身制（tenure track），通常由出站后的博士后或刚毕业的博士充任。Adjunct professor指的是临时教师或为全体教师服务的教师助理，或许只能视具体情形分别翻译为临时教师或教师助理，但在某些大学可能是指副教授。

治学的主要任务是从一战中吸取经验教训，避免战争的再次发生，而建立国际制度被认为是有效手段。因此，除了传统的史学研究外，国际法成了那一时期的另一个研究重心。国际联盟（国联，League of Nations）本身即是那一时期最主要的国际制度，它对国际法的编撰也有不小的贡献。① 1939 年爱德华·卡尔出版《20 年危机》，这通常被视作经典现实主义诞生的标志。而 1946 年汉斯·摩根索（Hans Morgenthau）的《国家间政治》的出版，则被当作国际政治学摆脱历史学、成为政治学内一门独立学科的标志。在 1960 年之前，没有人用结构主义的观点研究国际政治。莫顿·卡普兰（Morton Kaplan）在 1957 年出版的《国际政治中的系统与过程》一书中应用了系统思想，他显然受自然科学的影响，借用了系统论、控制论和信息论的思想与概念。但他用的概念是“系统”，而不是“结构”②。

结构主义在社会科学界的扩张从 20 世纪 50 年代末期起，许多以“结构”命名的书籍的出版就是证据，《科学革命的结构》与《结构人类学》是其中的代表。但国际政治学者还没有做好吸收结构主义的准备。处于 60 年代冷战高潮时期的国际政治学界，在经受了行为主义冲击后正忙于运用科学方法进行安全问题研究，对威慑（deterence）③ 的研究又是安全研究的重点。国际政治学界比较值得一提的研究进展是 1961 年层次分析

① 美国一直没有加入国联，德国、苏联又较迟才加入。几个大国的缺席使国联的作用大打折扣。尤其是，由于未能避免二战的爆发，国联常被视作一个失败的国际制度。平心而论，国联仍不失为近代史上第一个全球性国际制度。没有证据表明，国联不存在国际形势会更好。除了处理一些争端（很多是不成功的）外，对国际法的编撰是国联的一大贡献，为二战后联合国继续进行相应工作奠定了相当的基础。

② ［美］默顿·卡普兰：《国际政治的系统和过程》，薄智跃译，中国人民公安大学出版社 1989 年版。

③ “deterrence”翻译为“吓阻”更为准确：通过威吓使对手停止某些军事行动。根据第 5 版《现代汉语词典》，威慑是指“用武力使对方感到恐惧”，慑是指“害怕”。害怕的结果可能是服从，也可能是冒险或反抗。这不是 deterrence 的原意。

法的提出。1954 年肯尼思·华尔兹（Kenneth N. Waltz）把博士论文改编为《人、国家与战争》一书出版并于 1959 年再版。此后他就沉浸在储备知识的过程中，其中包括对科学哲学、系统论等思想的消化。这位加州大学伯克利分校的讲席教授在 1967 年出版了一本《外交政策与民主政治》，书中尝试说明国内政治制度（也可以勉强用后来时髦起来的“国内政治结构”一词）对国家外交政策的影响。

20 世纪 70 年代的大背景是东西方冷战的缓和，欧、美、日都过了经济快速增长期，美国霸权相对衰弱，石油危机更促成了布雷顿森林体系的瓦解。军事问题的重要性相对下降，人们对经济问题的关注明显上升。相应地，国际关系学界的建设性贡献是国际政治经济学（IPE）的面世和以复合相互依赖为特征的新自由制度主义的诞生，出版了一些代表性著作，如查尔斯·金德尔博格的《权力与金钱：国际政治中的经济学和国际经济中的政治学》（1970），罗伯特·基欧汉与约瑟夫·奈的《跨国关系与世界政治》（1972）、《权力与相互依赖》（1977）。国际关系学者们普遍意识到了采用系统观点研究国际政治的重要性，也尝试从国际体系层次进行分析，霍夫曼甚至在 60 年代早期就开始运用系统与结构概念，但总体上处于“不得要领”的摸索状态①。所以，华尔兹认为国际政治学缺乏真正的体系层次的理论。他把结构概念引入这一学科也意在建立真正的、体系层次的国际政治理论，这才有了 1979 年出版的、展示他 20 年思考的《国际政治理论》一书②。这时候，结构主义在社会科学界早已过了鼎盛期，结构主义的大将们或转行，或进入生命的暮年，结构主义就像 50 年代的

---

① Kenneth N. Waltz, *The Theory of International Politics*, New York: McGraw-Hill, Inc., 1979, pp. 43 – 49.

② 肯尼思·汤姆森比较了解华尔兹的学术创作与心理轨迹，20 世纪 60 年代早期华尔兹就对他说过，《人、国家与战争》的理论严谨性不够，准备花几年时间研究历史和科学哲学。参见［美］肯尼思·汤姆森《国际关系中的思想流派》，梅仁等译，北京大学出版社 2003 年版，第 137—139 页。

行为主义一样，已经被相关学科或多或少地吸收了。因此，《国际政治理论》的出版，可以看作20世纪结构主义思想的一个迟来的回响（delayed echo），这也从一个侧面反映了国际政治学在社会科学中的落后状态①。

那么，华尔兹是如何应用结构概念的呢？

◇◇ 5.1　华尔兹的系统与结构观

华尔兹的系统观与结构观主要体现在《国际政治理论》和《新现实主义及其批判》② 两书中，但《人、国家与战争》③ 作为前期的代表作，已经展示了他未来偏离经典现实主义的某些苗头，如解释因果关系时追求清晰、简约。

《人、国家与战争》1954年首次出版，1959年再版。华尔兹在1959年以前属于经典现实主义者，1959年后他经历了一个过渡期而转为新现实主义者。为了表达方便，这里暂且把1959年后的华尔兹都归入新现实

---

① 时至今日，国际关系研究界仍有大量学者（尤其是从事政策研究者）对国际关系理论表示出明显的不屑，这说明国际关系理论远远不够成熟与有力。国际关系学是一个应用型学科，学者在构建新理论时必须从别的学科引进理论。经济学也是一个应用学科，经济学理论也从别的学科借用大量概念，但研究经济政策的学者较少对经济理论采取如此轻蔑的态度，社会学研究界亦然。

② ［美］罗伯特·基欧汉编：《新现实主义及其批判》，郭树勇译，秦亚青校，北京大学出版社2002年版。关于书名，这里保留了汉译者的译法。严格来说，应该译为《新现实主义及其批评者》。学术著作的书名在汉译时采用意译的做法不值得提倡，以直译为好，这似乎也是国际通例。与文学作品追求“信达雅”并重不同，学术作品尤其强调“信”，原书名是作者或编者反复考虑的产物，译者对书名、内容及二者相互关系的理解不大可能超过作者与编者，尤其是中国国际关系学界总体上仍处于学习与引进阶段，意译很容易扭曲原意。

③ ［美］肯尼思·华尔兹：《人、国家与战争》，倪世雄等译，上海译文出版社1991年版。

主义行列。

教育背景和个人遭遇决定了摩根索只能是经典的现实主义者：注重权力的作用，权力之于政治学就像是货币之于经济学，成了学科的核心概念。他习惯用历史学、哲学的方法进行研究，在研究中关注战争、和平、人性、道德、习俗、舆论、国际法等众多因素。早期的华尔兹所受的学术训练也偏重于哲学、历史，但他不像摩根索那样同时研究大量问题，研究问题时同时关注大量的因素。其博士论文则集中探讨一个问题：战争的根源。显然是意识到了对这一重大问题不能用单因果逻辑进行解释①，他把战争的原因归为三类：人性、国家和国际系统。他认为，作为决策者的个人与作为国际政治主要行为体的国家诚然与战争的发生有关，但国际系统特征对战争的影响更不能忽视。三个意象之间的关系是：第一和第二意象说明了世界政治中的各种力量，第三种意象是体系的基础，体现上述力量的重要性或预测其结果②。他这种按层次分类的研究方式清晰展示了战争发生的主要原因。戴维·辛格（David Singer）发展了包括华尔兹在内的许多人的层次分析思想，比较系统地阐明了层次分析法（level of analysis）的优缺点：国际系统层次重视“森林”忽略“树木”，国家层次强调“树木”而轻视“森林”③。但总的来说，华尔兹的学术研究仍没有超出前面学者的思维模式，以《人、国家与战争》为例，他的学术思想来源主要

---

① 摩根索非常警惕社会科学中“单因论的谬误”，参见［美］汉斯·摩根索《国际纵横策论——争强权，求和平》，卢明华等译，上海译文出版社1995年版，第213—220页。早期的华尔兹在研究中既预防单因论，又突出了几个主要的自变量，可以看作对经典现实主义的发展。后期则“明知故犯”地滑入单因论，而且把静态结构当作了事实上的自变量，从而把结构现实主义带到了一片断崖前。

② ［美］肯尼思·华尔兹：《人、国家与战争》，倪世雄等译，上海译文出版社1991年版，第206页。

③ J. David Singer, “The Level-of-Analysis Problem in International Relations,” in Klaus Knorr and Sidney Verbaeds. *The International System*: *Theoretical Essays*, Princeton: Princeton University Press, 1961, pp. 77 -92.

是哲学、历史学、政治学、国际法，加上少量的心理学、经济学、人类学。尽管他的博士论文广受好评，再版的《人、国家与战争》又对博士论文做了改进，他仍然觉得书中阐述的理论不够严谨①。这显示他已经不满足于传统的国际政治研究方法，试图突破藩篱另寻出路了。学术创新需要鲜活的思想来源，在 20 世纪 50 年代兴起的行为主义浪潮的影响下，他也选择向科学哲学与自然科学借鉴。让人赞叹的是，他不急不躁，长考 20 年才推出风格全新之作。

身处相对后起的学科，国际关系学者借用其他学科的成果来建构新理论是必然选择。社会科学中，经济学、社会学相对“成熟”，即，较多地运用了自然科学的研究方法，自然成为有心走实证化道路的其他学科借鉴的对象。华尔兹、吉尔平、基欧汉、温特等人的理论都离不开对这两个学科理论的借用。当然，仅仅依靠这两个学科是不够的，社会科学领域各门学科之间的区隔没有自然科学领域那么明显，跨学科借鉴相对容易些。许多学者都是吸收多个学科的知识来搭建自己的理论框架。华尔兹在这一点上也相当突出，除了他原先熟悉的哲学、法学、历史学之外，他的系统思想借用了系统论、信息论、控制论，而他的结构思想则主要借用了涂尔干社会学、人类学、心理学、物理学、微观经济学的相关观点。

他在《国际政治理论》第 3、4、5 章集中阐述了自己的系统观和结构观，第 4、第 5 章又被收入《新现实主义及其批判》②。其中第 3 章侧重于系统理论与方法，第 5 章的靶心是政治结构，系统阐述了如何建立国际政治的结构理论。第 4 章是个过渡，先说明为什么必须建构系统理论③，接

① ［美］肯尼思·汤姆森：《国际关系中的思想流派》，梅仁等译，北京大学出版社 2003 年版，第 138 页。

② 被收入的还有第 1 章“规律与理论”，而在最后一章中，华尔兹对拉格、基欧汉、科克斯、阿什利等人的观点进行了回应。

③ Kenneth N. Waltz, *The Theory of International Politics*, New York: McGraw-Hill, Inc., 1979, pp. 60 – 67.

着谈什么才是国际政治的系统理论，但实际上是在分析他所认为的国际体系结构[①]，为第5章展开探讨他的政治结构概念做必要的铺垫。这几章中出现的“他山之玉”，多服务于他的系统和结构思想，所以，我们先分析一下华尔兹是如何品这些“玉”的。

5.1.1 华尔兹的系统观

华尔兹的系统观明显受系统论、信息论和控制论（通称“三论”）影响，从《国际政治理论》看，主要有贝塔朗菲、维纳、阿什比（W. Ross Ashby）、安亚尔（Andras Angyal）、纳德尔（S. F. Nadel）、沃兹拉维克（Paul Watzlawick）、史密斯（M. G. Smith）和巴克利（Walter Buckley）等人[②]。由于华尔兹引用的文献较早，很难找到后六位学者的原著。根据书中的相应引文，后六位的思想没有超出前三位“三论”代表性学者的视野。因此，可以根据前面介绍的系统论思想与系统诸特征来分析华尔兹的系统观。

华尔兹的系统观主要体现在第3章和第4章的前半部分。第3章是对罗斯克兰斯（Richard Rosecrance）、霍夫曼（Stanley Hoffmann）、卡普兰（Morton A. Kaplan）等三人系统观的批评与否定，他的观点大致是：（1）罗斯克兰斯描述的国际政治系统框架，显示其方法完全是还原主义的，他的系统只是给国际政治引入一个词汇（a source of vocabulary）罢了[③]。（2）霍夫曼的贡献是把系统设想为一种关系模式，且具有一个总体结构。结构则是影响统治者行为与国家运行的诸要素之集合，而正是

① Kenneth N. Waltz, *The Theory of International Politics*, New York: McGraw-Hill, Inc., 1979, pp. 67 – 78.

② Ibid., p. 40.

③ Ibid., p. 43.

这些行为与运行塑造（form）了前述关系模式①。他的结构既包罗万象又模糊不清，没有任何特定含义②。所以，他没能发展出一种理论，而只是展示了对系统方法的强烈献身精神。总之，其认知之敏锐与见识之深刻让人印象深刻，但他理论的微光始终粗糙而混乱③。（3）系统方法要求把结构视为这样的一个概念：它属于系统层次，但又能导致某些结果（causal impact）④。具有理论意义的是，如何对处于系统中不同部分、不同层次的因果力量进行定义、定位、衡量和连接⑤。卡普兰的六个系统显示，他未能发展出一些概念以便让难缠的国际政治材料适用于系统方法的框架⑥，却把变量间互动的集合当作系统，并用这种集合去解释变量的特征与互动⑦。因此，卡普兰建构国际政治系统理论的努力失败了⑧。

华尔兹的看法是，卡普兰所代表的一般系统论观点认为，系统是一个完全成熟的（full-blown）组织，依等级秩序排列，不同的部分执行着特定的功能，但国际政治并不是这么秩序井然、等级分明⑨。不过，华尔兹还是依照“与系统论和控制论相一致的方式”把系统定义为“一系列互动的单元。在一个层次上，系统由结构组成，结构是系统层次的组成部分，这显示单元构成了一个体系（a set）而不仅仅是个集合（collection）。在另一层次，系统由互动的单元组成。”“系统理论必须揭示这两个层次是

---

① Kenneth N. Waltz, *The Theory of International Politics*, New York: McGraw-Hill, Inc., 1979, p. 49.

② Ibid., p. 43.

③ Ibid., p. 49.

④ Ibid., p. 50.

⑤ Ibid., p. 50.

⑥ Ibid., p. 53.

⑦ Ibid., p. 56.

⑧ Ibid., p. 50.

⑨ Ibid., p. 59.

如何运作和互动的。”① 他的系统概念内涵清晰但有局限。

前面说过，系统具有整体性、开放性（目的性）、层次性（结构性）三大特征。国际系统是地球的顶级系统，与一般系统固然有所不同，但他走得太远了。他接受了整体性特征，可仅仅部分接受了开放性与层次性。就开放性而言，他接受的是：外环境对行为体的影响，但拒绝了行为体影响外环境的一面。就层次性而言，他区分了体系与单元两个层次，但封闭了单元内部的层次性（这是必要的），同时把单元对外功能从体系层次中排除了。这显示了他的系统观和结构观的局限性：仅仅研究在系统稳定、结构不变的情况下结构对行为体的影响。与多极均势论、霸权稳定论等理论一样，他的理论也属于波普尔所说的证实性研究，意在为冷战中的两极体系提供一张新版说明书罢了。但他的说明书精致而简约，适应美式实证主义大潮，因而成了学科新宠，引导着后来的理论研究趋势。

5.1.2 华尔兹的结构观

我们先考察他的结构观的来源，其中重点考察微观经济学与涂尔干社会学对他的结构观的影响②。然后分析他的结构观。

1. 华尔兹结构观的来源

社会学 华尔兹承认，在社会学家中，涂尔干对他的影响比较大。在《国际政治理论》的参考文献中，他只列出了1893年出版的《社会分

---

① Kenneth N. Waltz, *The Theory of International Politics*, New York: McGraw-Hill, Inc., 1979, p. 40.

② 他自己也承认在创立国际政治结构理论时，最大影响来自微观经济学中的市场理论和埃米尔·涂尔干，参见［美］罗伯特·基欧汉编《新现实主义及其批判》，郭树勇译，秦亚青校，北京大学出版社2002年版，第310页。

工论》①，而没有列出另外三本代表性著作：1895 年出版的《社会学方法的规则》②、1897 年出版的《自杀论——社会学研究》③ 和 1912 年出版的《宗教生活的基本形式》④。这个不足影响了华尔兹对涂尔干社会学思想的完整理解与把握，但没有到扭曲涂尔干主要思想的程度⑤。前面“社会学中的结构”一章对社会学家的分类显示，涂尔干经历了从经验主义者到理性主义者的转变。学界通常把 1900 年作为分界点。总的来看，作为社会学主义的代表人物，涂尔干的如下社会决定论思想早期就存在了：认为一切存在与现象的根源，都在“社会”⑥；社会现象（Fait Social）不

① ［法］埃米尔·涂尔干：《社会分工论》，渠东译，生活·读书·新知三联书店 2000 年版。

② ［法］埃米尔·迪尔凯姆：《社会学方法的规则》，胡伟译，华夏出版社 1999 年版。

③ ［法］埃米尔·迪尔凯姆：《自杀论——社会学研究》，冯韵文译，商务印书馆 1996 年版。

④ ［法］埃米尔·涂尔干：《宗教生活的基本形式》，渠东等译，上海人民出版社 1999 年版。

⑤ 也有作者批评他在创造理论过程中对涂尔干所用概念的误解误用，如约翰·巴克杜尔认为华尔兹对涂尔干社会分工论——尤其是对机械团结（mechanical solidarity）概念——存在严重的误解。其一，对于正常类型（normal form）社会，涂尔干的社会观强调道德因素，否定分工的发展将破坏社会团结，因为分工的发展将强化人们的相互依赖，从而使传统的机械团结被现代社会的有机团结（organic solidarity）所取代，而华尔兹在借用时将国际社会做了去道德处理，并认为国际社会始终处于机械团结状态，以此来构建自己的理论。其二，涂尔干的一大贡献是对反常（abnormal form）社会的研究，他把反常社会里的分工划分为三种类型：失范分工（anomic division of labor）、强制分工（forced division of labor）、不合作分工（uncoordinated division of labor），巴克杜尔认为，强制分工是国际体系的现实（best classified as an abnormal form of the division of labor），现在的国际关系乃是一种反常的国际体系（the international system as an abnormal form），不具有华尔兹所认为的机械团结，后者只存在于正常的社会（指秩序、正义、和平占支配地位的社会）。参见 John Barkdull，“Waltz，Durhkeim，and International Relations：The International System as an Abnormal Form”，*American Political Science Review*，Vol. 89，No. 3，Sep. 1995，pp. 669－680.

⑥ ［法］埃米尔·涂尔干：《社会分工论》，渠东译，生活·读书·新知三联书店 2000 年版，译者前言，第 1 页。

能用主观去理解，也不能用常识去推理，只能通过社会去解释，任何事物都必须在一定的场中表达，社会环境就是社会现象的场，一种社会现象只能通过其他社会现象来解释①，如自杀现象的解释，就有赖于环境、住地、婚姻、年龄等因素②。当然，这一思想有个展开的过程。

《社会分工论》是他的博士论文。与一般博士论文不同的是，涂尔干这时候已经成名，申请博士论文是在他被任命为法国首位社会学教授之后两年。因此，《社会分工论》阐述的社会学思想已经比较成熟，书中提出的许多概念很快就被广泛接受了，如社会团结、机械团结、有机团结、环节社会（“机械社会”）、分化社会（“有机社会”）、集体意识、功能等。他认为分工是社会团结的根源，而且使机械团结转变为有机团结。③ 不同于马克思的观点，涂尔干认为分工不是削弱了个性、把人变成不完整的人，恰恰相反，人格随着专业化的发展而发展起来了，其原因有二：分工使个人行为具有特殊目的和动力，这有助于个人人格的形成；机械社会里集体意识盖住了个人意识，而专业化则减弱乃至去除了集体意识对个人意识的压制④。

在《社会学方法的规则》中，他勾勒了社会学的研究对象和研究方法，把社会学的框架清晰化了。他也探讨了犯罪问题，认为不能把犯罪笼统地归结为不好的事情，犯罪不是社会的病态，而是社会整体健康的一部分，是不可避免的、正常的社会现象，有助于社会的进化。这不意味着纵容犯罪。承认犯罪是正常社会现象与惩罚罪犯是两回事，惩罚是必要的，不然的话，会鼓励犯罪⑤。

---

① ［法］埃米尔·迪尔凯姆：《社会学方法的规则》，胡伟译，华夏出版社 1999 年版，第 79—91 页。

② 同上书，译者前言，第 4—5 页，正文，第 112 页。

③ ［法］埃米尔·涂尔干：《社会分工论》，渠东译，生活·读书·新知三联书店 2000 年版，第 324—325 页。

④ 同上书，第 360—364 页。

⑤ ［法］埃米尔·迪尔凯姆：《社会学方法的规则》，胡伟译，华夏出版社 1999 年版，第 52—58 页。

《自杀论》进一步探讨了社会分工引起的社会失范问题。类似于对待犯罪现象，他反对把自杀看成病态和消极的，认为自杀是社会的正常现象，自杀率突然上升才是不正常的。自杀应该受到惩罚①。新教社区自杀率高于天主教社区的原因在于，天主教社会的整体性较强②，天主教徒较少自由思考③（受教育程度与自杀率成正比与此有关④）。至于英国与德国同属新教大国，自杀率却低于德国，个中原因在于，英国的圣公会整体化程度较高，也就是说，英国的宗教与天主教相似：宗教社会组织得较严密、教条和戒律较多，对教徒的影响较大⑤。这也支撑了另一个他的观点。以前的学者通常认为初民社会里个体比较依赖于团体，而根据他的逻辑，社会分工不是弱化，而是强化了个体对社会的依赖，无论是在物质上还是在精神上。从中我们可以看出他与韦伯不同，他强调的是社会对个人作用的维度。这一点在后期作品中更为明显。

《宗教生活的基本形式》从图腾制度出发探讨宗教生活的基本原理与命题⑥。强调宗教在社会构成和运作过程中的作用⑦，坚信科学思想不过是宗教思想的一种改进，科学和宗教的冲突仅限于某个有限的方面⑧。

从前面的介绍不难看出，涂尔干比较看重社会对个人影响的维度，他的社会决定论思想在社会学家中是比较突出的。这正是华尔兹建构体系理

---

① ［法］埃米尔·迪尔凯姆：《自杀论——社会学研究》，冯韵文译，商务印书馆1996年版，第347、350、352页。

② 同上书，第131页。

③ 同上书，第130页。

④ 同上书，第141—142页。

⑤ 同上书，第131页。

⑥ ［法］埃米尔·涂尔干：《宗教生活的基本形式》，渠东等译，上海人民出版社1999年版，编者说明，第2页。

⑦ ［法］埃米尔·涂尔干：《社会分工论》，渠东译，生活·读书·新知三联书店2000年版，译者前言，第2页。

⑧ ［法］埃米尔·涂尔干：《宗教生活的基本形式》，渠东等译，上海人民出版社1999年版，第565—566页。

论所需要的。不过，涂尔干的基本观点是："群体必须以个体为前提，个体也必须以群体为前提。"所以，一方面，社会在人类本性创生过程中起决定性作用；另一方面，社会中分离出来的更高的生活，"反作用于产生它的各种要素"①。从根本上说，这是一种互构的观点，后来被吉登斯等人继承和发扬。而华尔兹为了建构自己的理论，刻意强化了结构影响行为体的维度。

另外，华尔兹没有综合选用对立的社会学理论，只是选择涂尔干一个分支而放弃了韦伯、帕森斯与马克思，说明他建构理论的材料是偏颇的。可见，被认为科学化程度比较高的结构现实主义远不是客观中立的，肯定具有改进的余地，比如说，加入韦伯视野就是一种纠偏。这将是本书尝试着做的。

人类学 华尔兹选用的是列维－斯特劳斯1963年出版的《结构人类学》和M. G. 史密斯的两篇文章——《论裂变宗族制》《比较政治学中的结构方法》。由于没有找到史密斯文章的原文，这里只能分析列维－斯特劳斯的观点及其对华尔兹的影响。列维－斯特劳斯深受法国演绎理性思想的影响，对归纳法评价很低，认为其应用只能导致堆积数据、罗列关联②。他也认为否证性标准不适合于人类学③。在《结构人类学》一书中，他对归纳法的应用极为有限，强调结构主义的分析方法应该从经验层次上升到逻辑层次，即演绎推理层次，而英国人钟爱的"拉德克利夫－布朗式"的经验层面的结构主义在人类学研究中行不通，应用结构模型的研究方法必须使用

---

① ［法］埃米尔·涂尔干：《宗教生活的基本形式》，渠东等译，上海人民出版社1999年版，第583—584页。

② Kenneth N. Waltz, *The Theory of International Politics*, New York: McGraw-Hill, Inc., 1979, p. 4.

③ ［法］克洛德·莱维－斯特劳斯：《结构人类学（第二卷）》，俞孟宣等译，上海译文出版社1999年版，作者序，第2页。

演绎推理，最后再用实验来验证①。人类中存在的普遍的神话结构、古今人类思维方式上表现出来的稳定性显示了人性的永恒性。结构是一种在人类早期就定型了的思维模式，是人类社会活动的初始事实。认为结构先于社会和心理活动②。神话，与其他社会事实一样，是人类思维结构的外化。

华尔兹的主张跟他有相似性：认为理论可以被经验所检验，重视模型③，反对在国际政治学中使用证否标准，主张用设计苛刻的证实性检验④，觉得归纳与演绎对于构建理论是不够的⑤，理论是一幅思想性图画⑥，其构建需要灵感，以把原来不相干的事实联系起来，显示（show）为何一些现象的变化必然导致另外一些现象的变化⑦。

心理学　他引用的是古斯塔夫·勒邦（Gustave Le Bon）1896 年出版的《群体》（The crowd）一书中关于群体对个体影响的内容，强调一个心理学群体的功能：不管群体成员的生活方式、职业、性格、智力如何，相处的结果都会形成一种集体意识，从而改变个体感觉、思考与行动的方式⑧。华尔兹选择这本书大概是随机的，文献的代表性不强，没能从理论上解释：为什么群体一定会形成集体意识、这个集体意识与他想说明的结构影响是什么关系。罗列现象进行类比是必要的，但最好能阐明这种类比

---

① ［法］克洛德·莱维-斯特劳斯：《结构人类学（第二卷）》，俞孟宣等译，上海译文出版社 1999 年版，第 88—89 页。

② ［瑞士］让·皮亚杰：《结构主义》，倪连生等译，商务印书馆 1986 年版，第 78 页。

③ Kenneth N. Waltz, *The Theory of International Politics*, New York: McGraw-Hill, Inc., 1979, p. 7.

④ Ibid., p. 123.

⑤ Ibid., p. 11.

⑥ ［美］肯尼思·华尔兹：《国际政治理论》，信强译，上海人民出版社 2003 年版，中文版前言，第 14 页，正文，第 11 页。

⑦ Kenneth N. Waltz, *The Theory of International Politics*, New York: McGraw-Hill, Inc., 1979, pp. 9 - 10.

⑧ Ibid., p. 75.

的内在关联。

心理学可以分为许多流派，如内容心理学、意动心理学、构造心理学、机能心理学、精神分析、格式塔心理学、行为主义心理学、日内瓦学派、人本主义心理学和认知心理学①，这 10 个学派按研究对象可以分为两类：社会心理和个体心理。其中只有构造心理学、精神分析、人本主义心理学主要以个体心理为研究对象，可见社会心理学是大部分流派关注的对象。19 世纪末期的社会心理学主要是受冯特的内容心理学影响，现象学渗入心理学虽然是 19 世纪末期的事情，但在 1912 年格式塔心理学形成后现代社会心理学才算进入比较成熟的阶段。而罗斯（Edward A. Ross，1866—1951）1908 年出版《社会心理学》、麦独孤（William McDougall，1871—1938）1920 年出版《集体心理》也是社会心理学成熟的另外两个标志②。此后，社会心理学进入迅速发展期。研究个体心理的学派关注的是个体心理过程、特征等③，社会心理学则是关于同其他人相关的个体行为科学，涉及的是处于某种群体中的个人④，也可以说是所处场合、他人言词与行为等对某一个体的思想、感觉、态度所产生的影响⑤。根据这个定义，社会心理学至少有八个理论⑥，其中认知理论、相互依赖理论、社会文化理

① 车文博：《西方心理学史》，浙江教育出版社 1998 年版，第 664—667 页；费穗宇等主编：《社会心理学词典》，河北人民出版社 1988 年版，第 22 页。

② 刘恩久主编：《社会心理学简史》，江苏教育出版社 1988 年版，第 43—45 页。麦独孤 1908 年出版的《社会心理学导论》有着冯特式的个体化、生理化倾向，因此，尚不能算是真正的社会心理学著作。

③ 车文博：《西方心理学史》，浙江教育出版社 1998 年版，第 664—667 页；费穗宇等主编：《社会心理学词典》，河北人民出版社 1988 年版，第 22 页。

④ ［美］克特·W. 巴克：《社会心理学》，南开大学社会学系译，南开大学出版社 1984 年版。

⑤ ［美］艾里奥特·阿伦森等：《社会心理学（第五版）》，侯玉波等译，中国轻工业出版社 2005 年版，第 2 页。

⑥ ［美］S. E. 泰勒等：《社会心理学（第十版）》，谢晓非等译，北京大学出版社 2004 年版，第 4—12 页。

论都可以用于解释群体对个体的影响。认知理论将整体观点（格式塔观点）应用于社会心理学，认为社会环境是个心理场（psychological field），行为既受个体特征影响，也受个体所感知的社会环境的影响①。社会文化理论则分析了特定文化或社会背景下的行为是如何发生的②。

物理学　牛顿以后，物理学通常是社会科学研究者的主要灵感源泉之一。华尔兹也跟上了这个节拍，他认为结构和物理学中的力场相似，场内互动具有场外互动所不具有的特性（properties），因为场影响物体（objects），故而物体也对场产生影响③。他的系统和结构观试图阐述修昔底德以来国际生活性质的惊人雷同④，所以，他强调的是系统与结构稳定的一面。场所具有的稳定不变特征正符合他的需要。在物理学与格式塔心理学中，场被视作瞬间涌现出来的东西，研究者根本不研究场产生的过程及其意义。这一点也被华尔兹继承了。就像把国家黑箱化以便利研究一样，研究结构者通常都是先研究现成的结构。这么做是可以的，但应该注意到，这仅仅是结构研究中的一站。

经济学　经济学可以分为宏观经济学与微观经济学两大类，约翰·梅纳德·凯恩斯（John Maynard Keynes，1883—1946）开创的现代宏观经济学着眼整个国民经济活动的分析⑤，也可称之为总量经济分析或总体经济

① ［美］S. E. 泰勒等：《社会心理学（第十版）》，谢晓非等译，北京大学出版社2004年版，第6页。

② 同上书，第8—10页。

③ Kenneth N. Waltz, *The Theory of International Politics*, New York: McGraw-Hill, Inc., 1979, p. 73.

④ Ibid., p. 66.

⑤ 也有人把宏观经济学的产生追溯到比斯密更早的威廉·配第，但这属于学科史讨论的问题，与我把凯恩斯列为现代宏观经济学的开创者不矛盾。另外，宏观经济学与微观经济学“两张皮”的现象曾广受批评，主要原因在于宏观经济学缺乏微观基础。但现在已经出现了二者交流的倾向，如一些微观经济学工具被用于分析通货膨胀等属于宏观经济学领域的问题。参见厉以宁《宏观经济学的产生与发展》，湖南人民出版社1997年版，第11页；［美］保罗·萨缪尔森、威廉·诺德豪斯《宏观经济学（第十六版）》，萧琛等译，华夏出版社1999年版，第3页。

分析；亚当·斯密开创的微观经济学则着眼分析单个经济单位如产商或消费者的经济活动，也研究单个市场的经济现象，因而，可以称为个量经济分析或个体经济分析①。斯密认为市场具有优化资源配置的效率特征，并指出经济利益来源于个人的自利行为②。换句话说，斯密对市场持一种理想主义的观点，把它当作一只“看不见的手”，在这只手的调控下，个体追求自己利益的结果反而增进了社会整体的福利③。他的结论显示，计划经济不可能通过市场优化资源配置。因而，合乎逻辑的结果是，斯密主张最小政府、认为政府的作用限于充当市场的守夜人。他的观点一直是西方

① 张培刚：《微观经济学的产生和发展》，湖南人民出版社 1997 年版，第 1—2 页。

② ［美］保罗·萨缪尔森、威廉·诺德豪斯：《微观经济学（第十六版）》，萧琛等译，华夏出版社 1999 年版，第 3 页。

③ ［英］亚当·斯密：《国民财富的性质和原因的研究（上卷）》，郭大力等译，商务印书馆 1981 年版，第 12—16、24—43、345—349 页；［英］亚当·斯密：《国民财富的性质和原因的研究（下卷）》，郭大力等译，商务印书馆 1981 年版，第 24—43 页。斯密在著作中三次提到“看不见的手”（invisible hand）。由于他对自己的著作多次进行过修订，因此三次之间的顺序无法确定，但含义有所差别。（1）一次是在《天文学》III2 中分析早期宗教时提到，朱庇特的“看不见的手”使重的物体下降、轻的物体上升，这里的含义似乎是指自然规律。（2）一次是在《道德情操论》中，认为富人在“看不见的手”的引导下，对雇工进行一种与土地平均分配情况下相同的生活必需品分配，雇工因而得以分享他享用不完的劳动成果，从而在无形中增进了社会利益，这里似乎指人对生活必需品的享用是有限的，富人为了进一步追求财富不得不考虑雇工的合理生活需求，但斯密这里的逻辑推论不够严密，故其用法的内涵不确切。核对英文版第 246 页，也没有新的收获。这里暂且存疑。（3）还有一次则是在论及自由贸易的必要性时，认为生产者的本意不是促进公共利益，但受“看不见的手”的指导，追求自己利益的行为往往比存心服务社会更能促进社会利益，贸易不过是个体交换范围的扩大，因此同样有利于各个参与方。这里似乎指的是市场机制的作用，后人通常是在这一意义上使用他的这一概念。分别参见［英］亚当·斯密《道德情操论》，蒋自强等译，商务印书馆 1998 年版，译者序言，第 17 页，第 230 页；［英］亚当·斯密《国民财富的性质和原因的研究（下卷）》，郭大力等译，商务印书馆 1981 年版，第 27 页。Adam Smith, *The theory of Moral Sentiments*, the sixth edition, London: A. Millar, 1790, p. 246。

经济学的主流，在欧洲被称为自由主义而在北美尤其是美国则改名保守主义①。凯恩斯理论的实施是从宏观角度对斯密观点的重大修正②，但在微观基础上对这种修正给出合乎逻辑解释的则是曼瑟尔·奥尔森（Mancur Olson）③，而卡尔·波兰尼（Karl Polanyi）更试图论证，市场经济（体系）根本不是自然天成的，而是在政府的精心培育下才逐渐形成的④。凯恩斯主义闪亮登场并被广泛实施后，已经没有经济学家会幼稚地认为市场经济是完美的了，即使哈耶克那样的19世纪古典自由主义的推崇者，也主要是基于“演化理性”优于“构建理性”的经验总结，其主张不是无政府或最小政府，而是有效政府⑤。

作为社会科学领域受自然科学影响程度最高的学科，经济学自然也是别的学科借宝的对象。华尔兹明显借用了微观经济学的一些概念、思路和

① 自由主义的内涵包罗万象，这里说的是，美国政治上持保守主义态度者常常信奉经济自由主义，这正是欧洲尤其是英国政治自由主义者的经济主张，所以，美国的保守主义者会对欧洲的自由主义者哈耶克青睐有加。参见［英］弗雷德里希·奥古斯特·哈耶克《自由宪章》，杨玉生等译，中国社会科学出版社1998年版，第576页；［意］圭多·德·拉吉罗《欧洲自由主义史》，杨军译，吉林人民出版社2001年版，第30—47、87—107页；张睿壮《保守主义的渊源及其在美国的演进》，载任晓等主编《保守主义理念与美国的外交政策》，生活·读书·新知三联书店2003年版，第1页。

② 凯恩斯主张的依据是：市场机制是有缺陷的，政府干预有助于克服或减小市场的弊端，1929—1933年的大危机就是例证，他主张通过创造有效需求来刺激经济来增加就业。凯恩斯经济学可以被看作对罗斯福新政的理论说明，而罗斯福新政也可被看作凯恩斯主义的成功实践，参见［英］凯恩斯《就业、利息和货币通论》，徐毓枬译，商务印书馆1983年版；王健《当代西方经济学流派概览》，国家行政学院出版社1998年版，第177页。

③ 他的核心观点是：除非一个集团中的人数很少，或者除非存在强制或其他某些特殊手段以使个人按照他们的共同利益行事，有理性的、寻求自我利益的个人不会采取行动以实现他们共同的或集团的利益，参见［美］曼瑟尔·奥尔森《集体行动的逻辑》，陈郁等译，生活·读书·新知三联书店1995年版，第2页。

④ Karl Polanyi, *The Great Transformation*, Boston: Beacon Press, 1957.

⑤ ［英］弗雷德里希·奥古斯特·哈耶克：《自由宪章》，杨玉生等译，中国社会科学出版社1998年版。此书可以看作作者对自己25岁时皈依的自由主义的系统阐述，里根与撒切尔的经济政策或许可以看作哈耶克经济主张的实践。

理论。在他看来，微观经济学解释的是，自利的行动、个体单元（这里指公司和个人）之间的互动怎样自发造就了秩序①。这体现的是完全竞争市场，但这不是他关注的重点。一般认为他借鉴了寡头垄断理论。这与他重视国际体系中大国作用的偏好相吻合。这里又显示了个人偏好在他理论建构过程中的作用。偏见和片面与理论创新如影随形，但这一现象也给理论发展预留了空间。那么，华尔兹借用的寡头垄断理论在经济学中处于什么地位呢？

经济学上从卖者的角度把市场分为两类：完全竞争市场与不完全竞争市场。完全竞争市场状态下，企业众多，单个企业占有的市场份额很小，企业都只是市场价格的接受者②。

不完全竞争市场可以分为单一垄断、寡头垄断和垄断竞争三种。（1）单一垄断即独占，或叫完全垄断，即市场由单一卖者完全控制。我们平常所说的垄断就是指这种情形，对应的英文单词为 monopoly③，来自希腊语中的“单一”和“卖者”两个词。例子如专利期内的新药、获得特许经营权的自来水公司等④。（2）寡头垄断是指由少数卖者控制或把持市场的情形，通常是 2—15 个，其特征是每个企业都可以影响市场价格。英文对应单词为 oligopoly，来自希腊语的“少数”和“卖者”两词。例子如航空业与汽车业⑤。其中双头垄断（duopoly）来自 1838 年的古诺

---

① Kenneth N. Waltz, *The Theory of International Politics*, New York: McGraw-Hill, Inc., 1979, p. 89.

② ［美］保罗·萨缪尔森、威廉·诺德豪斯：《微观经济学（第十六版）》，萧琛等译，华夏出版社 1999 年版，第 111 页。

③ 罗宾逊夫人还注意到了买方单一垄断即 monopsony 的情形，分析了买方垄断在劳动剥削中的作用，参见张培刚《微观经济学的产生和发展》，湖南人民出版社 1997 年版，第 158—159 页。

④ ［美］保罗·萨缪尔森、威廉·诺德豪斯：《微观经济学（第十六版）》，萧琛等译，华夏出版社 1999 年版，第 127 页。

⑤ 同上；［美］埃德温·曼斯菲尔德：《微观经济学（第九版）》，黄险峰等译，中国人民大学出版社 1999 年版，第 338—341 页。

模型[①]。(3）垄断竞争（monopolistic competition）与完全竞争的相似之处在于买者与卖者众多、进入和退出产业是自由的、各个企业都把对手的价格视作既定；不同之处则是企业销售的是差异产品，这些差异各种各样，从质量、颜色、大小、商标到服务[②]。如汽油零售业、电脑业。

从斯密到马歇尔，经济学立论都包含两个前提：完全竞争与充分就业[③]。但是，完全竞争市场不是经济生活的现实，只是一种理想模型，是不完全竞争的一种极端状态，完全竞争的结果很可能是利润率趋于零。单一垄断则是不完全竞争的另一种极端形式，完全消除了竞争，边际收益等于边际成本。这通常只能是短期内存在，如新药在保护期内[④]。寡头垄断的发生率介于上述两种极端状态与垄断竞争状态，不是非常少见，但远远没有垄断竞争那么普遍和具有代表性。寡头垄断理论认为寡头具有勾结的动机，因为可以避免恶性竞争、提高利润、降低经营风险。在反垄断法实行之前，这或许是事实。但现在已经不具有合法性，而且寡头之间存在强烈的互相欺骗动机，这使好不容易达成的共谋协议缺少稳定性[⑤]，因此现在寡头共谋已经比较少见，常常被当作卡特尔范例的欧佩克组织，成员国不完全执行配额也是常事。也有人认为勾结是变少了，但寡头产业仍然相对普遍[⑥]。不过，学者普遍同意，垄断竞争或不完全竞争（imperfect com-

---

① 张培刚：《微观经济学的产生和发展》，湖南人民出版社 1997 年版，第 381—385 页。

② ［美］保罗·萨缪尔森、威廉·诺德豪斯：《微观经济学（第十六版）》，萧琛等译，华夏出版社 1999 年版，第 127、142 页。

③ 张培刚：《微观经济学的产生和发展》，湖南人民出版社 1997 年版，第 124 页。

④ ［美］保罗·萨缪尔森、威廉·诺德豪斯：《微观经济学（第十六版）》，萧琛等译，华夏出版社 1999 年版，第 127、133 页。

⑤ ［美］埃德温·曼斯菲尔德：《微观经济学（第九版）》，黄险峰等译，中国人民大学出版社 1999 年版，第 343—346、368—369 页。

⑥ ［美］保罗·萨缪尔森、威廉·诺德豪斯：《微观经济学（第十六版）》，萧琛等译，华夏出版社 1999 年版，第 127 页。

petition）才比较接近现实①。1933年张伯伦发表《垄断竞争理论》、罗宾逊夫人发表《不完全竞争经济学》就是对上述思想的系统论证②。也就是说，经济学家们在20世纪30年代就清楚地意识到，少数卖家通过供应相同产品把持或控制市场是少见的，市场的真实情形通常是，众多卖家通过供应差异产品（即张伯伦所说的产品群，product group）来占领市场③。产家数量多，且产品非常丰富，每一种产品细节上是独特的，功能上又是可代替的，所以，产品既是垄断的又是高度竞争的，体现了垄断和竞争的双重特性，这是垄断竞争不同于垄断与竞争之处。

从上述分析我们知道，寡头垄断在经济学中不是最有代表性的现象，相应地，寡头垄断理论的意义也就受到限制，甚至被质疑和修正，古诺的双寡头垄断理论即是如此④。

古诺模型显示的是：（1）假定生产相同产品的两个产商，他们具有相同的成本函数，明白自己的需求曲线，并认定为线性；（2）假定两产商都谋求利润最大化；（3）双方都假定，无论某一方产量如何，另一方都保持现有产量不变。于是，在把对方产商的产量视为给定的情况下，每个产商都会全力以赴进行生产，结果是双方在产量相同的点上实现均衡。这一产出低于完全竞争时而高于完全垄断时。这其实就是一种纳什均衡，但未能解释产商走向均衡的方式⑤。问题在于，纳什均衡属于完全静态信

---

① 张培刚：《微观经济学的产生和发展》，湖南人民出版社1997年版，第257页；［美］保罗·萨缪尔森、威廉·诺德豪斯：《微观经济学（第十六版）》，萧琛等译，华夏出版社1999年版，第125页。

② 张培刚：《微观经济学的产生和发展》，湖南人民出版社1997年版，第126—127页；［美］保罗·萨缪尔森、威廉·诺德豪斯：《微观经济学（第十六版）》，萧琛等译，华夏出版社1999年版，第142—143页。

③ ［美］埃德温·曼斯菲尔德：《微观经济学（第九版）》，黄险峰等译，中国人民大学出版社1999年版，第328页。

④ 同上书，第338—341页。

⑤ 同上；张培刚：《微观经济学的产生和发展》，湖南人民出版社1997年版，第383页。

息博弈，至少存在如下三个问题：一个博弈中存在一个以上的纳什均衡，无法判断哪一个纳什均衡会发生；把对手策略视为给定因素，这在动态博弈下是不成立的；纳什均衡允许了不可置信的威胁的存在，这种威胁实际上不起作用，应该予以剔除①。

这里，我们可能高估了华尔兹对垄断理论的接受程度，他把市场体系结构分为垄断、双头垄断、寡头垄断和竞争性四类显然欠妥②。从参考文献看，华尔兹并未受到博弈论的明显影响，他关注的是传统的寡头垄断理论。经济学家中，他引用了斯密、马尔萨斯、凡勃伦、凯恩斯、熊彼特、菲尔纳（William Fellner）和威廉姆森（Oliver Williamson）等人的观点③，从文中重点涉及经济学的内容④，可看出他对寡头垄断现象的偏好⑤，但他对寡头垄断现象运用于政治领域后造成的后果持矛盾的观点：有时认为这是非合作博弈，无法达成共谋，因为国家关心的安全问题只能靠自己⑥；有时又认为这是合作博弈，小数目系统的优点使竞争者容易互相学习、互相习惯、达成协议、实施协议，以至于“生活变得更为可预测了”⑦。

华尔兹显然无意强调公司对市场结构的影响，因为这与他的理论目标相背。他关注的是市场对行为体行为的影响，而不是行为体互动及其对结

---

① 张维迎：《博弈论与信息经济学》，生活·读书·新知三联书店1996年版，第22—23页；张培刚：《微观经济学的产生和发展》，湖南人民出版社1997年版，第403页。

② 基欧汉与奈也以讹传讹地接受了华尔兹的分类，参见［美］罗伯特·基欧汉、约瑟夫·奈《权力与相互依赖（第三版）》，门洪华译，北京大学出版社2002年版，第22页。

③ ［美］肯尼思·华尔兹：《国际政治理论》，信强译，上海人民出版社2003年版，第27、36、119、139、140、233页。

④ 同上书，第101—104、119—122、139—140、233—234页。

⑤ 同上书，第139—140、233—234页。

⑥ Kenneth N. Waltz, *The Theory of International Politics*, New York: McGraw-Hill, Inc., 1979, pp. 105 - 106.

⑦ Ibid., p. 173.

构的影响，所以，他把行为体行为从结构中排除，结果，他的（国际体系的）结构成了无源之水。他创立了结构现实主义，同时把它推到了顶点，没有给后来者进一步发挥的空间。事实上，他之后的国关理论发展都是通过捡起行为体互动这一因素来取得的。学科内外的理论进展显示，华尔兹的静态结构观进入了死胡同。那么，他是如何走到这个死胡同中去的呢？

2. 华尔兹对结构的描述

华尔兹觉得，到20世纪70年代，结构概念已经因滥用而不具有特定含义了，但他还是从中辨别出了该词的两种重要意义①。第一种是指一种平衡机构（compensating device）：无论输入如何变化，输出的结果都一样。他举的例子之一是肝脏，人无论摄入什么食物饮料，肝脏总能让血糖水平保持在一定范围内②。这种结构是在系统内起作用的行为体（agent）或装置（contrivance）。但他想借用的是另一种：也能够将结果（outcomes）控制在一个狭小的范围内，但适用于更大的系统内；是像经济市场那样的选择器（selector），但不是行为体；它不是实体，而是一系列约束条件。作为约束条件的结构怎么发挥作用呢？不是像上述行为体和装置那样直接发挥作用，而是通过奖励某些行为体（behaviors）惩罚某些行为体来实现选择，这包括两种机制：社会化与竞争，社会化是通过建立一些规范（norms）来限制和塑造（limits and molds）行为，竞争则是通过建立

---

① 本段内容总结自：Kenneth N. Waltz，*The Theory of International Politics*，New York：McGraw-Hill，Inc.，1979，pp. 73－78。

② 医生们会觉得华尔兹的例子过于简略且片面，血糖上升和下降的原因是多方面的，而对血糖水平的控制需要身体内多系统协作，胰腺、肝脏、脂肪、肌肉都参与血糖调节的不同环节。准确的表述应该是：肝脏等若干器官协同作用，让血糖保持在一定范围内。我认为，从医学角度而言更恰当的例子可能是肾脏：无论人体摄入的食品饮料如何变化，排除的尿液成分都相对稳定。这里，肾脏是一种起调控产出物（outcomes）的平衡机构，符合华尔兹的原意，也正是生物学、建筑学等实体结构的含义。感谢福建医科大学附属第一医院严孙杰、蔡洪斌两位主任在这一问题上提供的专业意见。另外，关于体内血糖的调节机制，可参见陈灏珠主编《内科学（第四版）》，人民卫生出版社1999年版，第716—743页。

秩序（generates an order）来调节行为体之间的关系，或通过行为结果（consequences）来校正行为体行为①。竞争和社会化都导致行为体特征（attributes）和行为的相似性。

前面关于系统和结构的研究结论为他建立自己的国际政治体系理论奠定了基础。接下来是将这些研究结论应用于理论建构。他对国际政治现象进行抽象和剥离，提取出建构科学的、体系层次的国际政治理论所需要的核心元素：国际体系、体系结构、单元，然后以这三个概念为核心构建他所认为的真正的体系层次的国际政治理论，其中也体现了他的结构观。他在《国际政治理论》和《新现实主义及其批评者》中表达的国际政治的系统观与结构观大致是以下几方面。

（1）把体系层次列为研究的重点，觉得这是以往没有被充分挖掘的领域，只有暂时“悬置”国家和个体两个层次，才能建立真正的国际政治的体系理论。用肯尼思·汤姆森的话来说，华尔兹志在“构建一种以国际安全环境结构为基础的有条理的演绎性理论”②。其实，在《人、国家与战争》中他就意识到，强调一个意象（image）常常会歪曲另外两个意象，但为了说明第三意象所造成的结果，强调第三意象又是必要的③。

（2）确定了研究的层次之后，对国际政治的行为体进行剥离：先剥离掉非国家行为体，再剥离掉中小国家，数量有限的大国因而成为他的体系理论的行动单元。于是，在他眼中，国家一般就是指大国。

（3）因为国际社会处于无政府状态，这是不同于国内的无等级社会，有一定的秩序但没有合法政府来处置争端，因此国家最重要的功能必须是

---

① Kenneth N. Waltz, *The Theory of International Politics*, New York: McGraw-Hill, Inc., 1979, pp. 75－77.

② ［美］肯尼思·汤姆森：《国际关系中的思想流派》，梅仁等译，北京大学出版社2003年版，第136页。

③ ［美］肯尼思·华尔兹：《人、国家与战争》，倪世雄等译，上海译文出版社1991年版，第196页。

生存——严格地说，是自我生存，因而国家变成类似单元（like units）：功能相似，高度重视安全①。

（4）力量均衡（均势）的实现意味着安全，故无政府状态下的国际系统具有自均衡倾向②。国家为了自身安全不得不结盟，结盟的对象取决于实现均势的需要。盟友的变化不是结构的变化，也不是系统的变化③。在两极体系下，盟友的作用弱化，两极主要依靠自身的总体实力实现了均势，这是一种最稳定的均势④。

（5）国际体系包括结构和单元两个部分。第三意象就是结构，就战争而言，其他两个层次上的战争根源都是在这一结构内起作用⑤。推而广之，体系的结构可以被简化为国家能力的分布⑥。在这里，国家能力或国家总体实力至关重要，经济实力虽然是基础，但军事实力在国家实力中占有最重要的地位。于是，国际政治变成了“比块头大”游戏，国际政治的体系结构也就变成了国家的权力分布，或叫力量分布⑦。

---

① Kenneth N. Waltz, *The Theory of International Politics*, New York: McGraw-Hill, Inc., 1979, pp. 91, 93.

② Ibid., chapter 6.

③ Ibid., pp. 98 – 99.

④ Ibid., chapter 8.

⑤ [美] 肯尼思·华尔兹：《人、国家与战争》，倪世雄等译，上海译文出版社1991年版，中文版序言，第2页。

⑥ Kenneth N. Waltz, *The Theory of International Politics*, New York: McGraw-Hill, Inc., 1979, pp. 99 – 101.

⑦ 秦亚青：《权力·制度·文化——国际关系理论和方法研究文集》，北京大学出版社2005年版，第16页。把华尔兹的distribution of capabilities理解为distribution of power无疑是个洞见，但他把distribution翻译为“分配”却值得商榷，在我看来，翻译为“分布”可能更接近华尔兹的原意。原因有二：分配通常指过程，而分布指的是状态；华尔兹是静态的结构主义者，他关注的是静态的结构对行为体行为的影响，而不关心结构的产生与变化。吴征宇博士在这个问题上是我的同盟者，他在专著中也用了“分布”的说法。参见吴征宇《肯尼思·华尔兹国际政治理论研究》，当代世界出版社2003年版，第146—152页。他把power译为“权势”也很传神，值得推广，但本书依然采用了权力这一较为通用的译法。

5.1.3 对华尔兹结构观的评析与笔者的结构主张

《国际政治理论》明显不同于《人、国家与战争》，是新现实主义的标志性作品。虽然他认为“没有任何形容词修饰的现实主义是最好的”①，但他确实导致新现实主义取代经典现实主义，而且很大程度上使结构现实主义成了新现实主义的代名词②。

爱因斯坦概括了科学的两大特征：强调形式逻辑和因果关系。这在华尔兹的理论中得到了较好的体现。而且，与前人相比，他的理论变量少、变量关系清晰，体现了科学理论的简洁性。由此，他建立起了自己的体系层次的国际政治理论。对他的理论批评之声从未断绝，但却没人能够把他驳倒或建立新理论框架取而代之。而且，现实情形好像是由他发出了一道“结构化指令”，使国际关系理论界进入了“结构的时代”，要建构新理论就必须给予体系的结构以足够的重视。现实主义者大声喝彩后，大多数接受了他的结构观；新自由制度主义者如基欧汉在抗拒一阵后，情不自禁借用他的结构观来完善自己的理论框架；建构主义者如温特和菲尼莫尔虽然在本体论上自创天地，却也用他的结构观，以使自己的理论实证化、主流化。可见，秦亚青把这种结构化效应称为“华尔兹效应”（Waltz effect）

---

① ［美］肯尼思·华尔兹：《国际政治理论》，信强译，上海人民出版社 2003 年版，中文版前言，第 20 页。

② 从重视权力到重视安全，把权力视作手段，这可以视作新现实主义的最低共性。但现实主义者对华尔兹“结构化”国际体系的努力并不一致赞成，吉尔平大致接受了他的结构观，但提出了三点保留，斯特兰奇则提出了自己的结构观。参见［美］罗伯特·吉尔平《世界政治中的战争与变革》，武军等译，中国人民大学出版社 1994 年版，第 91—98 页；［英］苏珊·斯特兰奇《国际政治经济学导论——国家与市场》，杨宇光等译，经济科学出版社 1990 年版，尤其是第二篇。

是有道理的①。

无人可以否认他的理论的重大价值，但他的理论不可避免地存在一些局限。对他的批评持续了20多年，作品汗牛充栋，但很少能超过《新现实主义及其批评者》。他似乎已经厌倦了缺乏新意与建设性的批评意见了②。但他的厌倦没能阻挡后学们的热情，《国际政治理论》的标杆地位注定了国际关系理论学者在学术探索的道路上必须在他那儿"磨磨刀"。本研究不敢说"新意盎然"，但肯定是呕心之作，也相信有一定价值。

理论发展有赖于对既有理论的不断反思。本书尝试超越现有对华尔兹理论林林总总的批评，提出自己的新观点。

（1）从科学哲学的角度看，他的研究属于证实性研究，他也承认，对相对稚嫩的国际关系理论，只能用严格选择的案例（hard cases）来检验③。但证实性标准其实是不得已而为之的选择，波普尔的证否标准比实证标准进了一步，而拉卡托斯的科学研究纲领更成为判定科学进步的原则。对于案例稀少的国际体系研究，用什么来检验理论是个久远的难题。这提示我们社会科学向自然科学方法靠拢的前景并不明朗，有必要寻找别的检验与判断标准。

（2）他在理论建构中选材（即借用相关学科理论）时带有过于强烈的个人偏好，这使他远离了韦伯所说的学术研究应该遵循的相对价值中立。结果导致他的理论所能解释的现象大大减少。

（3）他的结构观是矛盾的：首先，既说结构本身不能直接导致某种

---

① ［美］彼得·卡赞斯坦等编：《世界政治理论的探索与争鸣》，秦亚青等译，上海人民出版社2006年版，译者前言，第12页。

② 他指导的学生张睿壮教授就多次说过，华尔兹从来拒绝在电子邮件中跟他谈结构问题。

③ Kenneth N. Waltz, *The Theory of International Politics*, New York: McGraw-Hill, Inc., 1979, p. 123.

结果①，又说结构可以决定结果②。其次，他心目中的结构就像物理学中的场③，是瞬间形成的，这里的结构是针对所有行为体的一系列约束条件；而当他说两极结构最稳定时，结构指的是两个超级大国之间的对立关系。最后，当他解释社会化概念时，有时指两个行为体之间的互相影响，有时指青年着装受周围同龄人的影响，有时又指领袖与英雄的影响，还指团体对成员的影响④。可见，他的社会化包含了从决定性影响到轻微影响的广泛光谱。而且，他的竞争概念既指寡头垄断状态下的市场竞争，又指一般状态下的竞争。这多种多样的社会化与竞争能说明什么问题呢？包罗万象的解释等于什么也没解释。

既然他有时候主张结构不是直接发挥作用，有时候又主张结构决定结果，结构甚至具有因果效应⑤，那么，学者们根据其总体倾向认为他主张结构决定行为及其结果⑥也说得过去。他批评卡普兰把因变量变成了自变量⑦，自己却把一个干预变量当作自变量，至少是准自变量⑧。他绝对不敢承认自己的结构仅仅是个干预变量，这与他弱化行为体、强化结构作用的主旨相悖，可能导致他的理论大厦坍塌。我认为，干预变量就是干预变量，在他那

---

① Kenneth N. Waltz, *The Theory of International Politics*, New York: McGraw-Hill, Inc., 1979, p. 74.

② Ibid., p. 78.

③ Ibid., p. 73.

④ Ibid., p. 75.

⑤ Ibid., pp. 58, 76, 94.

⑥ 秦亚青：《权力·制度·文化——国际关系理论和方法研究文集》，北京大学出版社2005年版，第39页；信强：《结构现实主义方法论批判》，博士学位论文，复旦大学，2002年。

⑦ Kenneth N. Waltz, *The Theory of International Politics*, New York: McGraw-Hill, Inc., 1979, pp. 52, 58.

⑧ 他强调结构的选择作用，并主张结构要体现因果性（causal impact），参见Kenneth N. Waltz, *The Theory of International Politics*, New York: McGraw-Hill, Inc., 1979, pp. 50, 73。

里还是一种被弱化了的干预变量，因为他剔除了进程因素。这里通过表5—1、表5—2来进一步分析他的结构观的不足。

表5—1　　国际系统分析之一（可能的一般观点）

层次	属性	作用
世界政府	行动单元或行为体	自变量
国际社会与世界社会	行动单元所处的环境	干预变量
国家	行动单元或行为体	自变量
国内社会	行动单元所处的环境	干预变量（多数观点） 自变量（少数观点）
个体	行动单元或行为体 （包括角色与个人两类）	自变量

表5—2　　国际系统分析之二（华尔兹的观点）

层次	属性	作用
世界政府	行动单元或行为体	自变量
国际社会与世界社会	华尔兹的结构（机械社会）	准自变量
国家	行动单元或行为体	自变量
国内社会	涂尔干的结构 （机械社会与有机社会）	干预变量（早期） 自变量（后期）
个体	行动单元或行为体 （包括角色与个人两类）	自变量

在展开分析之前，针对上述两个表格有几点需要说明。

（1）国际体系、国家体系、世界体系等概念意味着整体性的系统，在宇宙系统中代表地球层次。上述表格探讨地球内部问题，因此这几个概念不能列入两表中的任何层次。

（2）涂尔干认为，个体通过社会团结而组成社会。在社会分工程度较低的社会里，个体彼此相似，可替代性强，个体之间的依赖较弱，体现的是机械团结（mechanical solidality），他把这种社会称为环节社会，本书则用更为形象的“机械社会”一词；在社会分工程度较高的社会里，个体分化明显，像人体的器官（organ）那样互相之间高度依赖，体现的是有机团结（organic solidality），他称这种社会为分化社会，本书则用“有机社会”一词。

（3）前文说过，通常以1900年为界，把涂尔干的作品分为前后两期。《自杀论》是1897年作品，研究的是有机社会中的社会事实：新教社区自杀率高于天主教社区。他的结论是：新教不像天主教那样非常整体化①。《宗教生活的基本形式》是1912年出版的作品，研究的是机械社会中的社会事实，比前期更加强调社会对人的行为的决定作用。他研究机械社会是受自然科学研究的启发：科学家研究最原始的生物所获得的真理，可以适用于一切生物，因此，研究初级社会中的宗教观念，可以获得“一些最具普遍性的研究成果”，适用于其他宗教。这里，清楚显示出涂尔干身上的孔德痕迹和逻格斯主义倾向：社会现象是社会实在②，具有普遍规律，可以用自然科学方法来加以研究；不仅存在某些原初形成后保持恒定不变的社会事实，而且这些社会事实始终在强烈地影响乃至决定人的行为。

（4）列维－斯特劳斯也坚持逻格斯中心主义，但认为人类很早（如果不是从来就有的话）就形成了一种潜在的思维模式，这是一种基础结构，社会事实或社会现象不过是思维模式的展开，所以才有他颠倒了涂尔干的结构观之说③。但两人分别悬置原初社会事实与基础结构的来源，将之当作学术研究的起点，有点类似于逻辑学中的排中律、同一律、矛盾律

---

① ［法］埃米尔·迪尔凯姆：《自杀论》，冯韵文译，商务印书馆1996年版，第131页。

② 所以本书在同等意义上使用社会事实与社会现象，它们都对应着涂尔干的fait social概念。

③ ［美］乔纳森·特纳：《社会学理论的结构（下）》，邱泽奇等译，华夏出版社2001年版，148、150、157页。

等三个基础定律。这是一个缺憾。我认为，基础结构之前的前结构可能是个体智能或个体精神，相当于皮亚杰的“动作的普遍协调作用”①，至此无法再往前追溯，但前结构不属于社会现象。到了原始宗教出现时期，则已经是一种社会事实，同时是基础结构和潜在的思维模式。因此，两人的差异可能并不是那么大，不是截然对立，而是有交集的。

根据上述表5—1的排列框架，很容易发现，世界政府、国家、个体是三个层次的行为体，是动作的发出者，可以充当自变量。而国内社会、世界社会与国际社会都是行为体互动中构建起来的一个环境。道理很简单：只要有行为体就会有环境，行为体消失则环境也不存在了。而在没有大规模群体组成的国内社会的古代，人类照样能够生存。由此类推，国家也可以没有国际社会或世界社会而维持存在，当代一些封闭国家的存在就是佐证。

在这里，环境是关系的总和，结构只是行为体活动的背景或环境②。它通常只能规定行为体不能做什么、允许行为体有某些选择，即，限制或鼓励行为体的选择，而不能规定行为体是否行动以及如何行动。在极端的情况下，比如形成狭小的单通道时，行为体的行为都导向一种结果，也就是说，环境或结构实际上决定了结果③，这接近前面所说的第一种结构。但这不是普遍的情形。通常的情形是，环境提供一些规则，供行为体选择使用，行为体还可以可以选择不动、自闭、合作、对抗乃至战争。当然，规则也建构着行为体的选择偏好。行为体的互动产生了初始环境，此后行为体在既定的环境内互动，受环境的影响，同时互动的一些结果也被整合到环境中去，变成新的规则。

---

① ［瑞士］让·皮亚杰：《结构主义》，倪连生等译，商务印书馆1986年版，第44页。

② 苏国勋教授在2006年4月18日的讲课中也提到，社会学中的结构常常指社会环境。

③ 感谢浙江大学公共管理学院朱天飙博士提醒我这一点。

结构（即这里的环境）表现为规则而发挥作用，这是许多学者都表达过的观点。前面说过，吉登斯（Anthony Giddens）的结构化理论认为，人是可以改变社会进程的，他把结构概念化为行动者在跨越空间和时间的情境（context）中利用的规则（rules）和资源（resources）。规则是行动者在各种环境中理解和使用的可归纳的程序，是行动者知识能力的一部分，规则包括规范要素（normative elements）和表义码（codes of signification）两类；资源乃是控制的要素，行动者用它来处理事物，资源也可以分为两个部分：权威性资源（authoritative resources）或行政力量，配置性资源（allocative resources）或物质资源。规则和资源具有中介性，故可以被转变为不同的模式与组合，结构化理论就是研究这些规则和资源在日常生活中如何组合为不同的社会模式，行动者使用规则和资源使结构得以维持和再生产①。也可以说，在社会的结构化过程中，社会制度与人的能动性之间的关系是：人既有能动性又受客观环境的限制，“我在受制约中创造了一个制约我的世界”。针对社会进化论忽视社会自我“复制”的一面，他提出了社会再生产的概念，以强调结构的恒定作用②。这个观点颇具启发性，但吉登斯对资源的解释不太合理，行政资源与规则之间存在高度重叠。我认为，除了规则外，行为体可用的资源实际上来自个体层次，包括位置、自身资源、其他行为体内在资源。在自然世界，资源包括物质、能量、信息三个部分。但在社会世界，资源或内容没有能量而只有物质和信息两个部分。另外，社会世界与自然世界之间也不存在能量交换。

由前面的分析可知，华尔兹的结构观受经济学寡头垄断现象、社会心

---

① ［英］安东尼·吉登斯：《社会的构成》，李康等译，生活·读书·新知三联书店1998年版，尤其第1、6章；［美］乔纳森·特纳：《社会学理论的结构（下）》，邱泽奇等译，华夏出版社2001年版，第170—171、200—201页。

② 这是王铭铭对吉登斯结构化理论的概括，参见［英］安东尼·吉登斯《社会的构成》，李康等译，王铭铭校，生活·读书·新知三联书店1998年版，译序，第9—21页。

理学、物理学场论、结构人类学、涂尔干社会学主义等的影响，其结果可以归结为表5—2。这些理论（现象）多强调整体对个体的塑造作用——用涂尔干的视角来说，就是国内社会结构对个体具有塑造乃至决定作用。华尔兹受其影响，也相应地强调国际社会对行为体（国家）的巨大影响，认为结构对行为体具有某些因果效应。因此，他虽然认为结构通过竞争与社会化而影响行为体，但实际上赋予了结构准自变量的地位。这说明，他在反对还原主义的过程中矫枉过正了。行为体就是行为体，非行为体就是非行为体，行为体可以发出动作，而非行为体只能影响动作的效果，这不是什么高深的道理。他在抽去行为体互动的情况下，想赋予非行为体（结构）准行为体地位，这彰显了他理论建构的方向性错误。后来者无法在他的基础上继续前行也就不可避免了。

国家可以决定个体行为，世界政府也可以决定国家行为，但国际社会与国内社会都是虚假的层次，将之剥离出来主要为了研究方便：考察其作用或功能。对位居最下层次的个体的影响来自三个部分：国家、社会和其他个体。世界政府与国际社会的影响相对较小，对于大部分人来说，可以不考虑。主要由于等级制的存在，国家可以决定一个人的行为，社会与其他个体通常只是影响个体行为，但也能决定个体行为。对位居中间层次的国家来说，所受影响既可以来自世界政府与国际社会，也可以来自国内社会与个体，还可以来自其他国家。在民族国家体系内，国家服务的对象主要是国内社会与国内个体，所以受这二者的影响最大，其次是世界政府，再次是其他国家和国际社会。由于世界政府阙如，国与国之间处于无政府、无等级状态，对国家的影响在国际层面来自其他国家和国际社会，但通常都是影响而非决定。这一点非常重要，它提示正常的国家没有上级行为体，因而没有外来的决定者，来自国际社会与其他国家的影响是非决定性的。也就是说，国际社会只能影响国家行为而不能决定国家行为。国家互动构建了初始的国际社会（即结构），但此后国家通常是在现有的国际社会内活动，国家间的互动受国际社会的影响，但也把互动的部分结果添加到国际社会即体系结构中去。

系统理论的研究表明，没有完全封闭的系统。系统为了自身的稳定与发展，需要对外界开放。一个封闭的系统通常会坍缩（如果是分子，则会归于完全无序、对称的平衡态），因此，国家（作为行为体）为了维持自身的稳定和发展，通常必须与国际社会、与他国交换资源。国际社会作为国家生活的环境为了维持自身的稳定同样需要与行为体交换资源。也就是说，国际体系结构不能脱离国家行为体的行为而存在。

那么，是不是国家行为体的一切活动都与结构有关呢？也不是。国家行为体的行为可以分为两部分：对外的和对内的。对内的行为或叫内部的活动，是指为了维持国家内部成员的基本生存而进行的活动，如人的生育、物质资料的简单再生产、自我娱乐乃至内贸、选举等，这些活动远在国家出现之前就进行着，与国家的存在无关，但通常是在一定区域内进行的。在民族国家体系内，国家行为体的行为相当部分是对外进行的，这部分行为参与了互动，因此属于结构的内容。由于发达的分工与交换可以增进社会整体福利，不参加互动或互动参与度程度低的国家，其国民整体福利水准将低于互动参与程度高的国家。

前面已经分析了华尔兹系统观之不足，这里很容易看出他的结构观的不足：首先，他缩小了大多数结构主义者赞成的结构内涵，从“结构＝关系＋互动”变成了“结构＝关系”，从而忽略了社会行为或单元对外功能，而且，他强化关系共时性弱化历时性并将结构看作非实体。他在步索绪尔的后尘：做静态的结构主义者。他属于结构主义思想中的少数派。所以，他即使有心也无法研究结构的形成与变迁，而只能研究固定的结构对行为体的影响。由于他片面强化结构的作用、否定结构与单元之间的双向互动关系，这又从另一意义上削弱了结构与单元的关系。至于单元间关系，现实主义者显然强调冲突、对立的一面，而弱化关系带来的共赢的一面，这一点防御性现实主义者做了部分修补，而真正赋予合作共赢基础地位的是新自由制度主义者和建构主义者。

从领域互渗的观点，华尔兹高度重视政治与军事领域等高端政治（high politics）①，这也与他的理论目标有关。学者们的共识是，现实主义比较适用于研究安全领域，政治与军事属于传统的安全领域。新自由制度主义重视的是经济领域的合作以及由此带来的绝对获益（absolute gains），而建构主义者则捡起了文化与社会领域。这些将在后面的研究中进一步展示。

◇◇ 5.2 吉尔平的系统与结构观

吉尔平的系统观与结构观主要体现在《世界政治中的战争与变革》②

① 他注意到：国家经常用经济手段实现军事与政治目的，反之亦然。因而认为不应该强化高端政治与低端政治之间的差异，但军事与政治显然是他关注的重心。与吉尔平、基欧汉相比这一点就很明显了。参见 Kenneth N. Waltz, *The Theory of International Politics*, New York: McGraw-Hill, Inc., 1979, p. 94。

② ［美］罗伯特·吉尔平：《世界政治中的战争与变革》，武军等译，中国人民大学出版社 1994 年版，第 91—98 页。这里捎带提一下书名的汉译。1993 年，武军等人将 War and Change in World Politics 译为“世界政治中的战争与变革”，这也是国内学界大部分人的用法；2002 年，郭树勇与秦亚青在《新现实主义及其批判》一书中则译为“战争与世界政治的变革”。笔者认为，郭树勇与秦亚青的译法可能更接近作者的原意，原因是：(1) 强调的是战争对于世界政治变革的决定性作用，而不是对世界科技变革、世界文化变革等的决定性作用。这是查尔斯·梯利的“战争制造国家，国家制造战争”观点的演绎。(2) 武军译法体现了克劳塞维茨关于“战争是政治以另一种方式的继续”的思想，但这仅仅是一个战略家为了强调战争的性质、地位、作用所作的个人判断，不是人们普遍接受的观点。(3) 赋予军事竞争或战争欧洲历史推动力的地位是欧美学者的普遍主张。吉尔平当然知道战争也可能导致科技、交通、通信等的变革，但这不是他探究的内容，所以，将范围限定为战争导致的世界政治领域的变革。武军译法的依据或许是：(1) 本书探讨的是世界政治范畴内战争与变革的关系。(2) 霸权战争显然不是国内性质的战争，而是世界政治范畴内的、国与国之间的战争。(3) 克劳塞维茨关于“战争是政治以另一种方式的继续”的思想是普遍有效的。笔者曾经去信普林斯顿大学向吉尔平教授求教，尚未获得回音。在此提出，求教于大方之家。

（以下简称《变革》）和《新现实主义及其批判》（以下简称《批判》）两书中。或许有人对此表示异议。但就笔者能力所及，现在只能先以这两本书为样本，分析吉尔平的结构观。全面的研究留待以后去做。

5.2.1　吉尔平的系统观

系统观介绍　吉尔平没有像华尔兹那样对系统与结构概念进行详尽的探究。他接受了华尔兹的结构观，把它作为自己研究的一个前提。对系统一词，他虽然没有进行详细的元概念追溯，但鉴于这一概念在他的研究中的重要地位，他仍在“国际体系”的范畴内做了一定的讨论。他的系统观主要体现在《世界政治中的战争与变革》的第一章。他在分析国际体系概念时，直接接受了经济学家蒙代尔（Robert Mundell）和斯沃博达（Alexander Swoboda）对体系的定义：体系是指各种实体在某种控制形式下进行有规则互动，从而统一起来的聚合体（aggregation）。据此，国际体系可以分为三个主要方面（primary aspects）：第一，各种实体，包括进程、结构和行为体，也可以是行为体的特征（attributes）；第二，有规则的互动，内涵广泛，在一个连续统一体（contimuum）内，既可以是行为体之间的偶尔联系，也可以是国家间的高度相互依赖；第三，要有某种控制形式（form of control），可以是系统的非正式规则，也可以是正式的制度，体系还要有一定的边界。体系边界的确定取决于观察者（beholder）：希腊城邦、波斯帝国、罗马帝国、中华帝国、当代世界都可以被看成一个国际体系，但只有当代世界是一个全球性国际体系，以前的国际体系都是些区域性国际体系，往往围绕水上交通线组成，边界的位置取决于大国施加控制和影响的能力。

他把国际政治变革类型分为三种。第一种也是最根本的变革是系统变迁（systems change），即系统的整体变迁，指的是行为体或实体的性质的变化，如希腊城邦国家体系的兴衰、中世纪欧洲国家体系的衰落和现代欧洲民族国家的兴起。第二种是系统的变革（systemic change），即系统内的领导者（即主导国或帝国）的变化，包括权力分布的变化、威望等级的变化以及体系内规则和权利的变化。国际体系的历史就是系统内主导国或帝国的兴衰史，它们在统治期内为体系建立起秩序和稳定，系统变革的本质就是新的主导国取代衰弱了的主导国。第三种是互动上的变化（interaction change），指国际体系行为体互动或进程的变化，可以分为政治、经济等几个方面，包括规则和权利的变化，但不包括权力与威望等级上的变化。这是最常见的变化。他主要探讨的是第二类变革，其次是第一类变革，最后在必要时才提及第三类变革。国际体系变革分为渐进性变革和革命性变革两种，渐进性变革体现一种演化进程，比较常见，包括谈判（bargaining）、压力外交、小规模军事冲突等，起系统减压作用，但经济、技术或军事方面的重大进展带来的利益变化可能无法通过这种小调整来体现，于是，无论是系统变迁还是体系的变革，通常都要通过大规模战争来实现。但是，不能采取黑格尔—马克思式的宿命论观点，认为可以按照某种规则来判断危机的程度、变革发生的时机和变革的结果。没有关于社会变革的预言性理论，霸权战争各不相同，结果也无法确定，美国霸权可能会被一个新兴霸权取代，也可能出现类似欧洲均势的全球力量均衡，还可能是西罗马帝国衰亡后那种黑暗中世纪的重现①。

接下来的章节，他以纯粹经济学视野论证了自己的五种假定，以证明他的核心观点（argument）：建立国际体系与建立别的社会或政治体系都是基于同样的目的：让行为体能从中获得相应的政治、经济与其他方面的利益。如果能较好地实现主要行为体的上述目标，体系就能保持稳定，否则，体系就会被打破、被重建，新建立的体系将确立新霸主（a new status

---

① 上述两段内容总结自 Robert Gilpin, *War and Change in World Politics*, Cambridge: Cambridge University Press, 1981, pp. 25 –49. 部分内容参考了武军译本。

quo)、体现新的权力分布①。国际政治进程的基本性质几千年不变②。

他的五个假设③是：在没有国家④认为改变体系有利可图时，国际体系是稳定的；一旦预期收益大于预期成本，一国就会试图改变国际体系；国家（通过经济、政治和经济扩张）谋求国际体系变革的努力，在边际成本等于或大于边际收益时停止；在扩张达到收益与成本的均衡点时，现状国经济能力的增长将赶不上维持现状所需经济成本的增长⑤；国际体系失衡状态不解决的话，系统变革将发生，直到建立起能体现权力分布的新体系为止。

为了完善自己的观点，他还论证了核武器的出现没有消除霸权战争的可能性，经济相互依赖不能保证合作将取代冲突，全球社会的出现仍属遥遥无期。总之，世界正处于从一个腐朽的国际体系内创造出新体系的转变关头，暴力与战争的可能性仍严重存在⑥。

系统观评价　吉尔平对经济学理论的引用相当坚决而彻底：从系统概念到对系统变革的分析，都向经济学取经。他做了华尔兹没做的活，其分析也相当有力。《世界政治中的战争与变革》已经是国际政治学科引用率最高的少数专著之一，也被他自己列为最满意的作品。

他的分析框架、逻辑推理都没什么问题，但有两个小小的不足：第一，他预言崛起的苏联“似乎是在今后几年中取代美国国际体系支配权

---

① Robert Gilpin, *War and Change in World Politics*, Cambridge: Cambridge University Press, 1981, pp. 9 – 15.

② Robert Gilpin, *War and Change in World Politics*, Cambridge: Cambridge University Press, 1981, p. 211；［美］罗伯特·基欧汉编：《新现实主义及其批判》，郭树勇译，秦亚青校，北京大学出版社2002年版，第288页。

③ Robert Gilpin, *War and Change in World Politics*, Cambridge: Cambridge University Press, 1981, pp. 10 – 11.

④ 他眼中的国家通常指主导国或潜在主导国，这一点与华尔兹差别不大。

⑤ 吉尔平这一点总结不准确，详后述。

⑥ Robert Gilpin, *War and Change in World Politics*, Cambridge: Cambridge University Press, 1981, chapter 6.

的大国”①。很显然，他的预言失败了。他说过“没有社会变革的预言性理论”后又忍不住做预测，这是明知故犯②。没有理论根据的预测与算命猜测没什么两样，因此没什么可信度，失败是正常的。可见社会科学不可多言预测，这也显示了学者在预测上持慎独态度的必要性。第二，他的五个假定的第四点总结不够准确，说服力不足，所用英文句子别扭而令人费解——严格说来是个病句③。他在第 4 章中展示给我们的，是现状国能力的衰败与对手的变强，而不是两种增长速率的差异。实际上，这种速率是无法具体计算，也无法对比的，比较可行的办法是展示现状国各方面的优势如何逐步丧失：技术的扩散、对手的成长、自己因富足导致的腐败，等等。吉尔平对此做了部分展示，因此，更好的总结可能是：现状国相对优势的逐步丧失。这仍是经济学视野，依旧可以套用他钟爱的经济学框架。

从参考文献看，他并没有专门研究过系统理论，知识背景不像华尔

---

① ［美］罗伯特·吉尔平：《世界政治中的战争与变革》，武军等译，中国人民大学出版社 1994 年版，第 236 页。笔者手中的英文版为北京大学出版社所出的影印本，缺乏结束语部分，故而借用武军等人中译本的内容。

② ［美］罗伯特·基欧汉：《局部全球化世界中的自由主义、权力与治理》，门洪华译，北京大学出版社 2004 年版，第 229 页。基欧汉在《霸权之后——世界政治经济中的合作与纷争》的中文版前言中坦陈，他 20 世纪 80 年代初期关于美国优势会持续衰落、世界进入后霸权时代的预期错了。这显示他在重蹈吉尔平的覆辙。两个理性主义顶尖学者在这一问题上的挫折提示，社会科学不应该追求预测。这一点上，建构主义者的认识比较清楚，根据建构主义的理论框架，预测是不可能的。参见［美］罗伯特·基欧汉《霸权之后——世界政治经济中的合作与纷争》，苏长和等译，上海人民出版社 2001 年版，中文版前言，第 23 页。

③ 原文是：Once an equilibrium between the costs and benefits of further change and expansion is reached, the tendency is for the economic costs of maintaining the status quo to rise faster than the economic capacity to support the status quo. 这里，比较的两个对象是不对称、不清晰的。“能力”与“成本”无法比较，二者的增长速率也难以确定和比较。参见 Robert Gilpin, *War and Change in World Politics*, Cambridge: Cambridge University Press, 1981, p. 11。

兹那样横跨多个学科。让笔者感到吃惊的是他的学术直觉，在分析两极体系的不稳定时，他提到一定条件下一个小诱因就可能破坏两极之间的脆弱平衡，这正是耗散结构理论的研究成果①。笔者前面总结的系统的整体性、开放性与层次性三特征，他基本上都在无意识中用到了。在他眼里，国际关系理论的体系方法就是社会学方法②，更具体地说，就是涂尔干的社会学方法③。这说明他意识到了系统的整体性特征。把侧重点放在研究行为体的兴衰与互动，明确提到国家行为的目的性④，这展示了系统的开放性特征。他谈到国际体系可以从不同层次做判断：俾斯麦统一德国可以被看作欧洲国际体系内部的变化，也可以被看作国际体系本身的变化；希腊城邦可以被看成一个相对自治的体系，但它又是波斯帝国体系的一部分，帝国别处出了点麻烦，分身乏术，一时顾不了这个城邦体系而已；古罗马帝国和中华帝国都是一个国际体系，但现在的世界也是个体系，而且是第一个全球性的国际体系⑤。他在这里触及的，正是系统的层次性。华尔兹的系统与结构因为僵化而被人诟病，吉尔平则较好应用了系统特征，其系统与结构因而在相当程度上克服了华尔兹结构观的不足。

5.2.2　吉尔平对结构的描述

结构观介绍　《世界政治中的战争与变革》一书出版于1981年，

---

①　普里高津的耗散结构理论证明了：远离平衡态的开放系统中，一个小的扰动可能引发系统的大变动或巨涨落，从而改变系统的结构。

②　Robert Gilpin, *War and Change in World Politics*, Cambridge: Cambridge University Press, 1981, p. xii.

③　Ibid., pp. 89.

④　Ibid., pp. 9 – 10.

⑤　Ibid., pp. 38 – 39.

《批判》出版于1986年，分别比《国际政治理论》迟了两年和七年。在《变革》一书中，吉尔平接受了华尔兹的结构观，只是对华尔兹的两极体系稳定论（the stability of a bipolar system）这一推论作了三点保留。

（1）两个大国虽然有维持两极均衡的动力，但可能做不到（may not occur）。历史上，斯巴达无法制止雅典权力的增长就属于这种情况。

（2）由实力相近的国家组成的多极体系更容易诉诸暴力，因而不如两极体系稳定，这种情况是存在的，如斯巴达—雅典双峰对峙前的希腊城邦国家体系就体现了这种状况。但这仅仅是事情的一方面，另一方面，也可能是两极比多极不稳定，因为在一定条件下，一个小诱因就可能破坏两极之间的脆弱平衡，因此，在两极体系下第三极的出现，哪怕力量不那么大，也意味着高度不稳定的三极体系的形成，强大的中国、日本或联合的欧洲的出现都可能打破两极稳定状态。多极体系的自我调整功能较强，小扰动的破坏力不会那么大。欧洲多极均势先后接纳了后起的大不列颠、俄国和统一的德国就是例证。两极体系比多极体系更容易变成三极体系。

（3）华尔兹从寡头垄断理论得出的结论是：互相了解、互相适应、制定并遵守协议在只有两个竞争者的情况下比较容易实现。吉尔平认为这是运用了卡特尔理论的观点：共谋能增加收益、减少不确定性并防止潜在竞争者进入。问题在于，破坏协定的成本很低，又无法监督对方，理性的经济人追求的是个体的利润最大化，因此，协定的参与方都有背约的动机；卡特尔的历史和理论也显示，共谋的协定往往失败；熊彼特还注意到，垄断企业为了战胜对手常常表现出高度的创新性。由是可知，寡头垄断理论对国际关系的意义没法下定论。

吉尔平的总结是，在国际政治变革进程中，重要的并不是体系内的静态权力分布，而是彼此间权力关系的变动情况（the dynamics of power relationships)，体系内各国权力的不平衡增长是体系变革的前奏，战争则是变革的实现①。

5.2.3　对吉尔平结构观的评析

关于三点保留　吉尔平的第一点保留有点勉强，说服力不足。华尔兹并不是说一定会出现两极均势体系，也没有说两极均势一定会长期维持下去，而是针对前人认为两极不稳定的观点，论证了两极可以是稳定的，甚至比多极更稳定。这里还体现了两人研究重点的不同，吉尔平关注体系变迁，因此强调行为体力量增长会破坏两极稳定。华尔兹当然知道不平衡增长会导致结构的变化，但他研究的不是体系的变化，而是两极体系为什么会稳定。当然，与吉尔平的研究相比，这是个比较小的目标。

关于第二点保留，他同意三极体系不稳定，但认为多极体系比两极体系更稳定：首先，两极比多极更容易变为三极；其次，美国的霸权地位才维持了20多年就出现衰落②，两极体系还能维持多久是个未知数，欧洲

---

①　吉尔平的结构观及其三点保留总结自 Robert Gilpin, *War and Change in World Politics*, Cambridge: Cambridge University Press, 1981, pp. 85 – 96。

②　Robert Gilpin, *War and Change in World Politics*, Cambridge: Cambridge University Press, 1981, pp. 174 – 175. 20世纪80年代探究美国的衰落是美国学界的一大时髦。现在回过头来看，这可能是不真实的。二战结束时美国的巨大优势不属于常态，研究显示，除了二战后一段较短的时期外，20世纪的大部分时间里美国经济占世界经济的比重，都稳定在30%左右，现在亦如此，而且可能还会持续相当一段时间。苏联军事实力的一时膨胀、欧日经济复苏一时遮蔽了美国的优势，苏联的崩溃使美国的霸主地位得到了清晰的展示，新经济则巩固了美国的霸主地位。美国的优势是复合的，包括经济、军事、科技、文化、教育等许多方面，因而，现在的世界是个单极世界，21世纪很可能仍是美国世纪，至少上半叶如是。意识到这一点，对于中国制定国家发展战略非常重要。给大国造成致命损害的，通常不是外来力量，而是内部失误。详情可参见笔者的论文《单极世界与中国的选择：一种综合分析框架》(未刊稿)。

的多极均势历经数百年，从1648年开始直到1945年才被打破就是个证明。关于单极是否稳定、多极与单极谁更稳定，他持矛盾的观点。一方面，注意到帝国主义或霸权主义结构是历史上最普遍的体系结构，持续时间最长，每一种国际体系都有向世界帝国演变的趋向①，英国还维持了两个世纪的优势地位（即所谓Pax Britannica），在1987年出版的《国际关系的政治经济学》中也对霸权稳定论做了精彩的阐述②。这些说明他认为单极体系也可以是稳定的，尽管他的霸权稳定论的主要意思是指“有领导稳定论”，即一个居霸权地位的自由国的存在，是世界经济充分发展的必要条件③。另一方面，他注意到历史上帝国总是难免衰弱甚至瓦解，美国霸权仅仅维持了20多年就出现衰落，其间还卷入了两场无关美国核心利益（vital concern）的战争，显示他认为单极未必稳定，至少在当代如此。我认为，这种问题不会有公认的定论。首先，稳定的内涵模糊：是指霸权地位维持的时间长度，还是指不发生大规模战争的时间，抑或是指一种现象在历史上重复出现的时间总和？其次，无论是霸权稳定论、两极稳定论还是多极稳定论，都不过是波普尔眼里的证实性研究，而且是案例极少的证实性研究，又不是判决性试验，所以价值都非常有限。批评“今不如昔”或认为“现在最好”是人类的两种心理倾向，学者围绕不同问题（issue）将之构建成逻辑比较严密的理论，因而增加了说服力，仅此而已。

吉尔平的第三点保留是出于对华尔兹的误解。如前所述，华尔兹对寡头垄断理论的国际关系学含义抱着不确定的态度，与吉尔平的观点并无二致。

---

① Robert Gilpin, *War and Change in World Politics*, Cambridge: Cambridge University Press, 1981, p. 29.

② ［美］罗伯特·吉尔平：《国际关系政治经济学》，杨宇光等译，经济科学出版社1987年版，第87—109页。

③ 同上书，第103页。

总体评价　我们通过比较来总结其结构观。

（1）吉尔平的结构观与华尔兹差别不大：结构与行为之间具有因果效应，结构是准自变量。但研究的侧重点不同，两者一“静”一“动”。华尔兹研究的是稳定的结构对行为体的影响，可以看作结构研究的第一步；吉尔平给自己定的目标是构建一种国际政治变革的理论①，研究的是结构与体系的变化，因此，关注的是行为体实力、类型、互动方式等的变化。在重点研究行为体的互动和霸主的兴替时，明智地注意到外交政策的主要决定因素包括国际体系的结构和社会的内部条件两方面②。

（2）关于极与稳定的关系，他同意三极不稳定，但不同意华尔兹的两极稳定论，觉得多极更稳定，单极也可以是稳定的。由于他关注的重心是变革，总的来说，他不怎么看重稳定的一面。

（3）华尔兹为了建立国际政治的结构理论进行了广泛的知识准备，在阐明结构观时，主要是依赖心理学、物理学、结构人类学、社会学等不同学科结构主义者的观点。在阐述系统观时则依赖于系统论、控制论、信息论，但做了自己的裁剪。可见，他通过对系统和结构概念进行探究后给出了自己的结构定义。此外，华尔兹虽然应用经济学概念与理论，但放弃了经济学中分析行为体互动的一面，主要借用了代表性不强的寡头垄断理论。吉尔平则不同，他自己并没有对系统与结构概念进行探究，对社会学的借鉴是有限的，对心理学等学科的借鉴更少。主要是借鉴经济学理论来解释权力、安全、政治、战争与变革。在《批判》中，他明确拒绝了阿什利对经典现实主义者轻视经济的指责，认为新现

---

① Robert Gilpin, *War and Change in World Politics*, Cambridge: Cambridge University Press, 1981, p. xiii.

② Kenneth N. Waltz, *The Theory of International Politics*, New York: McGraw-Hill, Inc., 1979, p. 87.

实主义重视经济内容不过是回归以修昔底德为代表的经典现实主义传统，摩根索与基辛格等人仅仅是因为身处冷战高潮的非常时期才把重心放在安全问题上①。

（4）华尔兹重视体系结构中的政治与军事领域而他政治与经济并重，几部专著都是分析政治与经济的互动，这使他向新自由制度主义方向移动，体现了他作为潜在的自由主义者的特征②，但他对经济交往的后果持矛盾的态度，这有别于新自由制度主义者对经济合作给予的根本地位和积极评价。

（5）像华尔兹一样，他的结构观存在矛盾，在《批判》中，他认为"结构限制了而且实际上强有力地影响了行为"③，而在《变革》中，则认为国际政治中的结构重要到了扮演行为体"行为的决定因素"的程度，这就像结构在经济市场和国内政治系统中发挥的作用那样④。可以看出，他1986年的立场比1981年的立场有所后退。而且，他在接受华尔兹结构观的同时，又认为结构在国内政治与国际政治中发挥同等作用，这里存在逻辑矛盾，等级制下的结构与无政府状态下的结构，二者的作用不大可能相同。

可见，他不再固守华尔兹的僵硬结构，意识到考察结构变化的重要，引入行为体互动来考察变化的发生。这是他的优点。不足之处则是：其经济决定论倾向明显，欧洲中心论，忽视了文化与社会维度，仅仅关注霸主的变化。

基欧汉把新现实主义与新自由制度主义统称为理性主义理论，而把规

---

① ［美］罗伯特·基欧汉编：《新现实主义及其批判》，郭树勇译，秦亚青校，北京大学出版社2002年版，第280—284页。

② 同上书，第276、292页。

③ 同上书，第290页。

④ Robert Gilpin, *War and Change in World Politics*, Cambridge: Cambridge University Press, 1981, pp. 86, 95.

范理论、女性主义理论、后现代主义理论等称作反思主义理论①。吉尔平在理性主义阵营中处于过渡地位。华尔兹创立了结构现实主义，但他研究的是在体系与结构稳定的情况下结构对行为体的影响，论证了在多极体系中，两极是最稳定的。单极体系可能会改变国家之间无政府、无等级的状态，因而不属于他关注的范畴。吉尔平的兴趣在研究国际政治的变革，所以他接受了华尔兹的结构定义，然后研究结构是如何被打破的，他知道华尔兹把结构当作准自变量的行为走得太远了，因此回过头来关注行为体，而且主要是霸权国及其挑战者与继承者，他用的是经济学理论中的一些原理，但不是寡头垄断理论。他不同意两极结构最稳定的观点，认为五极可能更稳定。拿破仑法国优势的快速丧失、英国优势的持久保持显示，一个强大、愿意提供公共物品、信奉自由经济的国家的存在，有助于世界市场经济的充分发展。美国在二战后头 20 年的作用也证明了这一点。苏联、纳粹德国、帝国主义的日本尽管强大也能提供公共物品，但不信奉自由经济，无助于世界市场经济的发展，因此，不属于霸权稳定论讨论的范畴②。这里暗含了“英国、美国这样的霸权国才能持久地维护自身和关联

---

① ［美］亚历山大·温特：《国际政治的社会理论》，秦亚青译，上海人民出版社 2000 年版，译者前言，第 7—8 页。秦亚青的总结与基欧汉 2002 年的观点有出入，基欧汉认为反思主义就是后来的建构主义，秦亚青认为温特建构主义是理性主义与反思主义之间的桥梁。秦亚青的文本依据是基欧汉的《国际制度：两种方法》一文，此文先作为主席演说，1988 年 3 月在国际研究学会第 29 届年会上首次公开，随后发表于《国际研究季刊》1988 年第 4 期，接着收入 1989 年出版的文集《国际制度与国家权力》，也被基欧汉列入面向中国读者的自选文集中。那么，到底是基欧汉的观点变了还是秦亚青的总结不准确？仔细考察《国际制度：两种方法》一文会发现，是基欧汉的观点发生了变化，他的“反思主义”远远不只是指建构主义，秦亚青的总结符合原意。参见［美］罗伯特·基欧汉《局部全球化世界中的自由主义、权力与治理》，门洪华译，北京大学出版社 2004 年版，第 13、167—188 页。

② Theodore H. Cohen, *Global Political Economy: Theory and Practice*, New York: Addison Wesley Longman, Inc., 2003, pp. 77 – 79；［美］罗伯特·吉尔平：《全球政治经济学》，杨宇光等译，上海人民出版社 2003 年版，第 100 页；［美］罗伯特·吉尔平：《国际关系政治经济学》，杨宇光等译，经济科学出版社 1989 年版，第 87—109 页。

方利益”的判断。那么没有英国、美国这样的霸权国会出现什么情况呢?吉尔平对国际政治持悲观态度，根据他的逻辑，显然认为没有霸权国将不利于世界市场经济的稳定与发展，也不利于国际经济合作。基欧汉则对此作出了相反的回答。

吉尔平从领域互渗的角度分析国际体系，强调了和平时期经济领域增长的重要性，但认为国际政治的重大变革必须通过战争来实现，渐进性变革或曰进化的进程虽然常见，不过只是对国际体系起微调作用①。可见，他虽然声称接受了华尔兹的结构观，但这只是在整体性方面而已，他可能不赞成把结构看作非行为体（详见第 8 章）。另外，注重单元的对外功能即单元互动、结合共时性与历时性分析结构变迁，是他的结构观的显著特征。

① Robert Gilpin, *War and Change in World Politics*, Cambridge: Cambridge University Press, 1981, p. 47.

第六章

新自由制度主义的系统与结构观：以基欧汉为例

新自由制度主义（neoliberal institutionanlism）简称新自由主义（neo-liberalism），① 是20世纪70年代兴起、80年代成熟并可与新现实主义抗衡的一个国际关系理论流派。这一流派的成员众多，汇集了反对新现实主义观点的大批学者，如罗伯特·基欧汉（Robert Keohane）②、约瑟夫·奈（Joseph Nye）、罗伯特·阿克塞尔罗德（Robert Axelrod）、阿瑟·斯坦（Arthur Stein）等。但在建构主义兴起后，一部分成员流向了建构主义，如约翰·鲁杰（John Ruggie）、彼特·卡赞斯坦（Peter Katzenstein），这在现实主义者中比较少见，由此可见建构主义与新自由主义之间存在某种共

---

① 新自由制度主义可以简称为新自由主义，但不能简称为自由制度主义、新制度主义，关于这方面的探讨，请参见薛力、邢悦《新自由制度主义含义辨析》，《世界经济与政治》2005年第11期。

② 基欧汉在2003年5月4日给笔者的回信中提到："我叫它制度理论，而不是新自由制度主义。"可见，他并不喜欢新自由制度主义这个标签，认为自己研究的是国际制度。被人贴上不喜欢的标签，在社会科学中并不少见，但标签是分类的一个部分，为学术研究所必需，因此，这里还是接受了学界大部分同仁的观点，把他列为新自由主义的代表性人物。其实，在1989年出版的个人文集《国际制度与国家权力》中，他也明确使用了新自由制度主义的学派名称（权宜之计?），秦亚青甚至认为该书的出版标志着新自由制度主义"正式竖起了学派旗帜"。参见秦亚青《权力·制度·文化——国际关系理论和方法研究文集》，北京大学出版社2005年版，第91页。

通之处，这主要是政治哲学上的理想主义信念，表现为对人类进步的信仰和对合作互利的肯定①。在这些人中，基欧汉无疑享有代表性人物的殊荣，所以，本章的分析集中在他身上，但有时也涉及他的紧密合作者约瑟夫·奈。

◇◇ 6.1 基欧汉的系统观

基欧汉并没有对系统概念进行专门的探讨，在我重点分析的三本书中，他零星提到了系统概念，如认为华尔兹的系统解释具有局限性，因而必须加入大国国内政治与跨国关系；认为系统包括结构与进程（process）两个维度，系统就像是扑克游戏中玩家手里的牌和筹码；应该把进程加入国际系统的结构概念中以增强理论建构力②；与研究行为体内在变化的企业行为理论不同，系统理论研究环境因素对企业行为的影响③；体系理论并不完美，但有助于我理解世界政治经济中的各种限制性因素如何影响各国政府的行为④。由上可知，他的系统概念内涵是不确定的，有时候指的是华尔兹的结构（“环境因素”），有时候加入了互动因素（“进程”），有时候又有实体成分（“牌和筹码”）。只能大致判断，他接受了华尔兹的系统观与结构观，然后把进程因素加入进行分析，其结果是“新现实主义合

① ［美］罗伯特·基欧汉：《局部全球化世界中的自由主义、权力与治理》，门洪华译，北京大学出版社2004年版，第187页。

② ［美］罗伯特·基欧汉、约瑟夫·奈：《权力与相互依赖（第三版）》，门洪华译，北京大学出版社2002年版，第161、339、341页。

③ ［美］罗伯特·基欧汉：《局部全球化世界中的自由主义、权力与治理》，门洪华译，北京大学出版社2004年版，第137页。

④ ［美］罗伯特·基欧汉：《霸权之后——世界政治经济中的合作与纷争》，苏长和等译，上海人民出版社2001年版，第31、34页。

乎系统理论的结构层次，而自由主义在进程层次成果卓著”①。他接受系统的层次性特征，这是清楚的。对于整体性特征，从前面的分析可知，他的立场不是很清晰。在《权力与相互依赖》中，多元主义、复合相互依赖等概念清晰展示了他对系统开放性的高度认同，体现了国际制度与国家行为体互相建构、互为因果的关系，而在《霸权之后——世界政治经济中的合作与纷争》中则从上述立场后退了，声称与结构现实主义的区别在于他强调国际制度及其实践对国家行为的影响②，这其实是大大靠向了华尔兹的结构观，而弱化国家行为对国际制度影响的维度。这种“结构化”努力在为新自由制度主义赢得主流国际关系理论地位的同时，也弱化了其发展动力。新自由主义理论 1984 年以来的发展并不明显或许与此有关。不过，新自由主义向新现实主义靠拢倒是为建构主义的兴起腾出了空间。

6.2　基欧汉的结构观

基欧汉为何在政治哲学上偏好自由主义而不是现实主义，这一点并不清楚。他从 1961 年进入哈佛大学读研究生开始直到今天，主要在做一件事情：研究国际制度③。他的博士论文聚焦联合国大会对国家关系的影响，试图寻求联合国大会政治影响力的根源④；1968 年与约瑟夫·奈共同

---

① ［美］罗伯特·基欧汉、约瑟夫·奈：《权力与相互依赖（第三版）》，门洪华译，北京大学出版社 2002 年版，第 342 页。

② ［美］罗伯特·基欧汉：《霸权之后——世界政治经济中的合作与纷争》，苏长和等译，上海人民出版社 2001 年版，第 30 页。

③ 他也认为自己对于国际关系学的主要学术贡献是，探究在相互依赖的情境中国际制度如何运作，参见［美］罗伯特·基欧汉《局部全球化世界中的自由主义、权力与治理》，门洪华译，北京大学出版社 2004 年版，第 4 页。

④ ［美］罗伯特·基欧汉：《局部全球化世界中的自由主义、权力与治理》，门洪华译，北京大学出版社 2004 年版，代序言，第 2 页。

被邀请担任《国际组织》编辑，稍后两人编辑了关于跨国关系的《国际组织》专辑，此即1972年出版的《跨国关系与世界政治》，书中分析了跨国关系尤其是经济相互依赖如何影响治理安排（包括对国家间关系和国内政治的影响）①；1977年两人合作出版了《权力与相互依赖》，确定了基于复合相互依赖的理论框架；1984年单独出版的《霸权之后——世界政治经济中的合作与纷争》从国际制度的需求角度论证了霸权后合作的可能；1985年单独主编的《新现实主义及其批判》质疑了现实主义的理论体系，认为国际制度是国家行为的原因之一；1989年出版个人论文集《国际制度与国家权力》，界定了新自由制度主义的对象和基本概念；1993年与奈、斯坦利·霍夫曼联合主编《冷战之后：国际制度与欧洲国家的战略》，论证国际制度在国家利益界定与国家战略确定中的作用②；1999年与彼得·卡赞斯坦、斯蒂芬·克拉斯纳联合主编《世界政治理论的探索与争鸣》主要探讨世界政治中制度和文化的作用③；"9·11"之后又撰文分析多边国际制度在反恐中的作用及其局限④。1996年与学生海伦·米尔纳合编的《国际化与国内政治》分析了国内制度的三种影响，这是为了弥补既往出于研究需要而黑箱化国内政治导致的不足，但仍不忘阐明国际制度、国际化对国内政治的三种影响⑤。当然，1993年他与朱迪斯·戈尔茨坦合编的《观念与外交政策》注意到了观念在对外政策中的

① ［美］罗伯特·基欧汉：《局部全球化世界中的自由主义、权力与治理》，门洪华译，北京大学出版社2004年版，代序言，第5页。

② 转引自秦亚青《权力·制度·文化——国际关系理论和方法研究文集》，北京大学出版社2005年版，第93页。

③ ［美］彼得·卡赞斯坦等编：《世界政治理论的探索与争鸣》，秦亚青等译，上海人民出版社2006年版。

④ ［美］罗伯特·基欧汉：《局部全球化世界中的自由主义、权力与治理》，门洪华译，北京大学出版社2004年版，第308—323页。

⑤ ［美］罗伯特·基欧汉、海伦·米尔纳编：《国际化与国内政治》，姜鹏等译，北京大学出版社2003年版，第262—270页。

作用，但这只是他的研究中的很小一部分，而且国际制度的作用仍是书中一些文章的分析视角①。此外，根据温特的说法，理性主义者仅仅提到结构对单元行为的影响，而没有提到结构对行为体身份、利益的建构作用。

基欧汉的作品众多，其结构观在许多地方都得到了表现，这里主要围绕他的两部代表性著作即《权力与相互依赖》②《霸权之后——世界政治经济中的合作与纷争》③ 来分析其结构观，并用他为中国读者编辑的自选文集《局部全球化世界中的自由主义、权力和治理》④ 做补充，该书汇集了作者 1982—2002 年写的代表性论文 11 篇，加上一篇介绍自己学术思想的导论，因此，可以较好地弥补引用著作导致的不足。

在《权力与相互依赖》中，他与奈先分析了现实主义基本观点的不足，然后总结了复合相互依赖的三特征：各社会之间的多渠道联系、各问题之间不存在明确的等级区分、军事力量起着次要的作用，接着分析了国际机制变迁的四种模式或理论假设，并用四个案例进行检验。此书继续了《跨国关系与世界政治》的思路，强调经济、社会联系的重要性，同时着重研究了国际机制的作用与变迁，因而成为新自由主义学派的一个有力先声。而《霸权之后——世界政治经济中的合作与纷争》的出版则可以看作新自由主义学派确立的标志，故《权力与相互依赖》有点类似《二十年危机》之于现实主义流派，《国家间政治》的出版才是现实主义诞生的标志。

《霸权之后——世界政治经济中的合作与纷争》的出版标志着新自由

---

① ［美］朱迪斯·戈尔茨坦、罗伯特·基欧汉编：《观念与外交政策——信念、制度与政治变迁》，刘东国等译，北京大学出版社 2005 年版。

② ［美］罗伯特·基欧汉、约瑟夫·奈：《权力与相互依赖（第三版）》，门洪华译，北京大学出版社 2002 年版。

③ ［美］罗伯特·基欧汉：《霸权之后——世界政治经济中的合作与纷争》，苏长和等译，上海人民出版社 2001 年版。

④ ［美］罗伯特·基欧汉：《局部全球化世界中的自由主义、权力与治理》，门洪华译，北京大学出版社 2004 年版。

制度主义的成熟。在这一书中，基欧汉从原先的立场后退，借鉴华尔兹的理论框架来建立自己的体系层次的国际政治理论。他主要借鉴经济学理论，包括新古典经济学、新制度经济学、公共选择理论、博弈论等。下面先考察这些理论对他结构观的影响，然后再概括他的结构观。

6.2.1　基欧汉结构观的来源

从现有材料看，影响基欧汉结构观的，在国际关系理论界主要是华尔兹，而其他学科则主要有新古典经济学、新制度经济学、公共选择理论和博弈论。华尔兹的影响稍后再介绍，这里先介绍这四门学科及其对基欧汉的影响。

新古典经济学　在介绍新古典经济学之前有必要先简要介绍一下古典经济学①，它从托马斯·孟（1571—1641）、安图安·孟克莱田（Antoyne de Montchretien，1575—1621）开始，中间经过威廉·配第（William Petty，1623—1686）、皮埃尔·布阿吉尔贝尔（Pierre le Pesant de Boisguille-

① 以下三段内容是笔者的总结，主要来源为［英］彼罗·斯拉法主编《李嘉图著作和通信集》，郭大力等译，商务印书馆1981年版，中译本序言，第1—24页；［俄］维佳平、茹拉夫列娃主编《理论经济学》，张仁德等译，经济科学出版社2005年版，第4—14页；［美］保罗·萨缪尔森、威廉·诺德豪斯《微观经济学（第十六版）》，萧琛等译，华夏出版社1999年版，第217—222页；胡寄窗《政治经济学前史》，辽宁人民出版社1988年版，第525—563页。顺便提及，盛洪先生用新政治经济学来通称以下经济学分支：新制度经济学、新经济史学、产权经济学、法与经济学、管制的政治经济学、立宪经济学和公共选择理论，参见盛洪主编《现代制度经济学》，北京大学出版社2003年版，前言之二，第22页。浙江大学朱天飙博士则提供了另外一种说法，他认为，随着马歇尔、瓦尔拉等人将经济学发展成一个独立学科，原先的（古典）政治经济学失去了独立学科地位，在美国被归入政治学，根据美国的政治科学分类特征，（新的）政治经济学应该包括政治经济哲学、本国政治经济学、国际政治经济学和比较政治经济学4个部分，参见朱天飙《比较政治经济学》，北京大学出版社2006年版，第5—6页。

bert，1646—1714）、弗朗索瓦·魁奈（1694—1774）、亚当·斯密（1723—1780）到大卫·李嘉图（David Ricardo，1772—1823），包括重商主义（孟克莱田、配第）[①]、重农学派（魁奈）[②]、自由主义经济学派（斯密、李嘉图）[③]，他们的共同特点至少包括：（1）重点研究国家的经济规律而不仅仅是个体的经济活动，因而古典经济学也可以说是古典政治经济学（classical political economy），政治经济学这一名称就是孟克莱田1616年在《论政治经济学》（Treatise on Political Economy）一书中首次使用的。（2）注重劳动价值，配第在《赋税论》中首次提出一些劳动价值论命题[④]，富兰克林对其做了详细说明，重农学派只承认农业劳动的价值，斯密将之扩展到工业劳动，李嘉图则进一步将劳动时间确定为价值的唯一基础。马克思的政治经济学主要是以李嘉图的劳动价值论为基础创立起来的。从学科史的角度看，马克思主义政治经济学是（古典）政治经济学的一个分支。

19世纪下半期形成了边际主义（marginalism）理论，包括英国经济学

---

① 重商主义从流通领域看待财富，认为财富就是货币（“重商的”在英文中就是“货币的”），但早期的重商主义与晚期重商主义不大一样，早期的重商主义注重货币平衡体系，试图通过立法来增加财富；晚期重商主义主张积极的贸易平衡，主张多卖少买。贸易保护主义的经济政策在思想上接近重商主义。参见［俄］维佳平、茹拉夫列娃主编《理论经济学》，张仁德等译，经济科学出版社2005年版，第6页。

② 重农学派的核心是，认为只有农业劳动才是财富的源泉。参见［俄］维佳平、茹拉夫列娃主编《理论经济学》，张仁德等译，经济科学出版社2005年版，第7页。

③ 欧洲大陆经济学界倾向于把法国重商主义者列为（古典）政治经济学的开端，孟克莱田通常是首选。英美经济学界则通常把亚当·斯密当作古典经济学的创始人，这可能主要是由于他的盎格鲁—撒克逊血统，他的理论贡献及他对自由经济的推崇。也有人认为研究古典经济学必须重视威廉·配第，他是从重商主义向古典经济学过渡时期的代表性人物。参见［英］彼罗·斯拉法主编《李嘉图著作和通信集》，郭大力等译，商务印书馆1981年版，中译本序言，第1—24页；胡寄窗：《政治经济学前史》，辽宁人民出版社1988年版，第525—526页。

④ 胡寄窗：《政治经济学前史》，辽宁人民出版社1988年版，第527页；周成启等：《政治经济学原理的历史考察》，上海人民出版社1988年版，第103—104页。

家威廉·斯坦利·杰温斯（William Stanley Jevons，1835—1882），奥地利学派的卡尔·门格尔（Carl Menger，1840—1921）、欧根·冯·庞巴维克（E. Von Bohm-Bawerk，1851—1914）等。他们认为劳动价值论过于抽象、不具有操作性，转而采用一种新的思想来解释经济过程和现象，即通过考察随其他现象变化而变化的边界量来分析经济活动，边际效用①这一主观评价成了边际主义理论的核心概念，该理论注重使用数学方法和模型，如边际效用理论来研究价格与产品使用效果的关系。瑞士经济学家利昂·瓦尔拉（Leon Walras，1834—1910）建立了经济的一般均衡模型，以此分析供求关系和别的均衡系统。这些对后世影响巨大，如当代微观经济学的一般均衡分析认为，市场的一般均衡决定价格和产量；在竞争性一般均衡中，消费者追求效用最大化，企业追求利润最大化②。

剑桥大学教授阿尔弗雷德·马歇尔（Alfred Marshall，1842—1924）1890年出版《经济学原理》标志着新古典经济学的诞生③。他是价格理论的奠基人，放弃了劳动价值论，而以价格为中心考察供求关系。他试图把边际效用理论与生产费用理论结合起来，用市场均衡概念来说明供需平衡，并提出了需求弹性的概念。19世纪末的经济危机和长达20年的经济萧条使马歇尔坚信国家对经济的干预是不适当的，自由竞争更好，他因此

---

① 边际效用可以通俗地表达为：消费者个人主观心理上所感觉到的某一财物随着数量递增而递减的一系列效用中最后一个单位的效用，这个效用决定这一财物的价值，参见于良春《经世济民——经济学的历史、现状和未来》，山东大学出版社2002年版，第159页。

② ［美］保罗·萨缪尔森、威廉·诺德豪斯：《微观经济学（第十六版）》，萧琛等译，华夏出版社1999年版，第218、220、221页；［美］平狄克、鲁宾费尔德：《微观经济学（第四版）》，张军等译，中国人民大学出版社2000年版，第502页

③ 也有观点把边际主义革命发生当作新古典经济学诞生的标志，参见［英］约翰·伊特韦尔等编《新帕尔格雷夫经济学大辞典（第3册）》，经济科学出版社1992年版，第470页；罗志如等《当代西方经济学说》，北京大学出版社1989年版，第3页。

放弃了政治经济学这一名称而改用经济学一词①。这一点被后来的经济学家们所继承。新古典经济学演化出后来的货币主义、供应学派、新自由主义学派（包括伦敦学派、弗莱堡学派、新奥地利学派和芝加哥学派）和理性预期学派（又叫新古典宏观经济学）②。新古典经济学把商品价值定义为人们愿意为边际产品所支付的价格③。凯恩斯是马歇尔的学生，其代表作《就业、利息与货币通论》为国家干预经济提供了理论纲领，是对新古典政治经济学的一大修正。但他的国家干预是以市场经济为基础的，旨在修补市场机制的不足，而不是倡导用公有经济取代市场经济。这一观点的合理性被二战后西方主要国家的经济实践所证明，新古典综合派、新剑桥学派和新凯恩斯主义经济学等从凯恩斯经济理论中继承的主要是这一点④。

伊姆雷·拉卡托斯（Imre Lakatos，1922—1974）认为范式不足以表达他的科学哲学思想，并用科学研究纲领取而代之，认为一个研究纲领可分为不变的硬核和可变的保护带两个部分⑤。据此，有学者总结出新古典经济学的硬核为：稳定性偏好、理性选择模型和均衡分析方法，而保护带则包括主体面临的特定环境约束、主体拥有的关于环境的信息和研究相互作用的特定方式三个部分⑥。

---

① ［俄］维佳平、茹拉夫列娃主编：《理论经济学》，张仁德等译，经济科学出版社2005年版，第6页。

② 王健：《当代西方经济学流派概览》，国家行政学院出版社1998年版。

③ ［冰岛］斯拉恩·埃格特森：《经济行为与制度》，吴经邦等译，商务印书馆2004年版，第16页。

④ 王健：《当代西方经济学流派概览》，国家行政学院出版社1998年版，第175—359页。

⑤ ［英］伊姆雷·拉卡托斯、艾兰·马斯格雷夫：《批判与知识的增长》，华夏出版社1987年版，第171—179页。

⑥ ［冰岛］斯拉恩·埃格特森：《经济行为与制度》，吴经邦等译，商务印书馆2004年版，第11页；［冰岛］斯拉恩·埃格特森：《新制度经济学》，吴经邦等译，商务印书馆1996年版，第10—11页。

新制度经济学 与宏观经济学、微观经济学相比，制度经济学尚未完全成型。证据之一是在制度经济学领域没有像萨缪尔森的《经济学》那样成熟的教科书①。证据之二是新旧制度经济学的内涵与所指也有争议，连学科名称也没有完全定型，如新制度经济学（The New Institutional Economics）也被称为新制度主义经济学②、新制度学派③、现代制度经济学④、新制度主义、数理制度经济学、理论制度经济学、新型制度经济学⑤，旧制度经济学又被叫作制度学派⑥、老制度主义⑦、近代制度学派⑧、美国制度学派⑨、美国的制度主义学派⑩等。本书综合手头书籍中的观点介绍制度经济学。

制度经济学可以分为旧制度经济学与新制度经济学，旧制度经济学的代表人物有索尔斯坦·凡勃伦（Thorstein B. Veblen，1857—1929）、卫斯

---

① 由国内学者编写、以教科书名义发行的有两本。卢现祥：《西方新制度经济学》，中国发展出版社2003年版；袁庆明：《新制度经济学》，中国发展出版社2005年版。卢现祥的书首版发行于1996年，是国内第一部转述和研究西方新制度经济学的著作。袁庆明的著作在建立自己的分析框架上进行了有益的尝试。但这两本书都明显受以下两本译著的影响：［冰岛］斯拉恩·埃格特森：《新制度经济学》，吴经邦等译，商务印书馆1996年版；［德］柯武刚、史漫飞：《制度经济学》，韩朝华译，商务印书馆2000年版，第46页。

② 程恩富、胡乐明主编：《新制度主义经济学》，经济日报出版社2005年版。该书封面、扉页用“新制度主义经济学”，而在每一页顶部却用的是“新制度经济学”，可能作者认为二者可以互替，但这种“表里不一”的现象比较少见。

③ 卢现祥：《西方新制度经济学》，中国发展出版社2003年版，第25页。

④ 盛洪主编：《现代制度经济学》，北京大学出版社2003年版。书名体现了编者的观点。

⑤ 最后4种称呼参见［英］马尔科姆·卢瑟福《经济学中的制度：老制度主义和新制度主义》，陈建波等译，中国社会科学出版社1999年版，第1—7页；汪洪涛《制度经济学》，复旦大学出版社2003年版，第2页。

⑥ 袁庆明：《新制度经济学》，中国发展出版社2005年版，第11页。

⑦ 汪洪涛：《制度经济学》，复旦大学出版社2003年版，第2页。

⑧ 卢现祥：《西方新制度经济学》，中国发展出版社2003年版，第25页。

⑨ 彭德琳：《新制度经济学》，湖北人民出版社2002年版，第35页。

⑩ 袁庆明：《新制度经济学》，中国发展出版社2005年版，第114页。

里·米歇尔（Wesley C. Mitchell，1874—1948）、约翰·康芒斯（John R. Commons，1862—1940）、克拉伦斯·艾尔斯（Clarence E. Ayres，1891—1972）、小瓦伦·塞缪尔斯（Warren Samuels Jr.，1933—）、阿兰·斯密德（Allan Schmid，1935—）、约翰·加尔布雷思（John Kenneth Galbraith，1908—2006）等人。该学派从被新古典经济学所忽视的制度角度研究经济行为，并应用本能心理学和进化论观点研究经济过程。这是该学派的主要长处，不足之处则是研究范围太广、批判多于建设、没有发展出一般的理论和方法，其研究方法通常是收集大量材料后进行详细的描述，因而科斯形容他们"除了一堆需要理论来整理不然就只能一把火烧掉的描述性材料外，没有任何东西流传下来"①。旧制度经济学也可以再分为两支，凡勃伦—克拉伦斯一支区分了商业经济与实业经济，重点考察新技术对制度安排的影响；康芒斯—塞缪尔斯一支关注法律、产权和组织，主要研究司法和政治过程在冲突解决中的作用②。而旧制度经济学中以加尔布雷思、贡纳尔·缪尔达尔（Gunnar Myrdal，1898—1987）、阿兰·格鲁奇（Allan G. Gruchy,）为代表的较为晚近的一支，也有人称之为新制度经济学（Neo-institutional economics），他们关注心理、法律等非经济因素在制度变迁中的作用，在政府干预问题上比凯恩斯学派走得更远③。但总的来说，旧制度经济学与新古典经济学、新制度经济学关系都不大。

新制度经济学的代表人物有罗纳德·科斯（Ronald Coarse，1910—　）、

---

① 转引自袁庆明《新制度经济学》，中国发展出版社2005年版，第13页；另参见［美］科斯等《制度、契约与组织》，刘刚等译，经济科学出版社2003年版，第10页。

② ［英］马尔科姆·卢瑟福：《经济学中的制度：老制度主义和新制度主义》，陈建波等译，中国社会科学出版社1999年版，第2—3页；袁庆明：《新制度经济学》，中国发展出版社2005年版，第11—12页。

③ 王健：《当代西方经济学流派概览》，国家行政学院出版社1998年版，第259—279页；［美］道格拉斯·诺思：《经济史中的结构与变迁》，陈郁等译，生活·读书·新知三联书店1994年版，译者的话，第12页。

阿尔曼·阿尔钦（Armen Alchian，1914— ）哈罗德·德姆塞茨（Harold Demsetz，1930— ）、张五常（Steven Cheung，1935— ）、奥利弗·威廉姆森（Oliver Williamson，1932— ）、道格拉斯·诺思（Douglass North，1920— ）等。The New Institutional Economics 这一名称 1975 年由德姆塞茨首先使用，学派成立的时间通常定为科斯发表《企业的性质》的 1937 年①。

新制度经济学的特征可以简要表述为用经济学方法研究制度，制度被舒尔茨定义为约束人们行为的一系列规则②。这一定义被大多数新制度经济学家所接受，也与康芒斯、诺思的观点基本一致③。诺思把制度分为正式约束、非正式约束和实施机制三个方面④。对于制度是否包括组织，制度经济学家们分为两派，大部分人认为不包括组织，因为制度是游戏规则，而组织是玩游戏的角色。与旧制度经济学不同，新制度经济学是对新古典经济学的补充乃至修正，是接近真实世界的经济学⑤。不同于旧制度经济学，新制度经济学保留了新古典经济学的硬核，如理性选择模型仍是新制度经济学的核心，但修改了其保护带，具体做法为引入信息、交易成

---

① ［英］马尔科姆·卢瑟福：《经济学中的制度：老制度主义和新制度主义》，陈建波等译，中国社会科学出版社 1999 年版，第 2 页；［美］科斯等：《制度、契约与组织》，刘刚等译，经济科学出版社 2003 年版，第 10 页。

② 转引自卢现祥《西方新制度经济学》，中国发展出版社 2003 年版，第 3 页；袁庆明《新制度经济学》，中国发展出版社 2005 年版，第 238 页。

③ 诺思的两个定义分别是："制度是一系列被制定出来的规则、守法程序和行为的道德伦理规范，它旨在约束追求主体福利或效用最大化利益的个人行为"，参见［美］道格拉斯·诺思《经济史中的结构与变迁》，陈郁等译，生活·读书·新知三联书店 1994 年版，第 225—226 页；制度"构成人类重复性互动的规则、规则的强制特征以及行为规范"，转引自［美］罗伯特·基欧汉《局部全球化世界中的自由主义、权力与治理》，门洪华译，北京大学出版社 2004 年版，第 174 页；也可参见卢现祥《西方新制度经济学》，中国发展出版社 2003 年版，第 34 页。

④ 卢现祥：《西方新制度经济学》，中国发展出版社 2003 年版，第 34—42 页。

⑤ 同上书，第 10—11 页。

本和产权约束，也不再坚持“家庭追求效用最大化、企业追求利润最大化”的二分法①。新制度经济学可以再分支。这至少有两种方法。一种分类法把新制度经济学分为三个亚类，第一个亚类反映在产权（德姆塞茨、阿尔钦）和习惯法（波斯纳）的研究中；第二个亚类关注公共选择，包括寻租与分配联盟（奥尔森、墨勒尔）；第三亚类考察组织，包括代理理论（麦克林、简森）和交易费用研究（科斯、威廉姆森）②。还有一种是埃格特森的分类法，他区分了以最优化模型为基础的、较为接近新古典经济学的“新制度经济学”（Neoinstitutional Economics），与以有限理性为基础的、与新古典关系较远的“新的制度经济学”（New Institutional Economics）③。他用 Neoinstitutional Economics 指称产权学派、交易成本经济学、新经济史、新产业组织理论、新比较经济体制或法与经济学，其内涵小于 The New Institutional Economics。他的 New Institutional Economics 是指抛弃新古典经济学硬核的经济学理论，这些 new institutionalists 用西蒙的满意原则代替理性选择原则，大概是指威廉姆森等人④，但也可能指列宾斯

① ［冰岛］斯拉恩·埃格特森：《新制度经济学》，吴经邦等译，商务印书馆 1996 年版，第 10—13 页；袁庆明：《新制度经济学》，中国发展出版社 2005 年版，第 10 页。

② ［英］马尔科姆·卢瑟福：《经济学中的制度：老制度主义和新制度主义》，陈建波等译，中国社会科学出版社 1999 年版，第 3—4 页。

③ ［英］马尔科姆·卢瑟福：《经济学中的制度：老制度主义和新制度主义》，陈建波等译，中国社会科学出版社 1999 年版，第 2 页。卢瑟福的分类法来自［冰岛］斯拉恩·埃格特森《新制度经济学》，吴经邦等译，商务印书馆 1996 年版，第 11 页。

④ ［冰岛］斯拉恩·埃格特森：《经济行为与制度》，吴经邦等译，商务印书馆 2004 年版，第 12 页。笔者未找到英文原著，从新旧中文版第一章尤其是第 11—15 页内容看，划分两种类型的相关描述有点混乱，这使他的这种区分说服力不足。有限理性是经济学家们普遍接受的概念，无法以此为区分标准。他的区分较少为人索引用可能与此有关。此外，有两点说明：新版本第 11 页第 14 行的“新制度经济学”应该是“新的制度经济学”之误；新版本第 15 页的注释 12 提到威廉姆森与诺思用同一名称（The New Institutional Economics）代表两种不同的范式，具体指的是什么，需核对这两篇文章才能确定。

坦等人①。不过，指涉列宾斯坦是可以的，但把威廉姆森包括进去显然不够合理。

许多学者探讨过制度的功能，如科斯、德姆塞茨、舒尔茨、诺思、林毅夫、张宇燕、卢现祥、袁庆明等，如科斯认为制度可以减少信息成本和不确定性②，德姆塞茨指出制度的功能是两种：形成合理预期与外部性内部化，诺思列出三种：激励、抑制机会主义和减少不确定性，舒尔茨列出五种，张宇燕列出了七种功能，卢现祥列出六种③。袁庆明的观点切中肯綮，他考察了海内外学者在这一问题上的观点发现，制度的核心功能是给市场经济活动中的主体提供激励与约束④。他修改出来的制度功能结构参见图6—1。

根据袁庆明的分析，降低交易费用、降低不确定性、减少外部性、提供有效信息、抑制机会主义行为等都服务于提供激励与约束这两重目的，后者通过改变价格来影响个人的偏好与选择，从而决定个人的行动。他的总结简明扼要。

有必要提一下诺思的制度观与结构观。道格拉斯·诺思是新经济史学的开创者，他是个制度决定论者，其核心观点是：决定经济增长的不是技术性因素而是制度性因素，技术创新、规模经济、教育和资本积累等本身就是经济增长，而不是经济增长的原因；制度创新对于经济增长至关重要，“有效率的组织是经济增长的关键”⑤，因为有效的制度会激励经济活动，而无效的制度则会阻碍经济活动；制度变迁的成本/收益比决定制度

---

① ［冰岛］斯拉恩·埃格特森：《经济行为与制度》，吴经邦等译，商务印书馆2004年版，第15页。

② 转引自卢现祥《西方新制度经济学》，中国发展出版社2003年版，第58页。

③ 袁庆明：《新制度经济学》，中国发展出版社2005年版，第255—258页。

④ 同上书，第259—261页。

⑤ 这里，他显然不同于大部分新制度经济学家，认为组织属于制度。这是他在《西方世界的兴起》中提出的观点，转引自［美］道格拉斯·诺思《经济史中的结构与变迁》，陈郁等译，生活·读书·新知三联书店1994年版，译者的话，第9页。

变迁的速度；制度变迁是为了满足对新制度的需求①。

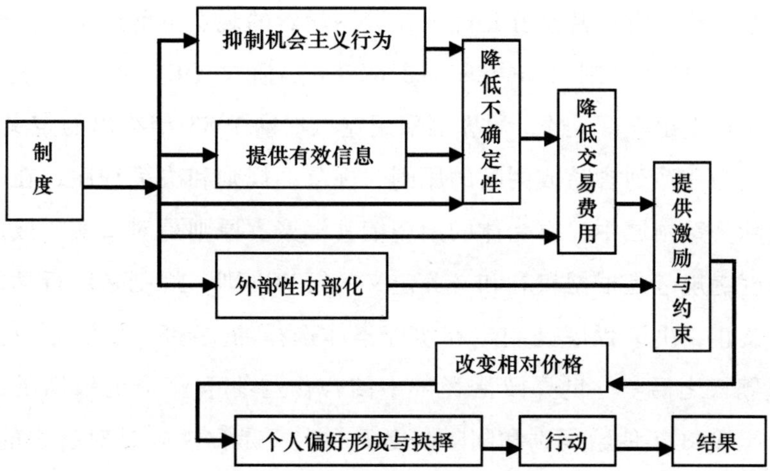

图 6—1　袁庆明总结的制度功能

诺思在《经济史中的结构与变迁》中对结构的定义是：一种制度框架②。而在 2000 年关于结构的表述为："任何社会、经济和政治体制都是人建构起来的"结构，"结构是规则、惯例习俗和行为信念的复杂混合物，它们一起构成了我们日常的行为选择方式，并决定了我们达到预期目

---

① 以上观点概括自［美］道格拉斯·诺思《经济史中的结构与变迁》，陈郁等译，生活·读书·新知三联书店 1994 年版，译者的话；王健《当代西方经济学流派概览》，国家行政学院出版社 1998 年版，第 75—95 页。有的新制度经济学家反思了诺思对制度的强调，如德姆塞茨在 2000 年的一项研究中就提出，应该抛弃"诺思因果链"，他证明了技术和自然禀赋等非制度因素在制度变迁中起决定性作用，参见［美］科斯等《制度、契约与组织》，刘刚等译，经济科学出版社 2003 年版，第 2、82—100 页。当然，诺思没有固守把制度当作自变量的观点，青木昌彦发现，《经济史中的结构与变迁》发表 9 年后，诺思 1990 年在《制度、制度变迁与经济绩效》一文中表示，制度应该被当作博弈的规则，而不是把制度当作博弈中的参与人。参见［美］科斯等《制度、契约与组织》，刘刚等译，经济科学出版社 2003 年版，第 20 页。

② 以上观点概括自［美］道格拉斯·诺思《经济史中的结构与变迁》，陈郁等译，生活·读书·新知三联书店 1994 年版，第 225 页。

标的路径”①。

在国际关系领域，对制度、机制、规则等概念有许多定义，这些定义并不完全一致，有的甚至互相冲突，同一学者的观点也前后不一。但有些比较常用。国际规制（international regime）概念1975年由鲁杰（John G. Ruggie）提出②。不过，学界多采用克拉斯纳1983年给出的定义：“可以被定义为一系列含蓄或明晰的原则、规范、规则和决策程序，在一个给定的国际关系领域中，行为体的期望依其汇聚。原则是对事实、成因、公正的态度，规范是根据权利和义务定义的行为准则，规则是对行动的具体规定和禁止，决策程序是制定和实施集体选择的主导行为方式”③。基欧汉在《霸权之后——世界政治经济中的合作与纷争》中也采用了这一定义④，但1988年他给规则和国际制度下的定义是：规则是对过去的总结，它可以用于预测未来；制度由规则来界定，国际制度是规定行为角色、约束行为以及塑造预期的一系列持久和相互关联的正式和非正式的规则，包

---

① ［美］科斯等：《制度、契约与组织》，刘刚等译，经济科学出版社2003年版，第15页。

② John Gerald Ruggie, "International Responses to Technology: Concepts and Trends", *International Organization*, Vol. 29, No. 3, Summer 1975, pp. 557 – 584. 他认为“regime”是指一系列共享的期望、规则和规章、计划、组织能力和财政承诺，这些均为一组国家所接受。

③ Stephen D. Krasner, ed., *International Regimes*, Ithaca and London: Cornell University Press, 1983, p. 2. 此处采用秦亚青教授的译文。有趣的是，克莱斯纳教授在2003年5月26日给笔者的回信中表示，如果重写此书，将给三大流派分别下定义。他说，“The definition really meant different things to schoalrs from different schools of thought. For constructivists converge really meant that the norms and rules of the regime became a kind of focal point that helped to coordinate actions. If I were writing the book again, I would have used different definitions for different schools of thought. Realists: Regime are rules etc., that are defined by the most powerful states in the system. Liberals? Regimes are rules etc., that solve market failure problems. Constructivist: the original definition.”

④ ［美］罗伯特·基欧汉：《霸权之后——世界政治经济中的合作与纷争》，苏长和等译，上海人民出版社2001年版，第68—75页。

括国际组织、国际规制（regimes）和国际惯例三种形式。这里的国际组织是有目的的制度；规制是指具有明确规则的制度，这些规则为各国政府同意且涉及国际关系中特定的一组问题；惯例体现行为的一般模式，受规则制约①。他对国际制度和国际机制做了原则区分，但在《权力与相互依赖》和《霸权之后——世界政治经济中的合作与纷争》中均是在同等意义上使用国际制度和国际规制。他把国际组织归入国际制度的做法较少有异议②，这一点不同于新制度经济学。

基欧汉在多处论及国际机制的功能，主要有以下观点：共同或互补利益的存在促成国际机制③的形成，行为者受到激励有助于制度的创立和维持，国际机制在预期成本、关联议题的交易成本等方面促进协议达成，既有机制可以降低成本和不确定性④。但比较全面的是他在《国际制度：两种方法》一文中引用科斯观点并加以发挥形成的判断，即，在"约束行为"与"塑造预期"的基础上，增加了"规定行为角色"的功能⑤。

市场失灵（market failure）是新古典经济学中的常用词，新制度经济

---

① Robert Keohane, *International Institutions and State Power*, Boulder: Westpoint, 1989, pp. 3 -4；［美］罗伯特·基欧汉：《局部全球化世界中的自由主义、权力与治理》，门洪华译，北京大学出版社2004年版，第174—175页。

② 苏长和认为国际组织是国际制度安排的产物，因而国际制度不包括国际组织。从逻辑上分析，他的观点有一定道理，但常识判断仍是学术成果的判断标准之一，脱离国际组织谈国际制度，可能不符合大多数学者的常识判断。另外，根据张五常的分析，企业（组织）和市场（制度）之间不存在截然界限，二者之间存在着过渡带。把国际组织归入国际制度恰当与否，值得进一步探究。参见苏长和《重新定义国际制度》，《欧洲》1999年第6期。

③ 本书中，国际机制和国际规制对应的都是同一个英文单词：international regime，由于国内学者用法不一，我在引用中只能并行采用两种译法。

④ ［美］罗伯特·基欧汉：《霸权之后——世界政治经济中的合作与纷争》，苏长和等译，上海人民出版社2001年版，第95、98、118—119、122页。

⑤ ［美］罗伯特·基欧汉：《局部全球化世界中的自由主义、权力与治理》，门洪华译，北京大学出版社2004年版，第174页。

学与公共选择理论也在使用，它指的是达不到帕雷托最优（Pareto Optimality），或帕雷托有效（Pareto Efficiency）时的情形①。实现帕雷托有效需要三个条件：足够的市场、生产者与消费者都按规则行事和存在均衡状态②。基欧汉将市场失灵定义为："假设行为者和资源的效用函数任其处理的话，市场调节下的互动结果是次优的，也就是说对所有各方都有好处的协议不会产生。"③ 阿克洛夫的研究以二手车市场为例说明信息不对称对市场交易的影响，他则将之扩展为政治市场失灵，论证国际机制有助于克服政治市场失灵从而有利于国际合作：只要预期收益大于预期成本，国家就有合作的动机。国际机制将降低交易成本、提供可靠信息以减少不确定性、让破坏机制者付出代价④。他的推理在理论上可以成立，问题在于，交易成本的测量问题从来没有得到过解决，国家很难通过测定预期成本与预期收益的差额来决定是否采取行动。

他给国际制度（机制）列出的功能太过复杂，约束行为、塑造预期、规定行为角色、降低交易成本、提供可靠信息、减少不确定性和让破坏机制者付出代价七个功能可以概括为袁庆明所归纳的激励与约束两种，或者

---

① 但关于市场失灵的一些知名故事，并不是那么经得起推敲。美国西北大学凯洛格商学院教授史普博著书分析了灯塔、电脑键盘、分成佃租制等一些案例，证明那些所谓市场失灵的著名例子不过是一些不可置信的寓言：人们常认为灯塔因为无法收费，只能由政府兴建，他用科斯的分析来表明，恰恰相反，英格兰和威尔士早期的灯塔大部分是由私人承建和管理的；QWERTY 键盘并不比所谓改进型的 Dvorak 键盘的效率差。这本书给人的启示是：对市场失灵的经济学分析，必须基于对产权、交易成本、制度等的系统研究，而不可依赖奇闻逸事。参见［美］丹尼尔·史普博《经济学的著名预言——市场失灵的神话》，余晖等译，上海人民出版社 2004 年版。关于帕雷托最优或帕雷托有效，参见［英］约翰·伊特韦尔等编《新帕尔格雷夫经济学大辞典（第 3 册）》，经济科学出版社 1992 年版，第 870 页。

② ［英］约翰·伊特韦尔等编：《新帕尔格雷夫经济学大辞典（第 3 册）》，经济科学出版社 1992 年版，第 351 页。

③ ［美］罗伯特·基欧汉：《霸权之后——世界政治经济中的合作与纷争》，苏长和等译，上海人民出版社 2001 年版，英文版前言，第 100 页。

④ 同上书，第 97—119 页。

秦亚青在《国际制度与国际合作——反思新自由制度主义》一文中总结的惩罚与服务两种①。毕竟，概括法比枚举法要全面，运用枚举法通常是一种不得已的选择。

新制度经济学对他的影响还表现在：从需求角度研究国际制度、把国际机制确定为自变量等。为了弥补以往国际制度研究中对需求角度的忽略，引入需求视角是必要的，只要不走到另一个极端：忽略供应视角。他没有犯这种错误。但国内与国际是两个不同层次，制度的作用不可简单类比。诺思分析的制度案例，除了关于1650—1800年海运制度的那篇外，多是关于一国之内的制度变迁的。国内制度的实施具有法律与政府保障，而国际制度则不同，通常只有霸权国创立的那些强大的国际组织才能起到有效自变量的作用。基欧汉把国际制度确定为自变量时，陷入了悖论中：想论证后霸权时代国家通过国际机制实现合作的可能，认为国际机制是干预变量②，却又把国际制度当作准自变量（准政府）③，在说明行为体互动如何导致制定的产生、维持和变化时，国际制度还扮演了因变量的角色。同一个因素依据研究的需要可以扮演不同的自变量，但这不能出现在同一个因果关系论证中。

公共选择理论　与个人选择相对的是公共选择，公共选择理论的主要特点是用经济学方法来研究政治问题，在经济人的理性假定下，研究集体选择如何受政治领域个人行为的影响，并证明民主体制的运转并不总是有效的，代表人物有詹姆斯·布坎南（James Buchanan，1919—　）、戈登·图洛克（Gordon Tullock，1922—　）、安东尼·唐斯（Anthony

① 秦亚青：《权力·制度·文化——国际关系理论和方法研究文集》，北京大学出版社2005年版，第103页。

② Robert Keohane, *International Institutions and State Power*, Boulder: Westpoint, 1989, p. 64.

③ ［美］罗伯特·基欧汉：《局部全球化世界中的自由主义、权力与治理》，门洪华译，北京大学出版社2004年版，第140页。

Downs，1930— ）、曼瑟尔·奥尔森等（Mancur Olson，1932—1998）①。政治问题既可能与制度有关也可能与制度无关，因此，有人把公共选择理论归入新制度经济学②，也有人在介绍新制度经济学时顺便予以介绍③。个人研习体会，公共选择理论是独立的、介于政治学与经济学之间的一门理论，有可能发展为一门独立的学科，研究对象可能会扩展到与公共选择有关的众多领域，如公共政策、政治制度、经济制度、政治行为等。既然公共选择理论研究公共问题，因此，与此相关的成果都可以被应用。奥尔森的集体行动理论作为具有广泛用途的基础理论在此得到应用是很自然的，集体行动与公共选择的内涵有相当的重叠。理性人假定、阿罗不可能性定理、博弈论的应用也是如此。

奥尔森认为大集团很难达成公共物品的提供，但小集团可以做到；特定大集团要成功供应公共物品，就必须有能力为成员提供一些副产品以保持对成员的吸引力。基欧汉论证，集体行动理论可以解释国际合作，因为国际合作通常由小数目的强有力的行为体来促成的，此即寡头共谋（oligopolistic collaboration）；国际机制确实也提供一些副产品。他由此得出结论，理性的利己主义者能够得到激励去形成国际机制④。他的论证有一定道理，但显得片面，副产品的吸引力往往达不到主要产品的程度，副产品一旦与主要产品效用接近，可能就变成了另一个主要产品而不复为副产品；寡头之间既可以共谋也可以背叛，这才能解释寡头共谋并不是存在于一切可能的领域，而只是有时出现。

---

① ［德］柯武刚、史漫飞：《制度经济学》，韩朝华译，商务印书馆2000年版，第46页；王健：《当代西方经济学流派概览》，国家行政学院出版社1998年版，第96—138页。

② ［英］马尔科姆·卢瑟福：《经济学中的制度：老制度主义和新制度主义》，陈建波等译，中国社会科学出版社1999年版，第3—4页。

③ 盛洪主编：《现代制度经济学》，北京大学出版社2003年版，最后一章。

④ Robert Keohane, *After Hegemony*, Princeton: Princeton Unversity Press, 1984, pp. 76 – 78.

博弈论　约翰·冯·诺伊曼（John Von Neumann，1903—1957）和摩根斯坦恩（Morgenstein）1944 年合作出版《博弈论与经济行为》标志着博弈论的诞生，但现代博弈理论与他们所说的东西关系并不大。1950 年、1951 年出现的“纳什均衡”与“囚徒困境”两个概念可称作现代非合作博弈的基石，此前的古诺模型（1838）、斯塔克尔伯格模型和伯特兰模型①通常被视作博弈论的先声。博弈包括合作博弈和非合作博弈，区别在于是否形成了具有约束力的协议（binding agreement）并得到了实施。经济学家谈博弈论时，主要是指非合作博弈的情形，合作博弈被看作非合作博弈的特例。博弈论不是经济学的子学科，但 20 世纪 70 年代以来，经济学与博弈论确实起到了互相促进的作用，加上 4 位博弈论研究者都曾获得诺贝尔经济学奖，使博弈论似乎成了经济学的一部分。但我们知道，与奥尔森的集体行动理论、阿罗不可能性定理类似，博弈论也是一种基础理论，或者说是多学科的应用工具，不过在经济学中用的比较广泛。②

博弈论发展迅速，完全静态信息博弈（纳什均衡）发展为完全动态信息博弈（如子博弈精炼纳什均衡），再进一步推进到不完全信息静态博弈（贝叶斯均衡），然后是不完全信息动态博弈（精炼贝叶斯—纳什均衡、序贯均衡、颤抖手精炼均衡、适度均衡、稳定均衡）③。

博弈论在国际关系中可以得到很好的应用，尤其是在国际安全研究中。基欧汉尝试将之用于对国际制度形成、维持与变化的分析。他应用了

---

① 对斯塔克尔伯格模型和伯特兰模型的介绍，请参见［美］埃德温·曼斯菲尔德《微观经济学（第九版）》，黄险峰等译，中国人民大学出版社 1999 年版，第 341—343 页；

② 张维迎：《博弈论与信息经济学》，生活·读书·新知三联书店 1996 年版，第 1—38 页；［美］埃德温·曼斯菲尔德：《微观经济学（第九版）》，黄险峰等译，中国人民大学出版社 1999 年版，第 338—343 页。

③ 张维迎：《博弈论与信息经济学》，生活·读书·新知三联书店 1996 年版，第 300—363 页；张培刚：《微观经济学的产生和发展》，湖南人民出版社 1997 年版，第 403—416 页。

托马斯·谢林的混合动机博弈、哈丁和泰勒的理性合作战略、阿克塞尔罗德的一报还一报（tit for tat）战略[①]，这些战略可能没有达到适度均衡与稳定均衡的程度，但已经属于不完全信息动态博弈，也就是说，基欧汉在研究中大致用上了博弈论的最新进展。这一点上，他比华尔兹仅仅借用“陈旧的”寡头垄断理论稍胜一筹。

6.2.2 基欧汉对结构的描述

基欧汉在《权力与相互依赖》中没有明显借鉴经济学理论，在《霸权之后——世界政治经济中的合作与纷争》中则大量使用经济学理论。这与查尔斯·金德尔伯格（Charles Kindleberger）的影响有关，两人1978年在一次会议上的交谈使他对经济学理论产生了浓厚的兴趣，于是，先有1982年《国际组织》春季号上“对国际机制的需求”一文的发表[②]，文章中的内容修改后变成了《霸权之后——世界政治经济中的合作与纷争》的第5、6两章[③]。连同第7两章，组成了《霸权之后——世界政治经济中的合作与纷争》的理论框架，而第1—4章是对问题和概念的探究，属于为建立理论框架作准备。第8—10章为案例分析，第11章为结论。在前两章的过渡后，他在第3章中检讨霸权稳定论，认为霸权国的存在有利于国际合作，霸权国在国际制度的创立中发挥重要作用，但这不是必要条件也不是充分条件，第4章分析“合作”与“国际机制”两个概念，第5章在“理性选择”名目下，使用市场失灵理论、集体行动理论、囚徒困

① ［美］罗伯特·基欧汉：《霸权之后——世界政治经济中的合作与纷争》，苏长和等译，上海人民出版社2001年版，英文版前言，第82、91、92页。

② ［美］罗伯特·基欧汉：《局部全球化世界中的自由主义、权力与治理》，门洪华译，北京大学出版社2004年版，代序言，第4页。

③ ［美］罗伯特·基欧汉：《霸权之后——世界政治经济中的合作与纷争》，苏长和等译，上海人民出版社2001年版，英文版前言，第27页。

境模型，论证在没有霸权的情况下，合作在利己主义者之间可以出现，合作程度取决于国际制度或国际机制的特征，以此说明现实主义在合作问题上的悲观结论未必有效。第6章用市场失灵、声望、科斯定理等概念或原理分析为什么各国愿意建设国际机制并遵守规则。第7章放宽经典理性假设，借用移情概念和赫伯特·西蒙的有限理性模型论证，政府实际上是按满意原则行事①。他的案例分析显示，美国霸权式微只能部分解释战后国际机制的衰落，霸权与国际机制可以互补乃至互替②。整本书的意图很明显：想通过国际制度的建立、维持和变化，来论证后霸权时代国际合作的可能。

他在1978年之前强调非国家行为体的作用，但后来认识到非国家行为体实际上仍然从属于国家行为体，由于受到经济学尤其是新制度经济学的强烈影响，又想建构能够与结构现实主义媲美的体系理论，因此在建构理论时又把靶心对准了国家③。基欧汉的合作者奈认为影响体系进程（process）的因素包括结构和国际制度，或者说，进程包括两个部分：单位在互动中建立起来的组织机构和相互交往中所遵循的规则④。基欧汉借用新制度经济学，注重制度这一进程或互动的产物的作用，将华尔兹关注的安全领域“权力分布”发展为主要是经济领域的“制度分布”（主导权

① 埃格特森认为从最优化原则到满意原则的转化构成了对新古典经济学硬核的抛弃。这一观点制度商榷。最优化原则实际上是不可行的虚幻，满意原则是对理性原则的有效应用。参见［冰岛］斯拉恩·埃格特森《经济行为与制度》，吴经邦等译，商务印书馆2004年版，第14—15页。

② Robert Keohane, *After Hegemony*, Princeton: Princeton Unversity Press, 1984, chapter 1.

③ Robert Keohane, *International Institutions and State Power*, Boulder: Westview, 1989, p. 8. 转引自秦亚青《权力·制度·文化——国际关系理论和方法研究文集》，北京大学出版社2005年版，第19页。

④ 转引自秦亚青《权力·制度·文化——国际关系理论和方法研究文集》，北京大学出版社2005年版，第17、44页。

或影响力的分配）。温特则又向前走了一小步：提出国际结构是观念的分布。①

基欧汉在面向中国市场的自选文集中明确提到，他的文章探讨世界如何运转②。观察他的作品，可以清楚地看到，与现实主义主张国际政治的主轴是冲突不同，他认为世界在合作中运转，因此，国际制度非常重要，制度的作用主要是减少成本、提供信息（或减少不确定性）使合作成为可能③。只要预期收益大于成本，就有合作的动机，或者加入机制的动力④。重复的合作常常导致制度的形成，而制度形成后又建构人的行为⑤——他在这一点上比华尔兹强，华尔兹说出了结构通过社会化与竞争发挥作用，却把结构当成准自变量，认为结构决定行为，从而滑向了因果性逻辑而忽略了构成性逻辑。这是现实主义者难以克服的障碍。

◇◇ 6.3　对基欧汉结构观的评析

新现实主义成就显著，但任何理论都只能解释部分现象，或对某一现象提供一种解释。华尔兹也坦陈，结构只能解释部分行为和结果⑥。我认为，新现实主义的根本不足在于，以价值中立、非道德性（non-morality）为借口，实际上却以片面人性观看问题：首先，排除了情感（这或许情有可原）；其次，排除了人类通过理性追求共同美好生活的可能，视合作为

① 其实，制度可以看作文化（即共有观念）的一部分，而权力则不能。

② ［美］罗伯特·基欧汉：《局部全球化世界中的自由主义、权力与治理》，门洪华译，北京大学出版社2004年版，第3页。

③ 同上书，第13、227页。

④ 同上书，第141页。

⑤ 同上书，第4页。

⑥ Kenneth N. Waltz, *The Theory of International Politics*, New York: McGraw-Hill, Inc., 1979, p. 73.

零和游戏的代名词，把社会建构的无政府状态当作国际社会的自然现象，将理性等同于自私，强化冲突而藐视合作。而我们知道，人类在日常生活中冲突的时间要少于合作共存的时间，即使冲突时也存在某种合作①。国与国之间的关系亦然。因此，新自由主义反现实主义之道而行之，给予合作根本地位。

新自由主义意识到，民众并不是一味的自我本位，在建构自利行为时普遍期望和信仰在发挥作用②，普通民众比现实主义的国际关系理论家更清楚，“用利益代替情感作为人类行为指导原则的社会安排可能会产生扼杀公民精神的副作用”③。自由主义在经济领域的鼻祖亚当·斯密同样很清楚，理性人的经济行为固然可以增加社会的整体福利，但对于公民幸福生活来说，更重要的是公民道德情操的培养④。

基欧汉对国际关系的贡献无可否认，是当之无愧的新自由制度主义的代表人物：他大力促成国际合作获得应有的位置；他与奈创立的复合相互依赖成为人们耳熟能详的概念；在编辑刊物与文集、培养学生上也是可圈可点。没有他，国关界会失色不少。但我更想分析他的一些不足。对于学术进步来说，批评比赞扬更有价值。

以他最为满意的《霸权之后——世界政治经济中的合作与纷争》为例，他借用华尔兹的基本假定与理论框架，把进程中的互动及互动的结晶

---

① 这种现象在社会学理论中的反映是，研究合作的社会理论占了大多数，而研究冲突的是少数。

② ［美］罗伯特·基欧汉：《局部全球化世界中的自由主义、权力与治理》，门洪华译，北京大学出版社 2004 年版，第 19 页。

③ 这是阿尔伯特·赫希曼（Albert Hirschman）的观点，转引自［美］罗伯特·基欧汉《局部全球化世界中的自由主义、权力与治理》，门洪华译，北京大学出版社 2004 年版，第 289 页。

④ 《道德情操论》先后再版 6 次，历时 31 年（1759—1790），每次都有增补，最后一版即第六版在斯密去世前几个月出版。斯密在此书上消耗的心血远远多于《国民财富的性质与原因的研究》。参见［英］亚当·斯密《道德情操论》，蒋自强等译，商务印书馆 1998 年版，译者序言。

制度这两种因素加入华尔兹的结构中，并模仿华尔兹体系理论的套路（强调体系因素对行为体影响的维度），强调国际制度对行为体行为影响的维度[①]。但我发现，在实际的研究中，由于加入了进程，当他想说明国际制度对行为体的影响时，不得不先说明行为体如何导致了制度的出现、维持和变迁。而且，他的一大半笔墨是用于分析制度的出现、维持和变迁，而无法如他自己所希望的那样，套用华尔兹的模式集中展示国际制度作为准行为体[②]（“准政府”）如何影响国家行为[③]。他更想做的是证明一点：无论如何，霸权后时代国家有合作的动机而且可以实现。这是一种个体主义视野，与制度→行为体维度的整体主义视野存在冲突。其实，制度不过是实现合作的手段，一种干预变量[④]。国际组织在各自的领域充其量是个弱政府的角色，它作为次要自变量被归入干预变量也是可接受的，何况国际规制与惯例确实是以干预变量的形式发挥作用。如果明确了这一点，他就可以不必硬往华尔兹模式靠，使论证过程左支右绌，全书的逻辑框架也因为内在张力而显得不够简洁有力。此外，过量使用经济学理论与各种概念也对逻辑框架的简明有力造成损害，整部书予人的感觉就像是一件衣服上钉满了各种各样的补丁，移情、声望、道德、法律、心理学等概念都被不必要地“缝上”，加上“大补丁”经济学概念与理论，构成了一件色彩斑

---

① 转引自秦亚青《权力·制度·文化——国际关系理论和方法研究文集》，北京大学出版社2005年版，第14—25页。

② 秦亚青甚至认为，新自由制度主义者已经把国际制度当作了自变量。参见［美］彼得·卡赞斯坦等编《世界政治理论的探索与争鸣》，秦亚青等译，上海人民出版社2006年版，译者前言，第3页。

③ 当然，新自由主义者也承认，从长期看，制度必然与强大行为体的自我利益广泛一致，参见［美］罗伯特·基欧汉《局部全球化世界中的自由主义、权力与治理》，门洪华译，北京大学出版社2004年版，第290页。

④ 他在第3章末尾也提到国际规制是一种干预变量（intervening variable），但在后面的分析中并没有把这一立场贯彻到底，而是摇摆于论证制度对行为体行为的影响和行为体对制度的影响这两极之间。参见 Robert Keohane, *International Institutions and State Power*, Boulder: Westpoint, 1989, p. 64。

斓的百衲衣。

他试图论证霸权后合作的可能以反驳新现实主义，但他关于霸权后合作的例子不够有力，其理论主要是基于逻辑推导，一种基于反事实推理的思想试验（counterfactual mental experiment）①。从实证的角度看，他的理论的经验基础不如吉尔平甚至不如华尔兹。

通过向华尔兹的结构观靠拢，他在《霸权之后——世界政治经济中的合作与纷争》中建立起了新自由制度主义的理论框架。但这样一来，他就严重弱化了此前对多种行为体的强调、对多个领域的关注，他的理论强调结构、强调制度、注重合作，是一种“结构—制度主义”，或结构—自由主义，约瑟夫·格里埃科（Joseph M. Grieco）命名的新自由制度主义已非贴切之称呼，而奈1988年命名的新自由主义显然是一个内涵不够明确的概念。

他的不足还包括把国际规制（international regime）视作准政府②，这就改变了概念的内涵，把国际规制等于行为体，从而犯了与华尔兹类似但程度较轻的错误。奈认为进程包括三个部分：结构、相互依存与国际制度、国家性质③。根据基欧汉本人的定义，国际制度包括国际组织、规制和惯例三个部分，国际组织是行为体，国际组织在其负责的领域内或多或少扮演了世界政府的角色。但国际组织仅仅是国际制度的一小部分，占大头的国际规制和惯例主要是起干预变量的作用。而且，除了由霸权国创立的强大国际组织（已经被他剔除），由非霸权国创立的国际组织比较难以

---

① 他在中文版序言中承认，冷战后美国霸权变得更明显了，因此，缺乏检验国际制度在霸权后合作的例子，相关检验只能等待以后再进行，参见［美］罗伯特·基欧汉《霸权之后——世界政治经济中的合作与纷争》，苏长和等译，上海人民出版社2001年版，中文版前言，第23页。

② ［美］罗伯特·基欧汉：《局部全球化世界中的自由主义、权力与治理》，门洪华译，北京大学出版社2004年版，第140页。

③ 转引自秦亚青《权力·制度·文化——国际关系理论和方法研究文集》，北京大学出版社2005年版，第17、44页。

发挥有效的自变量的角色。

他与奈对结构与进程及二者之间关系的解释也前后矛盾。两人在2001年版《权力与相互依赖（第三版）》中先是认为进程是“权力结构内的分配和讨价还价过程”，以扑克牌游戏为例，指的是玩家的出牌策略，而结构是指打牌的规则和开局时的筹码分布。后面又转而认为进程是单元互相联系的方式，相当于扑克牌游戏中的“正式规则、非正式惯例或常规以及玩家互动模式之间的关系”，“系统指的是相当于玩家手中的牌和筹码”①。奈1988年在《新现实主义与新自由主义》一文中认为体系包括结构和进程两个方面，“进程指体系单位互相作用的方式，包括单位在相互作用中建立起来的组织机构和相互交往中遵循的规则”②，在1993年的《理解国际冲突》中则认为进程包括结构、相互依存和国际制度、国家自身性质三个方面③。可见，他们两人对系统、结构、进程等关键概念及其相互关系并没有统一、清晰、一贯的认识④。

他的书与文章给人的一个感觉是，概念线索比较多，线索间的关系没有很好串通，文章条理不如奈、吉尔平、华尔兹清晰。他也承认，在写作《霸权之后——世界政治经济中的合作与纷争》的早期，“论证可能陷入无望的混乱状态”⑤。这显示他捕捉问题的能力突出，也善于吸收和借用新理论，但文字驾驭与文章总体整合能力则相对较弱。他在编辑文集与写作文章时常常与人合作可能与此有关。

---

① ［美］罗伯特·基欧汉、约瑟夫·奈：《权力与相互依赖（第三版）》，门洪华译，北京大学出版社2002年版，第22、339页。

② 转引自秦亚青《权力·制度·文化——国际关系理论和方法研究文集》，北京大学出版社2005年版，第44页。

③ 同上书，第17页。

④ 由于一时未能核对英文原文，上述观点与结论只是基于中文文本做出的暂时结论。

⑤ ［美］罗伯特·基欧汉：《霸权之后——世界政治经济中的合作与纷争》，苏长和等译，上海人民出版社2001年版，英文版前言，第28页。

关于系统观和结构观，基欧汉在《权力与相互依赖》中没有就系统观三特征中的整体性特征明确表态，也不在意系统的层次性，但比较强调系统的开放性，因为该书探讨的是复合相互依赖与国际机制变迁，作者主要研究国际机制与国家行为体的互动。在《霸权之后——世界政治经济中的合作与纷争》中对整体性仍没有明确的表态，但由于接受了华尔兹的结构观而在这一点上有所强化，层次性依然，但开放性变弱。

关于结构四特征，在《权力与相互依赖》中，他的观点接近于大多数结构主义者，但对整体性强调不多。在《霸权之后——世界政治经济中的合作与纷争》中，他的整体性有所增强，但仍不够明显；他把国际组织这一实体列入国际制度范畴，又把国际规制当作准政府，这显示他不赞成结构的非实体性；他不否认华尔兹的结构之作用，只是说结构变化较慢，无法解释太多的国际生活，主张引入国际制度这一进程因素来解释单元行为。进程属于单元层次的历时性因素，显示他主张结合共时性与历时性来分析单元的对外功能。

第七章

建构主义的系统与结构观：以温特为例

新现实主义与新自由制度主义的区别主要表现在，新现实主义认为国际关系的主轴是冲突，而新自由主义则认为是合作，两者的共同点是理论中的实质理性假设①，因此，基欧汉把新现实主义与新自由主义统称为理性主义理论，而把规范理论、女性主义理论、后现代主义理论等称作反思主义理论（reflective theory）②。反思理论强调人类主观性、当代国际制度在先前实践中的内嵌等的影响③，批评理性主义者忽视价值观、规范与惯

① ［美］罗伯特·基欧汉：《局部全球化世界中的自由主义、权力与治理》，门洪华译，北京大学出版社2004年版，第167页。

② ［美］亚历山大·温特：《国际政治的社会理论》，秦亚青译，上海人民出版社2000年版，译者前言，第7—8页。秦亚青的总结与基欧汉2002年的观点有出入，基欧汉认为反思主义就是后来的建构主义，秦亚青认为温特建构主义是理性主义与反思主义之间的桥梁。秦亚青的文本依据是基欧汉的《国际制度：两种方法》一文，此文先作为主席演说，1988年3月在国际研究学会第29届年会上首次公开，随后发表于《国际研究季刊》1988年第4期，接着收入1989年出版的文集《国际制度与国家权力》，也被基欧汉列入面向中国市场的自选文集中。那么，到底是基欧汉的观点变了还是亚青的总结不准确？考察《国际制度：两种方法》一文，笔者的判断是：基欧汉的观点发生了变化，他的“反思主义”远远不只是指建构主义，秦亚青的总结符合原意。参见［美］罗伯特·基欧汉《局部全球化世界中的自由主义、权力与治理》，门洪华译，北京大学出版社2004年版，第13、167—188页。

③ ［美］罗伯特·基欧汉：《局部全球化世界中的自由主义、权力与治理》，门洪华译，北京大学出版社2004年版，第167页。

例等对制度的影响，未能解释偏好的变化①。

建构主义是一大理论流派，内部呈现较为宽广的光谱，大部分属于现代主义，少数属于后现代主义。后现代主义与后实证主义、后结构主义的共同点是：都是对现代性的反动，都反对逻格斯中心主义，反对元概念、元叙述的探究，反对宏大叙述。他们质疑一切的目的是冲破现代性的束缚，追求人的彻底解放，但对于“娜拉出走以后该怎么办”这一关键问题，诸“后”的表现乏善可陈。由于后现代主义具有“长于摧毁短于建设”的特征，因此，就国际关系理论而言，后现代主义的价值主要是促使国际关系理论学家对现代性框架内的所有问题进行再思考，然后建构更为合理、解释性更强的新理论。理查德·阿什利（Richard K. Ashley）是后现代主义国家关系理论的代表。现代主义的建构主义者即是秦亚青所说的“主流”建构主义者②，其共同特征是坚持观念本体论立场。与自然世界（natural world）不同，人类生活于其中的社会世界（social world）是基于具有主体间性（intersubjectivity）特征的观念而建立起来的。因此，他们强调权力政治的社会建构，认为物质力量本身的意义有限，其作用与意义主要取决于主体的认知。现代主义的建构主义者们的侧重点各不相同，尼古拉斯·奥努弗（Nicholas Onuf）重视语言，弗里德里希·克拉托赫维尔（Friedrich Kratochwil）重视规范、江忆恩（Alastair Ian Johnston）重视战略文化、彼特·卡赞斯坦（Peter Katzenstein）重视安全文化、约翰·鲁杰（John Gerald Ruggie）与马莎·菲尼莫尔（Martha Finnemore）重视国际制度。但这些学者或主要从事经验研究，或只是对一些概念进行探究，而亚历山大·温特（Alexander Wendt）则尝试建立系统的理论框架、并使之与

① ［美］罗伯特·基欧汉：《局部全球化世界中的自由主义、权力与治理》，门洪华译，北京大学出版社2004年版，第182—188页。

② 秦亚青：《建构主义：思想渊源、理论流派与学术理念》，《国际政治研究》2006年第3期。

“两新”理论具有可比性。因此，我以温特的理论框架为代表，分析建构主义的结构观。有必要指出，他的结构化努力、国家中心主义观点等在建构主义“阵营”内部是有争议的，因此，我的分析或许不适用于所有的建构主义者，而仅仅适用于温特及其支持者。

温特的作品不多，他的结构观主要体现在1999年出版的《国际政治的社会理论》和几篇文章中：1987年发表的《国际关系理论中的施动者——结构问题》、1992年的《无政府状态是国家造就的：权力政治的社会建构》、1996年的《国际政治中的身份和结构变化》。我们稍稍介绍一下这几篇文章以感受他的思想轨迹。

《国际关系理论中的施动者—结构问题》大致确定了他迄今为止的研究偏好：（1）对巴斯卡（Roy Bhaskar）的科学实在论青睐有加，以至于在文章的总结部分没有循常例总结行动者—结构关系，而是探讨了科学实在论对于社会科学家尤其是非科学主义者的重要意义。（2）文中探讨了本体论、认识论与方法论等问题，而在行为主义革命后，国际关系理论家对这些问题尤其是本体论问题很少涉及。（3）为克服结构主义与个体主义的不足而借用结构化理论，并总结了结构化研究纲领的四点“硬核”：社会结构不可见也不可还原，但却是社会实在，能建构施动者；反对功能主义，强调实践理性和知觉能说明人的意图和动机，因此构建理论时应该予以重视；个体主义者和结构主义者争论不休的一个议题是结构与施动者何者为先，结构化理论通过指出二者的“辩证综合”关系而解决了这一矛盾；社会结构与时空建构须臾不可分离，因此社会科学的理论研究必须考虑时间与空间因素，即对历史和地理因素高度敏感①。

事实不能否证理论，对理论的批判通常沿着两个路径进行：找出逻辑漏洞，否定逻辑前提。由于理论都是学者反复思考后建立的，明显的逻辑

---

① Alexander Wendt, “The Agent-Structure Problem in International Relations Theory”, *International Organization*, Vol. 41, No. 3, 1987, pp. 335 – 370.

漏洞不大可能存在。但一些现象如此常见与“深入人心”，以至于很多学者都会将之当作研究的逻辑起点。这隐含着巨大的风险：一旦逻辑前提被推翻，相关理论的效力也就受到了根本质疑。这是建构新理论的第一步，对学者有巨大的吸引力。在20世纪90年代之前，无政府状态在国际关系学界就扮演着这种逻辑起点的角色，学者们都忘记了：社会世界不同于自然世界，社会现象不是天然存在的，可能不符合社会现实，仅仅是因为相信者众多而获得了“天然现象”的身份。温特的《无政府状态是国家造就的：权力政治的社会建构》从本体论问题入手，论证这一重大问题。他同意，在霍布斯状态下，国家安全取决于国家实力，除此之外没有任何保障。但他强调，主权制度的建立改变了这种状态，弱小国家的生存也具有了普遍的正当性①。而且，根本不存在什么无政府逻辑，自助是一种制度，这是一种主体间结构，而非无政府状态的基本特征。关键在于国家的身份和利益是如何被确定的，这由主体间知识来决定。所谓的无政府状态，其实是国家在互动过程中建构起来的，可以有不同的内容，权力政治也是一种社会建构②。他的这一观点发展为后来的三种文化及其变化。

《国际政治中的身份和结构变化》改编自1992年发表在《美国政治

---

① 温特对主权的分析让华尔兹在这一点上相形见绌。华尔兹承认，1789年之前，战争是有利可图的，其后则得不偿失；他也注意到了国家的死亡率惊人地低。但他似乎没有意识到这与主权制度的建立有关：国家死亡率低仅仅是近代现象，历史的绝大部分时间里表现为查尔斯·梯利所说的“战争制造国家，国家制造战争”，也就是说，国家的死亡率高得很。这对强调国家安全的华尔兹来说，是个不应有的忽略。也许是有意的。他在分析国家主权时淡化了“国家是维护现状的自私国家”这一点，转而强调国家受约束的一面与他国的影响，这就有点避重就轻乃至强词夺理了，参见Kenneth N. Waltz, *The Theory of International Politics*, New York: McGraw-Hill, Inc., 1979, pp. 95－96, 190；［美］亚历山大·温特《国际政治的社会理论》，秦亚青译，上海人民出版社2000年版，第134—135页。

② ［美］亚历山大·温特：《无政府状态是国家造就的：权力政治的社会建构》，载［美］詹姆斯·德·代元主编《国际关系理论批判》，秦治来译，浙江人民出版社2003年版，第140—194页。

科学评论》上的文章《集体身份形成与国际性国家》。在《国际政治中的身份和结构变化》一文中，他认为国际关系的结构理论无法解释结构变化是因为两种信仰：现实主义和理性主义。现实主义的本质是物质主义，它意味着国际体系结构的变化只能是一种沉闷的循环：永远是武力对抗；而理性主义则认为身份和利益是外生给定的，这就排除了身份和利益变化的可能（这是结构变化的关键）。综合涂尔干和米德的观点，他认为国际体系结构既包括物质因素也包括文化元素，但文化结构优于物质结构，也可以理解为国际体系中的关键结构是互主性的观念结构，它建构国家的身份和利益。冷战是一种观念结构而非物质结构，所以在物质力量没有明显变化的情况下，苏联的观念发生了变化，而这种变化又为西方所接受，于是冷战就结束了。①

《国际政治的社会理论》② 是探究的重点，这里只是先指出一点：该书是对此前观点的总结和发展，比较明显的差别是从 1987 年强调施动者—结构互动到 1999 年偏重于结构→施动者维度的分析，这与他试图建立可与“两新”理论比肩的“关于国际体系的建构主义理论”③有关。

---

① ［美］亚历山大·温特：《国际政治中的认同和结构变化》，载［美］约瑟夫·拉皮德、［德］弗里德里希·克拉托赫维尔主编《文化与认同：国际关系回归理论》，金烨译，浙江人民出版社 2003 年版，第 69—94 页。笔者在概述时突出了改编后的题目强调的那一面，而淡化了原先题目表达的内涵。另外，“identity”一词在汉语中译为“认同”和“身份”都可。但温特理论有“身份政治”的特征，译为“身份”可能更贴切些，所以，笔者在正文中没有采纳金烨的译法。

② ［美］亚历山大·温特：《国际政治的社会理论》，秦亚青译，上海人民出版社 2000 年版。

③ 他认为这是对自己理论的最好称呼，参见［美］亚历山大·温特《国际政治的社会理论》，秦亚青译，上海人民出版社 2000 年版，第 39、40 页。另外，他在 2007 年 1 月 23 日给笔者的信中明确表示，他想建立华尔兹理论的替代理论，在结构—行动者关系问题上的侧重点变化也与此有关。

◇◇ 7.1 温特的系统观

温特对系统概念的集中探讨主要是在《国际政治的社会理论》第1章（中译本第12—17页，英文版第10—15页）。前面说过，华尔兹对结构进行了独特的定义，温特则认为，华尔兹的术语不符合现代哲学的要求，最好予以放弃，改而对相关术语进行符合现代哲学的应用。在他看来，存在不同的体系结构理论，华尔兹的体系理论讨论的是国际体系的宏观结构，把国际体系当作自变量，而还原理论讨论的是微观结构，把国际体系当作因变量。两种理论均使用体系结构解释国家行为。他的兴趣在于探究国际体系的结构及其影响，因此，他同样采用一种体系理论来研究国际关系。在他的理论里，国际体系既是自变量，也是因变量。他觉得，华尔兹的错误在于放弃了层次因素，希冀在不考虑施动者属性和互动的情况下，论证体系的结构如何比施动者更有解释力。他的体系理论则旨在说明，施动者怎样被体系以不同方式建构起来并产生不同的结果①。然后在第4章里，他分别探讨了宏观结构和微观结构的具体内涵及其相互关系②。

由上可知，温特对系统的观点相当明确：系统等于结构。而且，他认为结构是实体③，无论是物质结构（如原子结构）还是观念结构（如国家）④，

---

① ［美］亚历山大·温特：《国际政治的社会理论》，秦亚青译，上海人民出版社2000年版，第12—14页。

② 同上书，第178—237页。

③ Alexander Wendt, *Social Theory of International Politics*, Cambridge: Cambridge University Press, 1999, p. 60.

④ Ibid., p. 83.

如水就是由原子结构 H_2O 构成的①。这显示他与华尔兹的系统观不一样。另外，在谈到华尔兹结构三原则的第一条时，他甚至把单元理解为结构的成分（elements of structure）②。我们知道，华尔兹认为系统包括结构和单元两个部分，单元是系统的成分而不是结构的成分。

显然，温特对系统概念的思考是相当初步的。《国际政治的社会理论》所附的参考文献显示，他没有认真研究过系统论。所以，他没能较好地解释系统与结构的关系，这是他的理论的一个不足。系统可以是实体，也可以是非实体，结构可以被看作非实体系统。我后面的研究将显示，他在研究结构问题时，又体现了对整体性、开放性与层次性的重视。而且，他在第 6 章也顺便提了一句：系统是由互动的部分组成的整体，社会体现共同利益和规则③。这种与前面不一致的说法似乎又体现了他的学术直觉。不过，可以有把握地说，如果有较好的系统论知识，他将在系统与结构的关系问题上也展示出洞见，并避免现有描述中的不和谐与失误。

7.2 温特的结构观

国际关系学是社会科学中比较落后的一门学科，集中表现在：迄今尚未出现可以不断分蘖、发展的基础理论，有的是王逸舟教授所说的“理论岛”，这许许多多互不通约的理论小岛就像是大海中散布的珊瑚礁，显然

---

① 温特的这个说法是不准确的，H_2O 就是水的化学名称，可以读作一氧化二氢。比较妥当的说法可能是：水的内部结构是：两个氢原子与一个氧原子在一定的空间里按某一顺序排列后耦合在一起。参见 Alexander Wendt, *Social Theory of International Politics*, Cambridge: Cambridge University Press, 1999, p. 83。

② Alexander Wendt, *Social Theory of International Politics*, Cambridge: Cambridge University Press, 1999, p. 98.

③ Ibid., p. 252.

无法像经济学、社会学基础理论所构筑出来的“理论大陆”那样可以供众多的学者“驰骋其上，开疆拓土”。有人认为国际关系学是与现实比较贴近的应用学科，只能是借鉴别的学科的理论来建构自己的理论，而难以创立具有普遍价值的基础理论反哺别的学科。《国际政治理论》是国际关系学领域引用率最高的专著，但后来的现实主义者，除了吉尔平以外，都没能以华尔兹的结构理论为基础搭建新的楼层①。结构现实主义对国际关系理论界的最大贡献大概是，启发了理论家们的思路：应该从体系层次建立自己的理论。基欧汉从《权力与相互依赖》到《霸权之后——世界政治经济中的合作与纷争》的转变这是这一思路的体现。他的努力获得了成功，新自由主义由此进入了主流，其影响直追结构现实主义。国际关系理论学家们当然都希望建立能列入主流的理论，事实显示，对华尔兹的借鉴显然是有效且可行的。温特对此非常清楚。但继续在经济学中兜圈子已经余地不大，温特转而向自己擅长的哲学、社会学取经，并把自己的理论称作“关于国际体系的建构主义理论”，并认为这是一种文化化了的现实主义②。

温特理论有过多种名称：温和建构主义、主流建构主义、社会建构主义、温特建构主义、身份建构主义，但现在学界倾向于用结构建构主义这一称呼③。这从一个侧面印证了他的结构化努力的成效。温特否认他的理论借鉴

---

① 吉尔平在华尔兹的基础上进一步研究结构变迁，可以算作再上层楼之举。进攻性现实主义志在最大化权力以霸权地位谋安全，防御性现实主义以平衡威胁获取安全，都难以算是对华尔兹理论的重大发展。新古典现实主义将国内因素尤其是外交政策列为考虑因素，试图克服华尔兹理论黑箱化国家的不足，这属于再上层楼的努力，但理论建构仍未完成，因此，只能算是未成功的再上层楼。有关现实主义的新进展，参见李少军《国际政治学概论（第二版）》，上海人民出版社 2005 年版，第 56 页。

② 袁正清：《国际政治理论的社会化转向：建构主义研究》，上海人民出版社 2005 年版，第 104 页。

③ ［美］彼得·卡赞斯坦等编：《世界政治理论中的探索与争鸣》，秦亚青等译，上海人民出版社 2006 年，译者前言，第 13 页。

是对国际关系理论的大拼合，但承认广泛借鉴了现实主义、自由主义、马克思主义，而被他归入建构主义阵营的四个流派（英国学派、世界社会学派、后现代理论和女性主义理论）显然对他有不小的影响①。秦亚青则把建构主义理论的来源归结为三类：社会学、语言哲学和国际关系学，具体如下。

（1）社会学的影响表现为：把世界比喻为社会，因此可以借用社会学理论，如涂尔干把社会现象称作社会事实并认为可以用实证方法进行研究；韦伯认为人可以对世界进行命名，赋予社会事件特定的意义并考察文化事件②之间的关系，他们的社会学思想使得从社会视野研究国际关系成为可能；吉登斯的结构化理论提供的结构与施动者互构的思路，突破了以前那种二者之间只能是线性因果关系的思维定式；米德的符号互动论说明了身份和利益是如何被建构的，彰显了理性主义者把身份和利益当作给定因素的不足。这在温特身上表现得较为明显。

（2）语言学的影响表现为：赋予语言本体地位，语言可以建构社会事实；语言具有实践意义，它可以制定规则，甚至语言本身就是行事；语言的人文特性，取消了理性的主宰地位，强调人与语言的互构关系，语言不是纯逻辑的，语言的意义取决于具体的实践，因此，语言的意义是社会性的，通过主体间理解来确定。对语言的强调在奥努弗与克拉托赫维尔身上表现得非常显著，但对温特、菲尼莫尔等的影响相对较小，主要表现在如下方面：语言是一种社会制度，可以建构社会事实。温特主要是引用约翰·塞尔（John Searle）的语言观，而没有引用维特根斯坦和奥斯汀的相关著作。

（3）对国际关系理论的直接借鉴包括英国学派、新旧功能主义与沟通行动理论。英国学派强调国家组成的体系是个国际社会，重视共同价值

---

① ［美］亚历山大·温特：《国际政治的社会理论》，秦亚青译，上海人民出版社2000年版，第37—39页。

② 即涂尔干的社会事实，参见［德］马克斯·韦伯《社会科学方法论》，韩水法等译，中央编译出版社2002年版，汉译本序，第5—7页。

与共同利益，从整体视野看问题，将国际制度与国际规范列为研究对象等，对建构主义者有普遍的影响。新、旧功能主义注重研究社会化进程，这分别体现在对扩展（ramification）与外溢（spillover）概念的使用上。哈斯（Ernst Haas）对信念的强调、奈（Joseph Nye）对非物质因素的重视也影响了建构主义者①。新自由主义者对制度、国内政治重要性的强调对温特的影响也很明显。沟通交往理论的影响，主要是多伊奇（Karl Deutsch）的安全共同体理论，其核心是对认同感的强调②。

我认为，就温特理论而言，除了秦亚青所列的三点外，还可以加上华尔兹理论的影响。温特说过，他的整部著作都在与新现实主义辩论③。其实他是在模仿华尔兹的基础上试图超越，以建立华尔兹理论的替代理论。他对国家利益和无政府状态后果的关切、对科学性的坚守、对国家中心论的借用、对结构→施动者维度的青睐等都体现了对华尔兹思路的借鉴。但他的结构观确实超越了华尔兹与基欧汉坚守的理性主义藩篱，闯出了自己的一片天空。

在他看来结构现实主义的核心是物质主义、个体主义和对国际互动的忽略④。他的结构观分别从上述三个方面进行了拓展。

---

① 秦亚青在这一点上的论证比较简略，显得说服力不足。新旧功能主义对建构主义的影响并不确定，将之列为建构主义的主要来源之一比较牵强。温特在 1987 年的文章中明确表示，借鉴结构化理论的目的之一就是反对功能主义。

② 上述三点是笔者的概括，原文参见秦亚青《建构主义：思想渊源、理论流派与学术理念》，《国际政治研究》2006 年第 3 期。

③ ［美］亚历山大·温特：《国际政治的社会理论》，秦亚青译，上海人民出版社 2000 年版，第 1、18 页。

④ 同上书，第 1 页。笔者认为，华尔兹离整体主义较近而离个体主义较远，他运用寡头垄断理论是为了解决动作的发出者问题，而他更看重的是结构对施动者的决定作用，而大大弱化了施动者对结构影响的维度。在 2007 年 1 月 23 日致笔者的信中，他承认为了建立华尔兹理论的替代理论，施动者的能动性问题不得不被放在了次要地位（inevitably secondary）。但笔者发现，温特对华尔兹的看法并不一致，在英文版第 17 页认为他是个体主义者，在第 150 页又认为他跟整体主义者共通：一些整体主义者像他一样否认微观结构。

首先，人类社会属于社会世界，人类关系的结构（the structures of human association）主要是由共有观念（shared ideas）来决定的，物质力量发挥着次要作用。人类社会的本体是观念而不是物质①，这是一种理念主义世界观。国际政治属于社会建构（socially constructed），当然也适用上述基本原则（tenets），换句话说，国际结构是观念现象，是知识的分布（distribution of knowledge），结构的变化就是文化的变化而不是物质力量对比的变化，一个现实的例子就是，冷战的结束以苏联下决心放弃与西方对抗（1989 年柏林墙倒塌是其表现）为标志，而不能以 1991 年苏联的解体为标志②。

在他看来，理性主义国际关系理论家轻视本体论是没有道理的，因为，在人的世界里，观念几乎无处不在③。物质的天然力量（brute material forces）也很重要，但观念解释了国际关系的大部分变化④，所以，他称自己的理论为"尾式物质主义"（rump materialism）⑤。由于他没有像一般的理念主义者那样完全否认物质力量可以单独发挥作用，他认为自己的理论也可以说是"弱式建构主义"（thin constructivism）⑥。他认为建构（constructed）包含了构成（constitution）和因果（causation）两种含义⑦。

---

① Alexander Wendt, "The Agent-Structure Problem in International Relations Theory", *International Organization*, Vol. 41, No. 3, 1987, p. 338; Alexander Wendt, *Social Theory of International Politics*, Cambridge: Cambridge University Press, 1999, p. 1.

② [美] 亚历山大·温特：《国际政治的社会理论》，秦亚青译，上海人民出版社 2000 年版，第 1、23、24 页。

③ Alexander Wendt, *Social Theory of International Politics*, Cambridge: Cambridge University Press, 1999, p. 90.

④ 2007 年 1 月 23 日给笔者的信中表达这一观点。

⑤ Alexander Wendt, *Social Theory of International Politics*, Cambridge: Cambridge University Press, 1999, pp. 109, 130.

⑥ Ibid., p. 2.

⑦ 2007 年 1 月 23 日给笔者的信中表达这一观点。在中译本中，秦亚青把 construct 和 constitute 两词都译为"建构"，把"rump materialism"译作"弱式物质主义"。

其次，国际结构（或曰共有观念）建构国家的身份和利益，国家身份是在体系环境中形成并置身于体系环境。这是一种整体主义观点，或叫结构主义观点。结合第一点，我可以概括出：建构主义是一种整体理念主义，或叫结构理念主义（structural idealism）。由于国际社会的密度很低，国家身份的建构大部分是在国内层次完成的①。结构对行为体的作用可分为两种：主要是建构作用，其次是因果作用②。建构主义者与新自由主义者都关心国际制度，不同之处在于，新自由主义者认为国际制度仅仅影响施动者行为，是一种因果关系，而建构主义则认为国际制度是宏观结构的一部分，它形成后可以建构行为体③的身份与利益从而影响行为体行为。这就不仅仅是因果关系，更主要的是一种建构关系④。文化之所以成为自我实现的预言⑤也与这种建构作用有关，因为人是从外部观察自然世界，但却置身社会世界中。

吉登斯结构化理论的核心是：阐明了结构和施动者之间的关系为二重性（duality）而不是二元性（dualism）。二元性说明他们是相对独立的实体，二重性则意味着他们是硬币的两个币面⑥，同时存在不分先后，而且彼此是一种互构关系。施动者既造就结构又把结构当作实践活动的中介，结构既给施动者提供便利又制约着施动者，施动者的行动还不断产

① ［美］亚历山大·温特：《国际政治的社会理论》，秦亚青译，上海人民出版社2000年版，第1、24页。

② 温特2003年5月1日给笔者的来信中明确提到了这一点。他在专著中没有直接这么说，但确实表达了这层意思。

③ 在讨论国际政治问题时，本书中的单元（unit）、行为体或行动者（actor）、施动者（agent）都是指国家。

④ ［美］亚历山大·温特：《国际政治的社会理论》，秦亚青译，上海人民出版社2000年版，第184—203页。

⑤ Alexander Wendt, *Social Theory of International Politics*, Cambridge: Cambridge University Press, 1999, pp. 184 - 188.

⑥ ［美］亚历山大·温特：《国际政治的社会理论》，秦亚青译，上海人民出版社2000年版，第224页。

生新的结构①。这种互构思想给温特极大的启发，他的成名作《国际关系理论中的施动者—结构问题》就带着浓厚的“吉登斯痕迹”。但他还想保留二元性来实现自己的理论目标。稍后将展示，米德理论帮他实现了这一目标。

温特表示，文化就是共有观念（shared ideas），或社会共有知识（socially shared knowledge），指涉个体间共同的和相互关联的知识，它可以是合作性质或冲突性质的，文化具有许多具体形式：规范、规则、制度、意识形态、组织、威胁体系等，可以包括或不包括政治与经济领域②。共有观念（或共有知识）包括共同知识（common knowledge）和集体知识（collective knowledge），共同知识就是主体间共识（intersubjective understandings），涉及行为体之间关于对方理性程度、战略、偏好、信念以及对外部世界状态的认知，属于微观层次，体现的是个体信念；集体知识属于宏观层次，是群体信念，集体知识的结构依赖于行为体相信某些事物，这些事物还能诱导行为体再造结构的活动。因此，集体知识与共同知识之间也呈现伴随性关系③。共同知识如何变为集体知识呢？有多重博弈、唤醒集体记忆、建立集体身份等多种途径④。

米德的社会心理学理论首次论证了心灵（mind）和自我（self）是如何在社会中建构起来的，他认为，主我（I）和宾我（me）构成完整的自我。温特对米德理论的借用包括两个方面：用符号互动论来说明文化选择如何促

---

① 秦亚青：《建构主义：思想渊源、理论流派与学术理念》，《国际政治研究》2006年第3期。

② ［美］亚历山大·温特：《国际政治的社会理论》，秦亚青译，上海人民出版社2000年版，第181页。

③ 同上书，第178—207页。

④ ［美］亚历山大·温特：《国际政治的社会理论》，秦亚青译，上海人民出版社2000年版，第200—201、206、287—288页；［美］亚历山大·温特：《国际政治中的认同和结构变化》，载［美］约瑟夫·拉皮德、［德］弗里德里希·克拉托赫维尔主编《文化与认同：国际关系回归理论》，金烨译，浙江人民出版社2003年版，第77页。

成了身份的形成；用主我和宾我来解决主体的二元性问题。他首先把个体分为两个部分：个体性本身（individuality per se）和个体性的社会条件（social terms of individuality）。个体性本身相当于主我，指施动者自身属性，如他的身体和思维可以不依赖于社会环境而独立存在，这体现了个体属性中自组织的那一部分。个体性的社会条件是指施动者依赖于文化、依赖于普遍化他者的那一部分，相当于宾我（这属于他者），必须在考虑他者并把自己当作社会客体时才能展示其意义。参照他者对自己的认识并以此定义自我正体现了文化对施动者的建构作用，因为只有这样文化才能进入施动者的大脑发挥作用。所以，个体性社会条件变成了文化现象这一客体或曰他者。于是，主我和宾我的二元性得以实现，却又保留了主我和宾我的二重性①。而“国家也是人”的论证②，使他的推导可以应用于国际政治领域。

通过上述借鉴、转换与链接，温特就达到了自己的目的：既有二元性又有两重性。施动者和结构既互相独立又互相依赖，既是因果关系又是建构关系③。

最后，进程或曰互动应该被纳入体系理论范畴。温特认为，一方面，自然类别和社会类别通过两种方式得以建构：内在结构和外在结构；另一方面，国际体系的结构有许多个，可以归纳为两类：微观结构与宏观结构。

国家是自组织行为体，因此有自己的单位属性和内部结构④，但微观

① ［美］乔治·H. 米德：《心灵、自我和社会》，赵月瑟译，上海人民出版社2005年版，第175—178、307—309页；［美］亚历山大·温特：《国际政治的社会理论》，秦亚青译，上海人民出版社2000年版，第225—228、412—423页。

② ［美］亚历山大·温特：《国际政治的社会理论》，秦亚青译，上海人民出版社2000年版，第272—281页。但他也给出了三点保留。

③ 同上书，第228—229页。

④ ［美］亚历山大·温特：《国际政治的社会理论》，秦亚青译，上海人民出版社2000年版，第187页。

结构不是指国家的内部结构，可能也不是外部结构[①]。微观结构是指互动结构，它从施动者角度描述世界。这是温特大力挖掘之处，他甚至认为自己的理论是在探究微观层次上的身份形成逻辑[②]。他认为，互动结构是指施动者之间的互动形成的结构，所以，他声称：国家之间存在多少互动复合体，国家体系中就有多少微观结构[③]。在互动结构中，有目的的行为体必须把其他国家考虑进来后再做出行动选择[④]。国家的内部结构并不生成国家属性（properties）但确实使得国家属性成为可能[⑤]。属性指国家的身份和利益，身份是社会类别或存在状态，利益指行为体的需求，可以是物质也可以是观念[⑥]。身份和利益内生于相互作用的进程，进程指相互作用与学习[⑦]。单位属性（attributes）在互动层次理论中发挥着重要作用，因为，改变行为体的供需也就改变了市场结构，改变囚徒的意愿与信念也就把囚徒困境变成了小鸡博弈[⑧]。由于互动是由意愿、信念、战略、实力等因素在众多行为体中间进行分配的结果，行为选择是由环境强加给行为体而非行为体自愿的。在这里，行为体属性无法解释行为选择，后者是由互动来决定的[⑨]。

---

① 奴隶与奴隶主、教授与学生、恐怖主义以非国家行为体使用暴力等体现的才是互为外部结构关系，参见［美］亚历山大·温特《国际政治的社会理论》，秦亚青译，上海人民出版社 2000 年版，第 103 页。

② ［美］亚历山大·温特：《国际政治的社会理论》，秦亚青译，上海人民出版社 2000 年版，第 454 页。

③ 同上书，第 187 页。

④ 韦伯的这一观点常常被学者们引用，参见［美］亚历山大·温特《国际政治的社会理论》，秦亚青译，上海人民出版社 2000 年版，第 180、188 页。

⑤ ［美］亚历山大·温特：《国际政治的社会理论》，秦亚青译，上海人民出版社 2000 年版，第 103 页。

⑥ 同上书，第 145、183、289 页。

⑦ 同上书，第 140、143 页。

⑧ Alexander Wendt, *Social Theory of International Politics*, Cambridge: Cambridge University Press, 1999, p. 149.

⑨ Ibid., p. 148.

在温特看来，宏观结构从体系角度描述世界。华尔兹的结构属于宏观结构，是一种物质结构。温特认为，社会体系最终只有一种结构，包含了物质和理念两种成分。理念伴随着（supervene）物质基础，但物质条件本身没什么解释力，因此，他的宏观结构是一种观念结构，主要指集体知识①。哲学上的多元可实现性原理显示的是，微观层次的多种组合可以导致宏观层次的同样结果，这使宏观理论难以还原到微观层次，加上有些机制只是存在于宏观层面（如温度和集体记忆）。但宏观理论的意义也因此而凸显。宏观结构也适用于这一原理。于是，宏观结构与微观结构之间呈现一种伴随性（supervenience）关系：宏观结构因为微观结构而产生但无法还原到微观结构②。体系结构与国家行为体也是一种伴随性关系③。

至此，我们可以小结一下温特的结构观：（1）在社会世界里，观念具有本体地位。施动者互动造就初始宏观结构，这是一种观念结构，一种观念实体。（2）宏观结构与微观结构、结构与施动者、文化形式（cultural forms）与物质力量、个体性大社会条件与个体性本身、集体知识与共同知识都表现为伴随关系：后者造就前者但前者不能还原为后者。（3）在结构—施动者的互动关系中，（根据吉登斯的观点）二者互相建构（mutually constituted）、互为因果（co-determined）④。但结构的作用更大，结构（部分地）建构施动者的身份和利益从而决定施动者的行为选择。（4）施动者之间的互动属于微观结构，其要点是，这里（根据韦伯的观点）行为体必

① Alexander Wendt, *Social Theory of International Politics*, Cambridge: Cambridge University Press, 1999, pp. 189 – 190.

② Ibid., pp. 150 – 157.

③ ［美］亚历山大·温特：《国际政治中的认同和结构变化》，载［美］约瑟夫·拉皮德、［德］弗里德里希·克拉托赫维尔主编《文化与认同：国际关系回归理论》，金烨译，浙江人民出版社 2003 年版，第 71 页。

④ 在 2007 年 1 月 23 日给笔者的来信中，他有如下解释：Co-determination I see as a causal as opposed to constitutive relationship; basically it just means reciprocal causation through feedback loops。

须考虑他者之后才能采取行动。因此，（根据米德的观点）所有的施动者既是自身又是他者。施动者在互动中也（部分地）建构自己的身份和利益。施动者的身份和利益还有一部分来自自身，因为它有自组织性，这造就了施动者的物质性和某些能力。（5）施动者互动中所形成的新的共有知识（包括个人层次的共同知识和群体层次的集体知识）也加入原先的微观和宏观结构中。可见，结构是可以变化的，尤其是微观结构，但宏观结构变化并不容易，因为集体知识是一种普遍被行为体内化了的共有观念，享有正当性（如主权制度）。所以，集体知识是文化，或者说，文化主要是集体知识，而国际结构的变化就是文化的变化。（6）他的理论是一种“多元的文化决定论”，也就是说，他提出了许多对概念，这些对子之间的关系或亲或疏，仅仅是大致上表现为一一对应关系。

甲		乙
共同知识	————	集体知识
个体性本身	————	个体性社会条件
微观结构	————	宏观结构
施动者	————	结构
物质结构	————	文化结构

图 7—1　温特的概念对子

◇◇ 7.3　对温特结构观的评析

温特理论试图在理性主义与反思主义之间架起桥梁①。他的中间道路相当成功：（1）他的结构建构主义一定程度上克服了反思主义短于建设的不

① ［美］亚历山大·温特：《国际政治的社会理论》，秦亚青译，上海人民出版社 2000 年版，译者前言，第 35 页。

足，20 世纪 80 年代开始的国际关系理论界本体论革命[①]，在他这里得出了标志性的成果。他的观点应者云集，虽然他自己没有进行过经验研究，但别的建构主义者进行经验研究时很难避免引用他的论点。（2）一个有点意外的现象是他的理论在中国引起的巨大反响。如果说在美国国际关系学界，对建构主义理论的主流地位还有所争议的话，在中国这种现象已经不存在。截止到 2006 年 12 月底，能够运用建构主义理论的研究者超过了 70 人，学术文章 106 篇，硕士论文 32 篇，博士论文 11 篇，专著与译著 10 部[②]，这些数据所代表的气势，可能已经引起了其他流派某种程度的"妒忌"。（3）迄今为止，没有证据表明别的学者将在理论建构上超越他，对他的批判多是针对其理论保护带。

前面谈过了温特系统观的不足。他在我总结的结构四特征上则是另外一番景象：整体主义原则的应用展示了他对整体性的重视；他对微观结构的分析彰显的是结构的关系性和共时性，而弱化了对立性；1987 年的文章中，对结构化研究纲领硬核的描述体现了他对于历时性的重视，这一点在 1999 年仍没有改变，如他对三种文化变迁的分析；对于单元属性与身

---

① 郭树勇：《建构主义与国际政治》，长征出版社 2001 年版，第 93 页。

② 以上数据获得日期为 2007 年 1 月 27 日，获取方法为：（1）学术文章：笔者在中国期刊网输入"篇名""建构主义""精确"后检索出 145 篇文章，通过文章摘要剔除与国际政治无关的 39 篇后得出；（2）博士论文：上中国博士学位论文全文数据库，输入"关键词""建构""模糊"，确定搜索范围为"政治军事与法律"，时间为"1999—2007"，搜索获得 49 篇论文，通过浏览摘要选出 9 篇，加上郭树勇、方长平的两篇得出；（3）硕士论文：上中国优秀硕士学位论文全文数据库，输入"关键词""建构主义""精确"，确定搜索范围为"政治军事与法律"，时间为"1999—2007"，搜索获得论文 63 篇，通过浏览摘要剔除与国际政治无关，或者不是以建构主义视野为主的 31 篇后得出；（4）专著与译著数据为笔者平时收集，但其中包括方长平、郭树勇与袁正清的 3 篇博士学位论文。（5）研究人员数据为推算出：43 篇学位论文作者数，只有大约 10 篇出现在笔者调查文章的 50 人名单中。调查文章参见薛力、肖欢容《中国的建构主义国际关系研究：成就与不足（1998—2004）》，《世界经济与政治》2006 年第 8 期。以上是个非常粗略的调查，准确的数据有赖于专门的研究——这可能值得受过方法论训练的有心人去做。但可以肯定，上述数据是保守的。

份的精彩分析更是凸显了他对单元功能的重视①。他对巴斯卡尔（David Bhaskar）科学实在论的坚定支持、强调社会生活的主体间特征独立于个体的大脑等②，则显示他倾向于认为结构（至少是宏观结构）是实体。

他的理论也存在一些不足。他总结了结构现实主义的三大缺陷：物质主义、个体主义和对国际互动的忽视。他的结构分析清晰展现了物质主义结构观的不足，他对互动的挖掘也让人印象深刻。但他把结构现实主义归入个体主义的做法值得商榷③。他从结构的本体地位、结构的作用两个方面来区别个体主义与整体主义。个体主义的具体特征是：个体的本体地位；施动者互相独立④，互动前身份与利益已经确定；从本初施动者起，持自下而上的社会生活观念；只讲因果性不讲建构性，否定社会结构对施动者的建构作用；社会结构不能还原为初级个体的属性和互动⑤。我认为，从结构的本体地位出发无法区别个体主义与整体主义，华尔兹的结构是涌现的而非天生的，并不具有本体地位；温特借用米德与吉登斯观点的结构观也无法给予结构本体地位。可见，只能从方法论与认识论的角度进行区分。根据前面的分析，华尔兹在反对还原主义时，“纠偏”过了头，

---

① 他反对功能主义，可能主要是对扩展、外溢等概念不以为然。这些都是理性主义者青睐的物质性因素，不是他关注的重点。

② ［美］约翰·杰拉尔德·鲁杰：《什么因素将世界维系在一起？新功利主义与社会建构主义的挑战》，载彼得·卡赞斯坦等编《世界政治理论的探索与争鸣》，秦亚青等译，上海人民出版社2006年版，第284页。

③ 国内也有学者认为华尔兹具有个体主义色彩，参见宋伟《结构现实主义是个体主义吗?》，《国际政治科学》2005年第3期。但他认为华尔兹也有建构主义色彩：他的“社会化”建构了国家的身份，他的“竞争”建构了国家的利益。在驳斥了温特对华尔兹理论的个体主义批评后，宋伟总结出：结构现实主义是真个人主义和结构主义的结合。但这一观点内涵不清：真个人主义是认识论个人主义，结构主义是认识论与方法论整体主义，也可能是本体论整体主义。所以，严格说来，他并没有准确回答文章题目提出的问题。

④ ［美］亚历山大·温特：《国际政治的社会理论》，秦亚青译，上海人民出版社2000年版，译者前言，第214页。

⑤ 同上书，第31—32页。

一头栽进了“静态结构决定论”的泥潭，既不考虑结构的来源与变化，也忽视行为体的属性与互动，这是相当典型的整体主义方法论。他借用了微观经济学、认为施动者独立、强调因果性等是否足以把他归入个体主义呢？显然不能，因为这三者都服务于他对结构作用的强调。吉尔平也认为华尔兹使用了整体主义方法论①。相比之下，倒是吉尔平与基欧汉相对重视行为体的功能。但总的来说，理性主义者都是（方法论）整体主义者。

在《国际政治的社会理论》中，温特一方面淡化了1987年的施动者—结构的互动关系，转而强调国际体系对国家身份建构的维度；另一方面，他又承认国际社会的密度很低，国家身份主要是在国内层次上完成的②，并通过对国家属性、身份形成的分析等来论证这一点，这实际上是给予国家优先于结构的地位。可见，他的理论中存在张力，是半截子的整体主义。还可以进一步追问。他强调施动者及其互动是结构产生因果力的关键因素，认为别的看法（如认为没有施动者也能让结构产生因果力）等于主张人没有大脑也能思维。在他看来，华尔兹让结构脱离了造就与再造结构的施动者和实践，这等于物化（reify）了结构，因此，难以判断单位属性与互动对结构的影响程度③。问题是，他的微观结构中，主客体都是人格化的行为体，互相建构互为因果都是可行的；但在宏观结构中，共有知识、集体知识、共有观念、文化等客体都是非人格化的，无法发出动作，那么，它们是如何建构施动者的呢？如果承认动作来自微观层次的施动者，那就得承认宏观结构中的那些东西不过是派生的干预变量，因而也就很难说在施动者—结构关系中结构的作用大于施动者。他的整体主义是方法论的而非本体论的，个体是先在的，个体主义依然享有本体地位——

---

① Robert Gilpin, *War and Change in World Politics*, Cambridge: Cambridge University Press, 1981, preface, p. xii.

② ［美］亚历山大·温特：《国际政治的社会理论》，秦亚青译，上海人民出版社2000年版，译者前言，第24页。

③ 同上书，第186页。

说白了，这还是一种个体主义。宋伟对此有洞见："建构主义的整体主义构思和它的理论目的之间存在不可克服的矛盾。"① 可见，结构主义与理念主义的双保险也保证不了他的理论站稳于整体主义行列。

概念内涵太广导致指涉不清是建构主义的一大不足②。比如，观念（idea）这个能指包括态度、信念、共识、法律、惯例等众多所指，如果在论证时所指不固定（这是很常见的），"言人人殊"，那么论证结果将缺乏足够的说服力。概念内涵的模糊性使建构主义不如现实主义那样清晰、干净、有力。这提醒我们，对科学实在论的借用是必要的，但这是为了研究的便利，而不是真的以为社会是在等同于物理存在。话说回来，建构主义确实使得我们对国际关系的认识超越了理性主义所制造的藩篱，因此，许多批评者即使不认为建构主义是一种理论，也不得不承认它是一种有用的方法（approach）。

至此，可以说，从华尔兹、吉尔平、基欧汉到温特，实际上都赋予个体本体地位，他们中有些人追求本体论整体主义的努力并没成功，其理论内部张力明显，理念主义、结构主义归根到底不过是方法论整体主义。这提示国际关系理论应该走韦伯道路：假定社会的整体性并用方法论个体主义进行研究，但同时可以借用方法论整体主义。后文"基于领域互渗的结构理论"就是这一思想的实践。

① 宋伟：《结构现实主义是个体主义吗?》，《国际政治科学》2005 年第 3 期。宋伟似乎是说温特的理论合成不够成功，追求整体主义却用属于个体的共有知识来论证。

② 概念内涵不够清晰是社会理论的一个通病，布赞也批评英国学派的世界社会概念是个"什么都可以往里面扔的知识垃圾桶"。他分析了英国学者眼中世界社会的四种内涵：康德式的同质化国家体系、跨国主义者眼中的非国家行为体、世界主义者眼中的个体身份，以及意识形态论者的世界真相，参见 Barry Buzan, *From International to World Society? —English School Theory and the Social Structure of Globalisation*, Cambridge: Cambridge University Press, 2004, p. 21。

第八章

欧洲学者的系统与结构观：以布赞为例

细心的读者可能已经注意到，前面的几位学者都是在美国学习、工作的，这似乎在国际体系结构问题上再次验证了国际政治学不过是一门美国学科的说法。但我们不赞成这种绝对化的唯“美”主义观点，社会科学中的结构主义思想是在欧洲滥觞并形成高潮的，它在国际政治领域的外溢（spillover）不仅限于美国，在欧洲也同样存在①。如加尔腾（John Galtung）、维夫（Ole Waever）、怀尔德（Jaap De Wilde）。近年的一个例子是英国华威大学（The University of Warwick）的马扎·泽芙丝（Maja Zefuss）用德里达结构观解构温特的建构主义，认为温特的理论相当大程度上抽去了“政治”这一核心内涵。根据德里达的观点，事物都是相比较而存在，对一事物的规定存在于他者之中，本身不能自我规定，因此，“中心不属于整体（不是整体的部分），整体的中心在其他地方”②。温特的理论给予国家先于国际体系结构的本体地位，实际上也说明了国家的身份主要是由国内政治规定的，而不是基于国际体系结构或行为体互动。这样一来，他

① 感谢王军博士的提醒：研究国际体系中的结构问题不能仅仅盯住美国学者，而应该把眼界放宽一些，至少应该关注布赞的结构观。

② Jacques Derrida, *Writing and Difference*, trans. By Alan Bass, Chicago: The University of Chicago Press, 1978, pp. 278 – 289. 转引自肖锦龙《德里达的解构理论思想性质论》，中国社会科学出版社 2004 年版，第 7—9 页。

的国际政治理论就相当空洞了，几乎成了没有政治内容的身份理论①。这是一个相当有力的批评，但还不是致命的。根据温特的逻辑，他的理论至少是弱政治身份理论。因此，我们可以暂时放过，转而探讨具有代表性的欧洲学者的建设性结构观。现任职于伦敦经济与政治学院（LSE，London School of Economics and Political Sciences）的巴瑞·布赞（Barry Buzan）是个合适的选择。关于这一点，有必要稍加解释。

◇◇ 8.1 为什么选择布赞

许多英国学者觉得布赞的研究方式已经偏离了英国学派的理想类型（idea type），认为他不属于英国学派。到底怎么个偏离法？这是个值得探讨的问题。从前面的分析可以看出，整个19世纪和20世纪上半叶，欧洲社会科学研究受到了自然科学研究的重大影响，表现为自然科学概念、方法在社会科学中的应用。随着全球政治、经济和军事重心的转移，类似的情况20世纪中叶在美国出现，这就是50年代开始的行为主义科学的思维方式与研究方法对美国社会科学研究的影响，美国社会科学界普遍受到了洗礼。结果就是现在欧美社会科学研究模式②的总体差异：欧洲重哲学、历史的思维方式与研究方法，美国重科学、经验的思维方式与研究方法。两种模式互有优势。显然，美国在世界上所处的总体优势地位，就包括了美国的学术研究模式的相对强势地位。美国模式并不完美，可总体影响大

---

① Maja Zefuss, *Constructivism in International Relations—the Politics of Reality*, Cambridge: Cambridge University, 2002.

② 所谓学术模式，也可以说是学术研究的路径或取向，有点类似于学术“道统”，体现一个区域内的学者共同信奉的学术原则，这些原则包括一些共有的价值观、对学术问题的思考方式、学术成果的表达程序、对一些范例的使用。其确立是一个漫长的过程。

于欧洲模式。学者用什么模式是自己的选择，但学术训练大致决定一个人学术偏好的基本面，而博士研究生阶段所受的学术训练影响甚大，能起到塑造作用，毕业后的继续学习，对研究的影响通常只是起到修正作用。这在一些学者身上体现得较为明显，尤其是一些在英国出生与受教育，但与美国和加拿大学界关系较为密切或到北美发展的学者，如保罗·肯尼迪（Paul Kennedy）、麦克尔·曼（Michael Mann）、布赞等。华尔兹受学术训练于行为主义兴起之初，故其早期著作《人、国家与战争》较为接近欧洲模式。经过20年潜心学习、思考后出来的作品《国际政治理论》则属于美国模式。奈和基欧汉接受学术训练是在行为主义已经比较兴盛的20世纪60年代，所以，作品多属于美国模式。在《世界历史中的国家体系》中，布赞以六万年世界历史为对象，横跨历史学、人类学、考古学、哲学、经济学、政治学等许多学科，这种学术思维方式属于欧洲模式；而先确定研究框架、界定相关概念后应用自己的"工具"展开分析则属于美国的研究方法。思维方式比研究方法更为根本，所以，我认为他是"英国学派的根嫁接了美国方法的树枝"，即，他学术研究的"根"是欧洲式的，而"枝干"是美国式的①。

---

① 中国的情况有所不同。社会科学的重建是最近20年的事情，除了历史学、文学、语言学等少数学术传统比较深厚的学科外，大多数社会科学科目都面临研究模式重新确立的问题。未来可能会出现不同于欧美的中国模式，它以自身的历史、文化、社会背景为基础，吸收欧美模式的长处，但现在仍处于学习欧美、挖掘自身文化历史积淀的过程中。就国际关系学界而言，从已经发表的作品看，大部分学者在这些方面都做得还不够。中国学者的当务之急不是学术创新与建立中国模式，而是踏踏实实地学习与积累。无论是偏好欧洲模式、美国模式，还是对"旧的中国模式"（具有丰富的历史、文化知识，研究中以类比、微言大义为主要特色）有偏爱，都要求有相当程度的积累、储备。建立学术研究的中国模式需要分两步走：第一步，"产生"大量能熟练运用美国模式或欧洲模式的学者，也"产生"大量精通"旧的中国模式"的学者。第二步，在这些学者的碰撞中，确立中国模式。这大概是两代人以后的事情了，而国际关系的中国学派，可能也要到那时候才能初步成型。英国学者努力了半个世纪，才梳理出一个国际社会的概念，还没有形成比较完整的理论体系，可见创立学派之不容易。

一般的欧洲学者，多坚持用典型的欧洲模式研究国际政治，欧洲大陆学者如克拉托赫维尔、贝特朗·巴第（Bertrand Badie）、托布约尔·克努成（Torbjrn L. Knutsen）等均如是。英国学派的大多数学者也是如此，但布赞是个明显的例外，他也觉得自己是个方法论上的多元主义者，乐于采用结构方法①，这不但影响了他的学生②，也影响了他的合作者如利特尔、琼斯（Charles Jones）、维夫、怀尔德等。他自己更是在多部作品中用了结构分析方法，包括 1983 年初版、1991 年再版的《人民、国家与恐惧》。此外，他的学术成就也获得了广泛的承认，担任过英国国际关系学会主席、北美国际关系学会副会长、国际关系研究协调委员会常务秘书长等。因此，选他为代表分析美国以外学者的结构观比较合适。

8.2 布赞的系统与结构观

布赞是个高产的学者，迄今为止，出版著作 15 部③，其中 5 部已经被翻译成中文④。这里通过他的几部代表性作品来分析他的结构观。1983 年出版的《人民、国家和恐惧》虽然有国家中心论倾向、现实主义偏好、关注安全领域等特点，一些思想是在后来的作品中完善的，但他的总体学

---

① ［英］巴瑞·布赞：《世界历史中的国际体系——国际关系研究的再构建》，刘德斌等译，高等教育出版社 2004 年版，译者序，第 XII 页。

② 他的学生崔顺姬的博士论文就借用了《世界历史中的国际体系》框架分析东亚问题，通过领域分析得出结论：东北亚地区已经形成了安全机制（Northeast Asia Security Regime），但尚未形成安全共同体（security community）。参见 Cui Shunji, *Beyond Rivalry? Sino-Japan Relations and the Potential for a "Security Regime" in the Northeast Asia*, PhD Dissertation, LSE, 2006。

③ Barry Buzan, *From International to World Society? —English School Theory and the Social Structure of Globalisation*, Cambridge: Cambridge University Press, 2004, p. 3.

④ 即《世界历史中的国际体系》《新安全论》《世界政治中的军备动力》《时间笔记》和《美国和诸大国：21 世纪的世界政治》。

术思想已经在该书中较为清晰地展现出来了①。他在1998年出版的《新安全论》中扩大分析的领域并应用了建构主义，改进了安全分析的理论框架。在1993年出版的《无政府的逻辑》中，他试图拓展华尔兹结构观的物质主义倾向，② 2000年面世的《世界历史中的国际体系》③ 意在克服华尔兹结构观的非历史倾向，在书中比较全面地展示了他的结构观，这是本节介绍的重点。2004年诞生的《从国际社会到世界社会?》④ 则重点探讨世界社会概念，并试图重新解读英国学派，他认为全球化时代的跨国行为体具有特别的作用，本书甚至可以叫作《人民、国家与跨国行为体》⑤。他认为马丁·怀特（Martin Wright）对英国学派的理解属于规范版（normative version），他则要给出一个结构版的解读（structural interpretation）⑥。据作者交代，此书的构思、写作几乎与《世界历史中的国家体系》一样⑦，二者表达的结构观也相同，故本书不对此进行介绍。

《人民、国家和恐惧——国际关系中的国家安全问题》一书于1976年开始构思⑧，1983年出版，1991年修订后再版，书名改为《人民、国家和恐惧——后冷战时代国际安全研究的议程》。该专著给布赞带来了国际性声誉，并成为安全研究领域引用率很高的专著之一。现在，国际安全研

---

① 崔顺姬：《人民、国家和恐惧——布赞及其对国际关系理论的贡献》，《世界经济与政治》2006年第5期。

② Barry Buzan, et al., *The Logic of Anarchy: Neorealism to Structral Realism*, New York: Colombia University Press, 1993.

③ ［英］巴瑞·布赞：《世界历史中的国际体系——国际关系研究的再构建》，刘德斌等译，高等教育出版社2004年版。

④ Barry Buzan, *From International to World Society? —English School Theory and the Social Structure of Globalisation*, Cambridge: Cambridge University Press, 2004.

⑤ Ibid., preface, p. xiii.

⑥ Ibid., p. 228.

⑦ Ibid., preface, p. xiii.

⑧ Barry Buzan, *People, States and Fear: The National Security Problem in International Relations*, Brighton: Wheatsheaf, 1983, Preface, p. IX.

究已经是一个蓬蓬勃勃的研究领域，但在20世纪70年代却是另外的景象。促使布赞投身这一领域的主要原因是：安全问题如此重要，这一术语已被广泛使用，但考察文献发现，安全是个不成熟的概念（underdeveloped concept），相关研究大部分集中于经验领域（如军备竞赛、军控、裁军），且主要是由战略研究者做出的。少量的概念研究也不让人满意，如沃尔佛斯（Arnold Wolfers）探讨国家安全的专著《纷争与协作》居然得出“安全是个模棱两可的概念，根本没有准确含义”的结论。他认为这是不正常的，应该对这一概念进行详细的理论研究以建立一个可供后来者应用的框架，即通过安全这一透镜把握问题（subject）的整体①。

扼要说来，该书的主要观点有：（1）仅仅聚焦像军控这样的具体问题容易导致对安全概念的见仁见智，仅仅强调某一层次的安全也是片面的。把安全看作整体性概念可以消除概念的模糊性②。在他的眼中，安全首先是一个整体，一个系统。但这不妨碍他借鉴华尔兹的层次分析法，从个体、国家、国际体系三个层次分析安全问题。他发现安全无法局限于某一层次，每一层次都是整体安全的条件③。（2）关于影响国家安全的因素，他分析了散布于军事、政治、经济和生态等不同领域的种种威胁④，尤其是详细分析了国际经济体系对国家安全的影响⑤，发现越是弱小的国家安全概念的内涵越模糊⑥。（3）关于安全复合体，他定义为：一组国家，他们在重大安全问题上彼此攸关，以至于无法在国家安全上像一般国家那样单独行动。国际体系包括许多安全复合体，这些复合体通常是持久

① Barry Buzan, *People, States and Fear: The National Security Problem in International Relations*, Brighton: Wheatsheaf, 1983, pp. 3 – 4.

② Ibid., p. 257.

③ Ibid., p. 15.

④ Ibid., pp. 75 – 83.

⑤ Ibid., pp. 128 – 155.

⑥ Ibid., p. 68.

的，但既不是永久的也不是僵硬的；安全复合体的形成可以是多种原因所致：地理的、政治的、战略的、历史的、经济的和文化的[①]。（4）体系 = 单位 + 互动 + 结构[②]，华尔兹把安全条件简化为权力分布一个因素，显示其结构观是单向度的（one-dimensional）。国家的安全条件取决于多种变量，每一种变量又包含许多因素，如历史变量就至少包含六个因素[③]。（5）意识到地区层次的重要性，但在整体上，仍然表现为国家中心主义[④]，而且是一种注重物质的现实主义视野。

《新安全论》的主题依然安全问题，其超越《人民、国家和恐惧》之处主要是：（1）对宽泛的领域进行开放性分析，大大强化了领域分析的应用，把安全分为军事、环境、经济、社会和政治五个领域。（2）引入建构主义，从“言语—行为”的模式观察安全，将社会关系列为安全分析的中心[⑤]，视集体认同为社会安全的指涉对象，并把安全定义为自我指涉的实践[⑥]，认为威胁是社会建构，与物质条件或者攸关或者无关[⑦]。（3）由于层次分析法会强化国家的中心地位，因此应淡化多层次分析而聚焦地区层次。（4）注意到冷战结束将凸显地区层次的重要性[⑧]，并增加了对地区内安全动力的分析。冷战时期它被外来力量覆盖（overlay）而无

---

① Barry Buzan, *People, States and Fear: The National Security Problem in International Relations*, Brighton: Wheatsheaf, 1983, p. 106.

② 转引自崔顺姬《人民、国家和恐惧——布赞及其对国际关系理论的贡献》，《世界经济与政治》2006 年第 5 期。

③ Barry Buzan, *People, States and Fear: The National Security Problem in International Relations*, Brighton: Wheatsheaf, 1983, pp. 104 – 105.

④ ［英］巴瑞·布赞等：《新安全论》，朱宁译，浙江人民出版社 2003 年版，英文版序言，第 39 页。

⑤ 同上书，译者序，第 17—18 页。

⑥ 同上书，第 21—27、272 页。

⑦ 同上书，中文版序，第 34 页。

⑧ 同上书，第 12 页。

法辨认①；观照到了非地区次全球模式（即地理不相邻之子系统）②。（5）考虑到安全化（securitization）对正常社会生活的负面影响，主张非安全化（desecuritization）③。（6）强调个体层次的互动，认为安全复合体完全是由构成单元互动而成，单元之间的安全相互依存可以是基于敌意，也可以是基于友善④。（7）结构是实践的沉淀⑤，可以体现为在体系层次上运作的全球市场和国际社会⑥，因此，结构是一种社会建构。

在《无政府的逻辑》一书中，布赞及其合作者琼斯（Charles Jones）、利特尔（Richard Little）认为，华尔兹的理论是新现实主义而非结构现实主义，他们写作此书的目的是要纠正华尔兹的不足并建立真正的结构现实主义。华尔兹的结构只是考虑成分如何被安排和定位（arranged and positioned），而不是成分间的互动——这被华尔兹视作单元层次的现象。华尔兹只是关心国际体系中的政治领域的结构，而未回答：它与其他结构（经济的、社会的、战略的）是什么关系呢⑦？互动是系统概念的关键，没有互动就没有系统。系统可以分为政治、军事、经济、社会等领域系统⑧，仅仅考虑政治系统是不够的。就政治系统而言，也不像华尔兹所说的那么简单：权力体现强制，与排列原则有关；权威体现合法性，与功能原则有关；组织体现管理，与能力分布原则有关。他的结构三原则中的前两条构成了国际政治系统的深层结构（deep structure），第三条原则构成“分布

① ［英］巴瑞·布赞等：《新安全论》，朱宁译，浙江人民出版社2003年版，第17页。

② 同上书，第267页。

③ 同上书，第274—279页。

④ 同上书，第16页。

⑤ 同上书，第272页。

⑥ 同上书，第8页。

⑦ Barry Buzan, et al., *The Logic of Anarchy: Neorealism to Structural Realism*, New York, Columbia University Press, 1993, pp. 34 – 35.

⑧ Ibid., pp. 29 – 30.

结构（distributional structure）”①。可见，华尔兹的结构太过简单片面了，无法应用于非同类单元组成的无政府状态（指民族国家形成之前）②。华尔兹认为单元 = 属性 + 互动③，混淆了国际体系结构和国家结构④。历史地看，无政府逻辑不是一种而是多种：为了生存，竞争可以导致模仿，也可以导致差异⑤。结构效应也不是固定不变的，单元与结构是互相建构的，单元性质可以影响结构的功能（consequences of structure），比如，自由国家促进国际市场结构的形成，而重商主义国家则抑制国际市场结构的形成⑥。

为了克服华尔兹理论的静态性以建立自己的结构现实主义，他们引入了三种因素：分解力（disaggregating power）、功能差异（functional differentiation）和互动能力（interaction capacity）。分解力是指领域内（政治、经济、意识形态等）的能力，这些领域的变换对系统结构会产生影响。华尔兹认为无政府状态下单元功能无差异的看法不符合人类大部分历史事实；互动能力尤其值得重视，它取决于属性能力而不是相对能力，但对国际体系中技术、规范和组织的变化非常敏感⑦。他们强调，不能把单元互动与单元属性混为一谈，都归入单元层次理论这么一个混合体。互动是进程形成（process formation），可以导致不可预知的结果。单元属性则没有这样的效果。

虽然布赞没能就互动发展出一个新的理论，但他与合作者对互动与单元属性的区分仍然具有重要意义，为避免华尔兹结构的静态性作出了初步

---

① Barry Buzan, et al., *The Logic of Anarchy*: *Neorealism to Structural Realism*, New York, Columbia University Press, 1993, p. 65.

② Ibid., p. 42.

③ Ibid., p. 47.

④ Ibid., p. 241.

⑤ Ibid..

⑥ Ibid., pp. 50, 241 - 245.

⑦ Ibid., pp. 66 - 80, 237 - 238.

的努力，启发温特发展出自己的微观结构理论，对笔者后面阐述自己的结构观也具有重要借鉴作用。

《世界历史中的国际体系》是本节研究的重点，因此有必要考察得详细些。在该书中，布赞将研究议题从安全转向历史。他不满国际关系历史仅仅围绕着威斯特伐利亚体系转的现状，相信国际关系理论和世界历史的结合能够产生一种有吸引力的世界史观，并对其他学科产生影响①。他坚信自己的书将给国际体系研究带来新的思考方法。

由于分析的时段达六万年，他必须先准备好进行分析的工具库，分为三类：分析层次（levels of analysis）、分析领域（sectors of analysis）和解释源（sources of explanation）。分析层次为五个：国际体系、国际次体系、单元、次单元和个体；分析领域也是五个：军事、政治、经济、社会或社会文化、环境，但在实际分析中，军事和政治领域是合并在一起进行的；解释源有三个：互动能力、过程和结构，用于解释不同时期国际体系的运作情形。他接受了华尔兹的结构定义但将之扩展到政治之外的领域②。他把六万年来的世界历史分为三个部分：前国际体系（公元前6万—公元前3500）、古代和古典国际体系（公元前3500—公元1500）、全球性国际体系（1500—　）③。三种体系的基本单位分别是采猎群（hunter-gatherer band）、城邦和帝国、民族国家。这样，他就可以在自己设定的统一框架内，对六万年来的国际关系史进行分阶段的、全景式的描述。他分领域探究了每个体系内单元的互动能力、过程和结构，也分析了三个体系次第更替的原因。他的结论大致是：

关于历史　现有的国际关系理论局限于威斯特伐利亚和约签订以来的

---

① Barry Buzan and Richard Little, *International Systems in World History: Remaking the Study of International Relations*, Oxford: Oxford University Press, 2000, pp. 33, 407.

② Ibid., pp. 68 – 90. 这里的过程就是前面的进程，是 process 的不同译法。

③ Ibid., p. 395.

几百年，而忘记了此前的漫长历史，实际上是一种非历史主义的（ahistoricism）国际关系理论，揭示出来的东西是片面和扭曲的。以 17 世纪以来欧洲经验为基础的国际体系不是普世性的，必须摆脱"威斯特伐利亚束身衣"（Westphalian straitjacket），把眼光放大到整个人类历史，才能对国际体系的历史有个比较全面的认识。如果忽略单位差异，会发现人类历史上一直存在着国际体系。当然，在 1500 年之前，还不存在全球性的国际体系，漫长的城邦—帝国时期存在着多个区域性的国际体系，值得注意的是，这些区域性国际体系内部既是无政府的，却又存在等级制。五千年来的历史显示的是，从无政府状态向等级制的转移是经常、反复发生的，而且，无政府状态和缺乏等级制的情况在前国际体系时代和近五百年来都存在着。现实主义把从等级制到无政府状态的转移当作世界历史中的最根本的结构性政治变化，这显然缺乏说服力，应该是主导单位结构的变化代表着世界历史中的根本转换，因为主导单位的本质决定了国际体系结构（无论是无政府的还是等级制的）稳定与否①。持续四千多年的古代—古典时代，单元的结构和功能是分化的，并非华尔兹所说的"类似单元"②。而现代国家在西欧边缘地区的兴起，构成了现代与古代、古典时代最根本的区别之一③。

关于方法论　国际体系非常复杂，用一元论的方法与理论远远不够，必须采取多元主义视角并对国际体系采取尽可能宽的视野，才能阐明国际体系是如何随时间而变化的④。国际体系依照成熟度可以区分为三种：前国际体系主要由社会文化互动构成；经济国际体系除了社会文化交流外，还有经济交流；完全的国际体系则还要加上军事—政治交流。这里的交流

① Barry Buzan and Richard Little, *International Systems in World History: Remaking the Study of International Relations*, Oxford: Oxford University Press, 2000, pp. 1 – 13.

② Ibid., pp. 230 – 231, 375.

③ Ibid., pp. 242 – 243.

④ Ibid., p. 48.

和互动是长期的、实质性的①。采猎群的互动能力非常惊人，甚至可以实现跨大陆的货物传递②，但构不成国际经济体系和完全的国际体系。

关于互动能力 结合对过程和结构的考察会发现，互动能力在世界历史上发挥着至关重要的作用，是理解国际体系发展变化的核心因素③。在前国际体系到古代国际体系的转变过程中，运输手段的根本性变革（马、骆驼、车辆、轮船等的使用）起到了关键作用④。从西欧崛起的现代国家能够统治全球——先是贸易，后是军事—政治——也是因为互动能力上的突破。应该注意到过程和结构是无法轻易分开的⑤。如果欧洲崛起没有发生，原先的几个文明的缓慢扩张也会创造一个全球体系，但肯定不同于现在的体系⑥。主权国家横扫了其他单位形式（城邦、城市联盟等），迫使一些古老的单位（如中国、日本、泰国）把自己调整为主权国家⑦。

关于结构与单元 体系结构不是理解体系转换的关键，结构理论无法忽视系统的单元特性，而结构力量也无法决定单元性质。主导单位和结构互相建构⑧。

关于结构、过程、互动能力 互动能力限制可能发生的过程类型但不能决定实际出现的过程类型；过程的强弱决定系统能否被结构化以及结构效果的大小；如果互动能力只能支撑分程过程（delay process）⑨，政治过

---

① Barry Buzan and Richard Little, *International Systems in World History: Remaking the Study of International Relations*, Oxford: Oxford University Press, 2000, p. 96.

② Ibid., pp. 147 – 151.

③ Ibid., pp. 8, 378.

④ Ibid., p. 165.

⑤ Ibid., pp. 241 – 242.

⑥ Ibid., pp. 239 – 240.

⑦ Ibid., pp. 244 – 245.

⑧ Ibid., pp. 375 – 376.

⑨ 指分段发生的远距离货物交换，参见 Barry Buzan and Richard Little, *International Systems in World History: Remaking the Study of International Relations*, Oxford: Oxford University Press, 2000, p. 133。

程和结构效果不明显，这样的系统并没有实现各个领域的结构化。总之，可以认为结构与过程都在变动之中①。

◇◇ 8.3　对布赞结构观的评析

他的学术成就是多方面的：对安全概念的理论研究、对世界历史的研究、对结构问题的拓展、对英国学派的再梳理等。在这些研究议题中，他展示了自己的创造性：他认为研究国际政治仅仅关注国际体系（即全球层次）和国家层次远远不够，许多国际政治现象是在全球与国家之间的地区层次发生的，无法用体系理论来解释，欧盟的诞生与发展就是一个明显的例子。因此，他在横向的层次分析中突出地区层次（subglobal level or regional level）②。而在纵向的领域（sector）研究中，他认为无论是全球、地区还是国家层次，都不能局限于安全、军事等高端政治（high politics），有必要用不同透镜（lens）分别考察政治、经济、军事、社会（或文化）乃至环境等多个领域，以获得比较全面的研究结论③。

英国学派学者有一些共性：大体上属于现实主义者，主张研究方法的多元，强调历史学与哲学的应用。这些特征在布赞身上也适用。他的勤奋与善于吸收令他在英国学者中独树一帜，但他仍然是英国的“底子”加上美国的“面子”。在《新安全论》中，他声称自己在安全问题上是激进

---

① Barry Buzan and Richard Little, *International Systems in World History*: *Remaking the Study of International Relations*, Oxford: Oxford University Press, 2000, pp. 382 - 383.

② Barry Buzan, *From International to World Society? —English School Theory and the Social Structure of Globalisation*, Cambridge: Cambridge University Press, 2004, Head page.

③ Barry Buzan and Richard Little, *Internatioanl Systems in World History—Remaking the Study of International Relations*, New York: Oxford University Press Inc., 2000, pp. 73 - 74.

的建构主义者①，但这不过是现实主义者对建构主义的一点借用。在《世界历史中的国家体系》中借用了“行为体与结构互相建构”的说法，但并没有贯彻到底，在大部分时候仍然偏好物质力量的作用，他也没有阐明结构如何建构行为体，倒是反复强调主导行为体对结构的影响，展示给我们的是他对行为体功能的重视。这一点贯穿于他的上述作品中，表达上有所差异而已：互动、过程、互动能力。把他与吉尔平做个比较会发现，两人的相似处是：都侧重研究体系变化、把研究重心转向单元。

他对华尔兹结构观有选择地接受：借用华尔兹的结构定义②，认为互动环境不是结构③，承认强结构的影响力（不同国际体系里发挥作用的领域不同）。但他对互动能力的强调盖过了对华尔兹结构观的坚守。他总体上是个个体主义者，对结构概念的借用常常只是表面的④。其实，把太多东西往结构的筐里装使结构概念模糊了⑤。不如接受华尔兹的结构观尔后强调单元的作用，或把互动纳入结构。与华尔兹不同，布赞强调的是单元互动的重要性，并称之为进程形成（process formation）。不过，他又认为不能将之称为进程结构，担心这样会混淆单元和结构水平，温特认为这说明他最终回到了（stick to）华尔兹的结构观⑥，而温特自

---

① ［英］巴瑞·布赞等：《新安全论》，朱宁译，浙江人民出版社2003年版，英文版序言，第241页。

② Barry Buzan and Richard Little, *International Systems in World History: Remaking the Study of International Relations*, Oxford: Oxford University Press, 2000, p. 12.

③ Ibid., pp. 49 – 50.

④ 他自己也承认经济结构等没法说清楚。另外，他还把价值观等作为文化结构的指涉对象。参见 Barry Buzan and Richard Little, *International Systems in World History: Remaking the Study of International Relations*, Oxford: Oxford University Press, 2000, p. 233。

⑤ 他的安全概念存在的不足是：被他塞入过多东西而讽刺性地出现了“安全概念的安全化”，因此同样面临着“去安全化”的必要。

⑥ Barry Buzan, et al., *The Logic of Anarchy: Neorealism to Structural Realism*, New York, Columbia University Press, 1993, pp. 49 – 50.

己则将之发展为“微观结构”①。总之，他对华尔兹结构观的改造难说成功，但把重心放在单元则避免了在华尔兹的死胡同里绕圈子，使自己的学术研究有可能创出新路。而在结构问题上，他的最新见解是：结构是一些基本原则②。

他的成功之处大概是对地区层次的强调和领域分析法的应用。他的复合安全理论可谓应者甚众③，可以说，他所设想的“安全：一种新的分析框架”已经建立。或许，“地区+领域”的分析框架可以应用于安全问题之外的地区主义研究，甚至全球问题的研究。他自己对领域分析法也比较偏爱，不断地发展与应用：先是在安全研究中完善它，后则将之应用于安全以外的领域。他的领域分析法具有很强的生命力，遗憾的是，他在具体应用这一方法时没有对领域内发生的互动过程进行理论上的概化（generalization），而是停留在对现象的烦琐描述上，《新安全论》如此，《世界历史中的国际体系》更为严重。我将在后文尝试进行这一概化：互动如何发生？具体步骤是什么？有哪些一般性特征？

他对结构四特征的看法可以概括为：赞成结构的整体性但侧重分析个体对结构的影响，主张共时性与历时性相结合以考察长时段的单元功能，关于结构的非实体性，他的立场与华尔兹相差不大，因为他为改进华尔兹结构观而引入的分解力、功能差异、互动能力等都与实体无关。

---

① ［美］亚历山大·温特：《国际政治的社会理论》，秦亚青译，上海人民出版社2000年版，译者前言，第185页。

② 2007年4月19日下午4—6点，北大国际关系学院C201室，他做了关于英国学派的演讲。我在提问中提到他对华尔兹的批评和温特对他的批评，请他回答：结构是否是个实体（entity）？它的国际结构定义是什么？他的回答大致是：每个人可以有自己的结构定义，取决于研究的需要，但他不同意华尔兹的结构观。在他看来，国际结构大致上就是一些原则（structures are basically principles）。

③ ［英］巴瑞·布赞等：《新安全论》，朱宁译，浙江人民出版社2003年版，英文版序言，第14页。

◇◇ 8.4 小结：关于国际关系理论中的结构

这里，我们有必要对上述几个代表性人物的结构观做个总结，以考察前面总结的结构四特征在国际关系理论中的表现。研究表明，华尔兹的结构观被修正了，但对于结构的非实体性，国际关系理论家们的看法分歧明显。

1. 华尔兹的结构观

华尔兹之前也有国际关系理论家应用了系统与结构概念，常常被提到的例子是默顿·卡普兰和斯坦利·霍夫曼，但霍夫曼的观点不够系统，影响不大；卡普兰的系统思想有相当的影响，但属于精致而无法应用的理论，其发展后继乏人。直到肯尼思·华尔兹在《国际关系理论》一书中提出了一套比较完整的关于国际体系的结构理论。他的理论对国际关系学界的影响巨大，有学者形容国家关系理论界形成了一种“华尔兹效应”①，这意味着要建构新理论就必须给予体系的结构足够的重视。

关于整体性 华尔兹依照“与系统论和控制论相一致的方式”把系统定义为“一系列互动的单元。在一个层次上，系统由结构组成，结构是系统层次的组成部分，这显示单元构成了一个体系（a set）而不仅仅是个集合（collection）。在另一层次，系统由互动的单元组成”。“系统理论必须揭示这两个层次是如何运作和互动的。”② 他又把政治结构比作物理学中的场③，而场的首要特性就是整体性。可见，他同意结构与系统具有整

---

① ［美］彼得·卡赞斯坦等编：《世界政治理论的探索与争鸣》，秦亚青等译，上海人民出版社2006年版，译者前言，第12页。

② Kenneth N. Waltz, *The Theory of International Politics*, New York: McGraw-Hill, Inc., 1979, p. 40.

③ Ibid., p. 75.

体性。

关于非实体性　华尔兹非常强调单元间的关系，他的结构是指一系列约束条件，而政治结构在国际政治中就是指主要大国的权力分布（“结构取决于单元间的能力分布”）①。这样，他的结构就是一种完全非实体的东西，这一点与索绪尔的观点相似，也符合皮亚杰对结构特征的界定。

关于共时性和历时性　他看到了结构的共时性而忽略了结构的历时性一面，把结构当成“场”那样涌现出来、固定不变的东西，这使他无法分析结构的产生与变化。由于他的理论建构含有“为冷战国际体系提供一张说明书”的意蕴，又是首次将结构概念系统地引入国际关系理论，强调共时性而忽略历时性的做法是可以理解的，但肯定是一种缺陷。

关于单元功能　在他看来，国际体系包括结构和单元两个部分；单元间的互动与单元属性属于单元层次，不属于结构，还原主义者才认为通过互动和单元属性可以理解整体②。可见，互动在他的结构中没有任何位置。

他忽视互动的观点最为人诟病。鲁杰、基欧汉、温特、布赞等学者几乎一致认为他的这一做法不妥，并从各个方面做了论证，如鲁杰认为“华尔兹的模型缺乏一个变化的维度”。③ 又如布赞、琼斯和利特尔在《无政府的逻辑》中强烈批评了他把单元互动与单元属性混为一谈的做法，认为华尔兹的理论仅仅是新现实主义（neo-realism）而不是真正的结构现实主义，他们在该书中建立的才是结构现实主义理论，因为他们注意到了单元互动即进程形成（process formation），并引入三种因素：分解力（disag-

---

① Kenneth N. Waltz, *The Theory of International Politics*, New York: McGraw-Hill, Inc., 1979, pp. 75 – 77, 101.

② Ibid., p. 18.

③ ［美］约翰·鲁杰：《世界政治体制中的继承与转换：走向新现实主义综合》，载［美］罗伯特·基欧汉编《新现实主义及其批判》，郭树勇译，北京大学出版社2002年版，第132页。

gregating power）、功能差异（functional differentiation）和互动能力（interaction capacity）①。但华尔兹迄今拒绝让步，仅仅是承认在结构与单元之间画线比较困难②。他在这一点上的固守让人尊敬，但也预示着他只能静等别人来改进他的理论了。

2. 罗伯特·吉尔平的结构观

华尔兹在把结构引入国际关系理论的同时强调了结构的静态性、结构对行为体的影响等，这种"索绪尔式的结构观"在结构概念被引入一个新学科的早期或许是情有可原的，但后来者会很快发现这种结构观的不足而对之加以修正。这是理论拓展的必由之路。吉尔平接受了华尔兹的结构观，只是对华尔兹的两极体系稳定论（the stability of a bipolar system）这一推论作了三点保留③。可见，对于结构与系统的整体性特征他没什么疑义。我们进一步检验他在别的结构特征上的态度。

关于非实体性 他接受华尔兹的结构观，承认国家行为不同程度受体系压力与无政府逻辑的制约，结构限制甚至强有力地影响行为④，这说明他注意到了结构的非实体性一面，但他又侧重研究单元属性与体系变化，显示他清楚意识到华尔兹的结构观解释不了太多问题，必须通过分析体系内主要单元（霸权国与挑战国）来阐明国际政治的变革。那么，主要单元之间的互动是否属于结构内涵呢？有可能是因为他坚信"社会实在的本

---

① Barry Buzan , et al. , *The Logic of Anarchy*: *Neorealism to Structural Realism*, New York, Columbia University Press, 1993, pp. 66 – 80, 237 – 238.

② 吴征宇：《肯尼思·华尔兹国际政治理论研究》，当代世界出版社 2003 年版，第 155 页。

③ Robert Gilpin, *War and Change in World Politics*, Cambridge: Cambridge University Press, 1981, pp. 85 – 96. 笔者在别处论证了这三点保留价值不大，参见薛力《国际关系理论中的结构与变迁》，博士学位论文，中国社会科学院研究生院，2007 年。

④ Robert Gilpin, *War and Change in World Politics*, Cambridge: Cambridge University Press, 1981, p. xii; ［美］罗伯特·基欧汉编：《新现实主义及其批判》，郭树勇译，秦亚青校，北京大学出版社 2002 年版，第 290 页。

质是群体”，“国际事务本质上是冲突的”①，国际事务显然不属于单元层次，那就只能属于系统结构层次。

关于共时性和历时性　吉尔平的兴趣在于研究国际政治的变革，试图构建一种国际政治变革的理论②，所以他研究结构是如何被打破的。他强调了和平时期经济领域增长的重要性，但认为国际政治的重大变革必须通过战争来实现，渐进性变革或曰进化的进程虽然常见，不过只是对国际体系起微调作用③，在这里，他既考察三种国际体系类型，也考察体系本身变化的条件。结合共时性与历时性是他的一大特征。

关于单元功能　吉尔平知道华尔兹把结构当作准自变量的行为走得太远了，因此回过头来关注行为体而且主要是霸权国及其挑战者或继承者，关注行为体实力、类型、互动方式等的变化。而且，在重点研究行为体的互动和霸主的兴替时，明智地注意到外交政策的主要决定因素包括国际体系的结构和社会的内部条件两方面④。可见吉尔平像大部分结构主义者一样注重单元功能，华尔兹的结构不过是他的研究前提。

3. 罗伯特·基欧汉的结构观

基欧汉曾经的合作者奈一生涉足多业，而基欧汉自己则一生都在做一件事：研究国际制度。他的结构观前后有所不同，甚至有互相矛盾之处，但这不影响我们对他的结构观做出大致判断。

关于整体性　他没有具体谈到这个问题，如果说1977年写作《权力与相互依赖》时既重视制度又重视个体，到后来则明显倾向于整体主义，

① ［美］罗伯特·基欧汉编：《新现实主义及其批判》，郭树勇译，秦亚青校，北京大学出版社2002年版，第277页。

② Robert Gilpin, *War and Change in World Politics*, Cambridge: Cambridge University Press, 1981, p. xiii.

③ Ibid., p. 47.

④ Kenneth N. Waltz, *The Theory of International Politics*, New York: McGraw-Hill, Inc., 1979, p. 87.

基欧汉在写作《霸权之后——世界政治经济中的合作与纷争》强调的是制度对行为体的七种作用：约束行为、塑造预期、规定行为角色、降低交易成本、提供可靠信息、减少不确定性和让破坏机制者付出代价①。而行为体对制度的影响则相应弱化了，这与他想创立与华尔兹理论比肩的国际制度理论有关。在2001年再版《权力与相互依赖》时，也继续了这一思维，因而强调全球主义对单元的影响②。

关于非实体性 他倾向于结构的实体性，一个明显证据是，他主张应该把进程（包括制度）加入国际系统的结构概念中以增强理论建构力③，而在基欧汉的国际制度定义中，认为国际制度包括国际组织、国际规制（regimes）和国际惯例三种形式。这里的国际组织是有目的的制度；规制是指具有明确规则的制度，这些规则为各国政府同意且涉及国际关系中特定的一组问题；惯例体现行为的一般模式，受规则制约④。

关于共时性和历时性 他强调共时性和历时性两个维度的结合，体现得相当明显。奈在《理解国际冲突》中的说法：就系统特征而言，进程包括结构和制度，由于结构变化较慢，可以假定为不变，于是，国际制度就成了国际体系的最主要特征⑤。考察进程必然要摆脱对共时性的片面强调，否则，国际制度就变成了“僵化的第二结构”。

关于单元功能 在2001年版《权力与相互依赖（第三版）》中，他

---

① 这七种功能内涵交叉，秦亚青在《国际制度与国际合作——反思新自由制度主义》一文中表述为惩罚与服务两种。不过，周方银博士认为，这两种服务不能覆盖前述七种功能。笔者没有找到更好的概括留待以后改进。

② ［美］罗伯特·基欧汉、约瑟夫·奈：《权力与相互依赖（第三版）》，门洪华译，北京大学出版社2002年版，第257—318页。

③ 同上书，第161、339、341页。

④ Robert Keohane, *International Institutions and State Power*, Boulder: Westpoint, 1989, pp. 3 - 4；［美］罗伯特·基欧汉：《局部全球化世界中的自由主义、权力与治理》，门洪华译，北京大学出版社2004年版，第174—175页。

⑤ 秦亚青：《权力·制度·文化——国际关系理论和方法研究文集》，北京大学出版社2005年版，第17页。

提到进程是单元互相联系的方式，相当于扑克牌游戏中的“正式规则、非正式惯例或常规以及玩家互动模式之间的关系”，“系统指的是相当于玩家手中的牌和筹码”①。我们知道，相互依赖正是单元之间的互动导致的。他一方面强调制度对行为体的制约作用，另一方面，也意识到行为体才是行动的发出者，离开单元互动，结构意义不大。

4. 亚历山大·温特的结构观

关于整体性　不同于理性主义者，温特放弃了经济学转而借用社会学成果来建立自己的理论，声称自己的理论才是整体主义的、观念本体的结构理念主义②，因此，整体性是其结构观的题中应有之义。

关于非实体性　温特强调主体间性，认为国际结构是社会建构的，因此是观念结构而非物质结构，他尝试赋予观念本体地位，因此，他的结构是非物质的观念实体。而且，他主张社会结构对于个体是一种客观存在，这体现他明显受孔德以降的科学实在论者——尤其是巴斯卡——的影响，他的观念结构似乎是实体至此得到确认。他自己也说过结构是实体③。

关于共时性和历时性　应用结构概念者多数在承认共时性的重要性，认为必须结合具有历时性特征的互动才能解释社会生活现象。温特也一样，主张结合历时性和共时性研究结构的变化。1987 年的文章中，他在对结构化研究纲领硬核进行描述时，提到社会科学研究要对历史和地理因素高度敏感，这体现了他对于历时性的重视④。这一点在 1999 年仍没有

---

① ［美］罗伯特·基欧汉、约瑟夫·奈：《权力与相互依赖（第三版）》，门洪华译，北京大学出版社 2002 年版，第 22、339 页。

② ［美］亚历山大·温特：《国际政治的社会理论》，秦亚青译，上海人民出版社 2000 年版，第 1 页。

③ Alexander Wendt, *Social Theory of International Politics*, Cambridge: Cambridge University Press, 1999, p. 60.

④ Alexander Wendt, "The Agent-Structure Problem in International Relations Theory", *International Organization*, Vol. 41, No. 3, 1987, pp. 355 – 370.

改变，如他对三种文化变迁的分析①。总的来说，他与吉尔平、基欧汉一样，都摆脱了华尔兹对共时性的片面强调。

关于单元功能 温特认为，国际体系的结构有许多个，可以归纳为微观结构与宏观结构两类。华尔兹的结构属于宏观结构，国际结构建构国家的身份和利益，国家身份是在体系环境中形成并置身于体系环境②。他所关注的是国家之间的互动所形成的“国家体系的结构”，这是一种微观结构，它从施动者角度描述世界。“国家之间存在多少互动复合体，国家体系中就存在多少微观结构。”可见这是温特大力挖掘之处，他甚至认为自己的理论是在探究微观层次上的身份形成逻辑③。“与单位层次上的理论不同，互动层次上的微观结构理论参照部分之间的互动关系来解释结果”，所谓互动，就是行为体在进行选择时把其他行为体考虑进来。如讨价还价、囚徒困境等。他对单元功能之重视由此得到清晰的展示④。

5. 布赞的结构观

关于整体性 布赞是华尔兹结构观的改进者而不是否定者，对于结构的整体性特征无疑持肯定的态度。从增加研究领域（sector）的角度，甚至可以说他比华尔兹更为重视结构的整体性。

关于非实体性 布赞在这一点上的态度接近于华尔兹，因为他对华尔兹的结构观持基本同情的态度，而他为了克服华尔兹结构观的静态性而引入的分解力、功能差异、互动能力等都属于非实体性因素。

关于共时性/历时性 布赞显然主张共时与历时的结合，因为他的学

---

① ［美］亚历山大·温特：《国际政治的社会理论》，秦亚青译，上海人民出版社 2000 年版，第 313—396 页。

② Alexander Wendt, *Social Theory of International Politics*, Cambridge: Cambridge University Press, 1999.

③ ［美］亚历山大·温特：《国际政治的社会理论》，秦亚青译，上海人民出版社 2000 年版，第 454 页。

④ 同上书，第 187—190 页。

术特征是英国学派的“根”加上美国模式的“枝干”，注重历史的维度是其一贯的特征，这一点在《世界历史中的国际体系》中表现得尤为明显。他也承认结构方法的必要性并试图加以改进。

关于单元功能　在方法论上，布赞是个多元主义者，但他首先是个现实主义者，在注重单元功能上他与吉尔平有共通之处。他批评华尔兹把互动理论和属性理论混为一谈，并试图挽救互动，将之作为一个单独的因果机制。虽然并没有将这一点坚持下去①，但他通过挖掘单元功能来发展华尔兹结构观的倾向已经很明显。

上述几位国际关系理论家的结构观可概括表示如表8—1：

表8—1　　五位代表性国际关系理论家的结构观

	整体性	非实体性	共时性/历时性	单元功能（互动）
华尔兹	是	同意	共时性	明显弱化
吉尔平	是	可能反对	二者结合	强调
基欧汉	是（较弱）	反对	二者结合	强调
温特	是	反对	二者结合	强调
布赞	是	同意	二者结合	强调

① Barry Buzan, et al., *The Logic of Anarchy: Neorealism to Structural Realism*, New York, Columbia University Press, 1993, pp. 49 - 50；［美］亚历山大·温特：《国际政治的社会理论》，秦亚青译，上海人民出版社2000年版，第185—186页。

第九章

“领域互渗”结构理论

在开始讨论我的结构理论之前，有必要对结构概念先进行一番分析。

结构一词，在《现代汉语词典（第五版）》中解释为：各个组成部分的搭配和排列；建筑物上承担重力或外力的部分的构造；组织安排（文字、线索等）①。在《牛津简明英语词典（第九版）》中解释为：构造好了的一个整体单元；建筑物等的构造方式；一系列交互联结的复杂事物之成分，一种框架；赋予结构、组织化②。可见，结构并不仅仅是一种关系，也可以是一种实体，甚至可以是一种过程。如果仅仅从其中一个方面来定义结构，显然是太狭隘了。而这正是在社会科学中发生的事情。

结构通常被理解为“成分间的关系”③ 或“关系的组合”④。这是片面的结构，可以区分为物质结构和观念结构。体系 = 结构 + 单元，其中，

---

① 中国社会科学院语言研究所词典编辑室编：《现代汉语词典（第五版）》，商务印书馆 2006 年版，第 697 页。

② 德拉·汤姆森编：《牛津简明英语词典（第九版）》，外语教学与研究出版社、牛津大学出版社 2000 年版，第 1382 页。

③ 台湾谷风出版社编：《结构的时代——结构主义论析》，台湾谷风出版社 1988 年版，第 4 页。

④ ［比利时］J. M. 布洛克曼：《结构主义：莫斯科—布拉格—巴黎》，李幼蒸译，商务印书馆 1981 年版，第 15 页。

结构 = 关系 + 互动，“关系”是“初始互动”的结晶并不断得到补充，“互动”属于单元的对外功能，可以是物质的和/或观念的，取决于互动的内容，单元的对内功能属于单元属性，对单元内的成分发挥作用，因而属于单元的内部结构，与前面所说的单元之间的结构无关。自然世界里的结构是物质结构，如分子结构、细胞结构、人体结构，表示的是成分之间的关系与相互作用（interplay），而不能仅仅理解为相互关系。社会世界里的结构不能一概而论，通常是观念结构，因为社会首先是一种共有意识（shared consciousness）或共有观念（shared ideas），对于个人而言它是“客观实在”，也能影响人的行为。但充其量只能是“类物质”或“准物质”，而不是真正的物质。因此，社会世界里的结构——如国际体系结构、社会结构、国家结构、民族结构、政治结构、经济结构、文化结构、党员结构等——首先是一种观念结构，它们通常不包含物质内容，但也可以包含物质内容。这里的结构无疑是关系与互动的总称，离开互动就没有了“有机联系”，从而不再存在所谓关系，结构也就不复存在。不过，指称某一部分人类活动结果的结构可以仅仅是关系而没有明显的互动，如建筑结构、文章结构，它们是人类对物质或类物质所做的安排，可以离开人而独立存在。①

对结构概念下一个一般性的定义不是一件容易的事情。前文中，皮亚杰将结构定义为一个由种种转换规律组成的体系；华尔兹则认为结构是一系列约束条件，就国际体系而言，是指（物质）能力的分配；布赞表示结构是一些基本原则；吉登斯认为结构是规则和资源；列维 - 斯特劳斯的定义是：所谓结构是要素和要素间关系的总和，这种关系在一系列的变形过程中保持着不变的特性；诺思给出的结构定义有两个：（1）是一种制

① 我对结构概念的思考受益于与许多人的探讨，特别是以下人士：宋伟、杨广、尹继武、周方银、但兴悟、王军、李开盛、王逸舟、秦亚青。当然，他们不见得同意我的上述结论。

度框架，（2）是规则、惯例习俗和行为信念的复杂混合物。综合考虑上述定义后我认可的定义是：结构是指系统内部各组成要素之间在空间或时间方面有机联系或相互作用的方式或顺序，它可以包括物质内容，并体现要素之间相对稳定的联系方式、组织秩序及其空间表现形式①。就国际体系而言，国际关系的结构包括关系与互动两个方面。这是本章所介绍的结构理论的基座。

华尔兹的不足在于，他否认社会结构首先是一种观念结构、物质力量通过观念发挥作用，强调人类活动结果中物质力量的作用，认为物质能力的分配就构成了结构，而且这种静态的结构将决定动态的行为体行为，却没有意识到行为体的互动仅仅受静态结构的限制或促进而已。

在前面的章节中，我们比较全面地梳理了结构主义思想在社会科学诸领域中的渗透和表现特征。首先，从结构主义的源头索绪尔开始，分析了语言学中各个流派的结构观，指出了各个学派在汲取索绪尔结构观长处的同时对其不足之处的修正。接着探讨其他学科的结构观，总结了不同学科结构观的共通之处；同时也分析了不同学科结构观的差异，发现这种差异比语言学领域要大一些。顺便，我们也分析了系统概念，讨论了系统与结构的关系。而后，我们梳理了结构主义在国际关系理论中的应用和发展：在详细评析华尔兹结构观优缺点的基础上，介绍了国际关系理论研究者对华尔兹结构观所作的修正和他们所取得的理论创新。我们注意到，华尔兹比较忠实地继承了索绪尔的结构观，强调结构的非实体性、共时性特征，剔除了单元功能尤其是互动对结构的影响。

而华尔兹之后的几位国际关系理论代表人物在国际体系层次建立自己的理论时，强调共时性与历时性的结合，不固守结构的非实体性，尤其是

---

① 高振荣等编：《信息论 系统论 控制论 120 题》，解放军出版社 1987 年版，第 88—89 页；魏宏森等：《系统论——系统科学哲学》，清华大学出版社 1995 年版，第 288 页。

他们非常重视单元功能，在单元互动方面深耕细挖。（1）吉尔平研究国际政治体系与结构的变革，探究的是霸权国和挑战国之间的互动特点。（2）基欧汉对单元互动的结晶——国际制度——情有独钟，将之视作国际体系的基本特征，分析了体系对单元的七种影响。（3）温特挑战理性主义关于国际体系的物质性、个体性的前提假定，认为国际体系结构是社会建构的，因而赋予观念结构本体地位，同时认为国际政治理论的层次是三个而不是两个：宏观结构、微观结构，以及单位属性理论（他称之为不考虑互动仅考虑个体国家特征的单位层次理论，即还原主义理论）①。（4）布赞赞成对互动给予了特别的重视，他称之为进程形成（process formation），独创性地发展出了安全问题领域分析法并将之应用于国际体系研究。

这些人克服华尔兹局限的努力与成就可圈可点，但他们的体系分析与结构观也存在一些不足：吉尔平仅仅注意到政治与经济两个领域，基欧汉与布赞没有说明单元互动的特点与程序，温特的微观结构对行为体如何互动也语焉不详。我认为，有必要发展一种关于国际关系体系的新结构观，它能说明互动的普遍特征、微观结构与宏观结构的关系、宏观结构的地位与作用、微观结构与单元属性的关系、体系与结构的产生与变化，等等。这样一种理论将可能深化我们对体系与结构的认识，并为国际关系理论的发展提供一种新思路。我的理论是对多种来源进行合成的结构，但微观层次的领域互渗是基础和关键，因此，对这种理论的恰当称呼是“基于单元间领域互渗的结构理论”。

有一点需要特别加以说明：华尔兹的国际体系理论以民族国家为母本，尤其是冷战时期的民族国家体系。笔者关于国际体系的结构理论也以民族国家为母本，尤其是冷战后的民族国家体系。如果说，华尔兹的理论

---

① ［美］亚历山大·温特：《国际政治的社会理论》，秦亚青译，上海人民出版社 2000 年版，第 186—197 页。

是冷战时期国际体系的说明书，则本书尝试为冷战后的国际体系提供一份说明书。

我的系统与结构观可以表述为四条原则，对这些原则的详细论证是本章的主要内容。四条原则之间的关系也体现在论述中。这四条原则的排列仅仅是为了后文叙述的方便，而不构成重要性的递增或递减。在我的心目中，这些原则的重要性难分伯仲，它们从不同的方面阐述我的系统与结构观。

第一条原则 国际体系由结构和单元两部分组成；结构包括共有观念（shared ideas）和互动两个部分，共有观念形成宏观结构，互动则造就微观结构；互动是单元的对外功能，不具有单元属性。

第二条原则 单元间的互动通过分领域的互渗（MUPAS，即 mutual penetration along sector，i. e. sources of units inter-penetrate between counterparts）来进行，互渗的内容（或资源）是物质和信息，互渗的结果是适应（包括同化与顺应）。

第三条原则 微观结构中的单元互动造就宏观结构，宏观结构伴随（supervenience）微观结构而存在但不能还原为微观结构，宏观结构在微观结构的互渗过程中起干预变量的作用。

第四条原则 国际体系是一种综合体系，对它的研究不能仅仅限于高端政治，应该被研究的领域（sector）至少有五个：政治领域、军事领域、经济领域、文化领域和环境领域。

下面我们按照上述顺序分别讨论这四条原则。第一条原则针对的是国际体系的成分，第二条原则分析的是单元之间的互动，第三条原则剖析宏观结构与微观结构的功能及其相互关系，第四条原则则探究国际关系中应该研究的领域。

◇◇ 9.1 国际体系的成分

这一节分析国际体系的成分，就第一条原则阐述的内容展开讨论。这里，我借用了华尔兹结构观的部分内容，但对之进行了改造，以建构我的结构理论框架。

就人类生活于其中的社会世界（social world）而言，国际体系是顶级系统，国际体系之上不存在影响国际体系的因素，而国际体系对体系外的影响也可以不必考虑，但是，从地理角度而言，国际体系也包括人类制造的存在于地球以外的一些事物，如人造卫星、行星探测器等。我的国际体系不仅仅是华尔兹似的国际政治体系，而且包括多领域、多重关系的综合性体系；我的结构不仅仅是物质的或观念的，而且包括物质和信息两方面的内容。

9.1.1 体系结构

国际体系由结构与单元两个元素组成①，这一点我与华尔兹没有差别，但进一步探究这两个元素的含义，我就与华尔兹分道扬镳了。结构与单元不是截然二分的，而是通过互动这一环节联系起来的。我赞成温特的观点：互动属于结构层次，体系层次的结构不是一个而是两个，即宏观结构和微观结构；宏观结构相当于华尔兹的结构，它不具有物质性，是一种主体间性的体现即共有观念，也就是说，国际体系的宏观结构不是国家之间能力的分布（distribution of capability），而是国家之间观念的分布（dis-

① Kenneth N. Waltz, *The Theory of International Politics*, New York: McGraw-Hill, Inc., 1979, p. 99.

tribution of ideas）。但在微观结构上，我也与温特分手了。这里有必要稍稍详细讨论一下他的相关观点，然后再分析我的观点。

在温特眼里，单位互动和单位特征（attributes）可以分属于两个层次，单位互动应该被承认也存在“结构”，这是一种与宏观结构相对的微观结构，微观结构也不同于单位内部的结构，后者具有单位属性。他关心的是国家体系的结构而不是国家内部的结构，国家之间有多少种互动复合体，国家之间就存在多少种微观结构。所谓互动就是行为体在做行动选择的时候把别的行为体考虑进来，互动体现行为体之间的“关系”，是行为体无法控制的环境因素，存在于行为体的选择之中①。由此可见，他的微观结构仍是一种观念结构，

我认为，微观结构既是观念结构也是物质结构。后文将解释，微观结构里的行为体互动就是资源在行为体之间的互渗，互渗的结果是行为体之间的互相适应。吉登斯认为结构包括规则和资源②，我注意到这一见解的启发性但不同意他的观点。我把资源视作是互渗的内容，根据前面对系统论的分析，资源包括物质、能量与信息三个部分，由于能量的互渗仅仅存在于自然世界（natural world），国际体系中行为体之间互渗的内容也就只剩下物质和信息两个部分。既然物质本身成了互渗的内容，我们显然不能说微观结构是观念结构，而必须认定，微观结构包括物质结构和信息结构。观念是信息的载体，因此，信息结构包含在观念结构中。

9.1.2 体系单元

华尔兹强调国际体系的无政府性，把国家当作功能相同的同类单元

① ［美］亚历山大·温特：《国际政治的社会理论》，秦亚青译，上海人民出版社 2000 年版，译者前言，第 185—191 页。

② ［英］安东尼·吉登斯：《社会的构成》，李康等译，生活·读书·新知三联书店 1998 年版，第 89 页。

(like units)①，包括鲁杰与布赞在内的许多学者都反对华尔兹这种武断的结论。他们指出，无政府性是一种虚妄，历史上等级制与无政府状态之间的转换是常见的，人类历史上等级制时期要长于无政府时期；国家功能类似的说法也不能成立，等级制下的国家功能不可能一致，而且，竞争具有功能趋同与功能差异化两种效果，功能趋同是生存战略，通过差异化获得生存空间更是生存的有效手段，尤其是在生存有保障的情况下，而主权制度给民族国家提供了基本的生存保障，国家更是通过差异化战略获取发展空间，这一点可能更为接近实际情况②。温特认为，属性就是施动者的身份和利益；身份表示社会类别的存在，是使事物成为该事物的因素，它可以产生动机和行为特征；利益指行为体的需求；身份属于信念，利益属于意愿，意愿 + 身份 = 行动③。这些学者的思考深化了学界对单元的认识，但仍没有表达出单元概念应有的内涵。

我的观点是，单元具有属性和功能，单元属性是指单元的内在成分、成分安排（成分间关系）、成分间互动；单元功能包括对内功能与对外功能，对内功能通过单元成分间的互动来体现，是单元为维持自身最低水平的生存（即成分的最低生存）而进行的活动，这些活动的边界不超越单元本身，如种植、易货（内贸）、选举；单元对外功能是单元超出自身边界的活动，即单元之间的互动，它导致了单元的发展，并成为结构变化的

① Kenneth N. Waltz, *The Theory of International Politics*, New York: McGraw-Hill, Inc., 1979, p. 93.

② ［美］约翰·杰拉尔德·鲁杰：《什么因素将世界维系在一起？新功利主义与社会建构主义的挑战》，载彼得·卡赞斯坦等编《世界政治理论的探索与争鸣》，秦亚青等译，上海人民出版社 2006 年版；［美］罗伯特·基欧汉编：《新现实主义及其批判》，郭树勇译，北京大学出版社 2002 年版；［英］巴瑞·布赞：《世界历史中的国际体系——国际关系研究的再构建》，刘德斌等译，高等教育出版社 2004 年版；Barry Buzan, et al., *The Logic of Anarchy: Neorealism to Structural Realism*, New York, Columbia University Press, 1993。

③ ［美］亚历山大·温特：《国际政治的社会理论》，秦亚青译，上海人民出版社 2000 年版，译者前言，第 183、281—282、289—290 页。

源泉。可见，互动与共有观念一样，来自单元但不属于单元。互动与共有观念共同构成体系的结构。为了区分方便，我借用温特的说法，把共有观念纳入宏观结构，把互动纳入微观结构，单元属性自成一层。因此，我赞成温特的如下观点：国际政治理论研究的层次是三层而不是二层①。

◇◇ 9.2 单元之间的互动

宇宙在运动，地球在运动，人也始终在运动，可见，动是绝对的，不动是相对的。而属于人类社会的国际关系体系，自然也是在运动中。国际体系的稳定是相对的静止，体系中的结构是对相对静止状态的描述，由于单元互动始终在为宏观结构提供新的成分。单元如果停止了互动，结构也就消失了——无论是宏观结构、微观结构还是单元的内部结构，结构只有在进程中才能维持②。国际政治理论研究的层次是三层，那么，国际关系体系理论研究的对象也不是两个而是三个层次。宏观结构的作用不能还原为施动者或施动者之间的互动③，微观结构也不能还原为单元内部结构。宏观结构的形成、变化与功能等是下一节分析的内容。单元内部的结构属于单元属性，已经在前一节分析过。本节将靶心对准互动层次，并采纳温特的做法，把互动结构称为微观结构④。这里探讨的是单元之间互动的一般过程，进一步的领域分析将在本章第4节进行。

在我的结构理论框架中，单元之间的互动就是资源的互渗；资源是互动的内容，包括物质和信息两大类；互渗的结果是适应，包括同化与顺应

① ［美］亚历山大·温特：《国际政治的社会理论》，秦亚青译，上海人民出版社2000年版，第190页。

② 同上书，第230页。

③ 同上书，第170页。

④ 同上书，第187页。

两种。

9.2.1 互渗（mutual penetration）

渗透是个分子生物学的概念。生物学家发现，细胞内外必须保持相等的压力，一旦内外两侧压力不等，就可能形成一种渗透压，促使一些物质成分从压力高的一侧透过细胞壁转移到另一侧，直到两侧压力恢复平衡。可见，渗透不是单向的，而是互相渗透。这是个有用的概念，我借用互渗一词来代替互动①。

互动（interaction）的意思就是互相影响、互相作用。这是个常常被国际关系理论家挂在嘴边的概念，但不是一个好的学术词汇，因为其内涵太广，缺乏学术词汇应有的特定、准确内涵。社会科学概念的通病是：它们就像是用纸张包起来的一撮沙，没有明确的内核，缺乏公认的边界。自然科学中的概念内涵相对清晰，因此常成为社会科学借鉴的对象。我用“互相渗透”（简称“互渗”）一词来取代“互动”，这表示有某些实质性的东西（物质的和非物质的）在单元之间传递，而且，后文将显示这种传递通常在不同单元的对应领域内发生。于是，单元之间的互动变成为：资源在对口领域内互渗（MUPAS）。

提出互相渗透的概念是基于这样的假定：每个单元都有自己的比较优势，合作对彼此都是有利的，合作是必然的②。冲突是正常合作的中断，可以看作一种特殊类型的渗透，冲突将会被正常合作取代。

渗透就是某一方的优势向另一方扩散的过程，也包括这一过程导致的

---

① 但为了表达方便，我在文中仍交替使用这两个词汇，但应该在“互渗”的意义上来理解互动——除非是在引用别人的观点。

② 莫斯的《礼物》是对这一点的最好注释，参见［法］马赛尔·莫斯《礼物：古代社会中交换的形式与理由》，汲喆译，上海人民出版社2005年版。

结果。国家间资源的互相渗透是必然的、不可遏止的，渗透将持续到这种优势大致消失为止。制止这种渗透的努力在短期内或许有效，但在长期来看总是归于失败。其根源在于人类有合作的天性。渗透的结果是单元间的互相适应。适应意味着单元通过一定时期的互渗达到了相对稳定的平衡状态。渗透的过程其实也是个互相适应的过程。就像相互依赖通常是非对称的那样，互渗通常也是不对称的，有些在总体上占优势，有些在某些领域占优势。

9.2.2 物质和信息（substance and information）

系统论认为，系统的开放性是绝对的，封闭性是相对的，系统必须与外部交换能量、物质和信息这三种资源才能保持自身的平衡。对于自然世界来说，系统内外进行这三者的交换是常态。对于社会世界来说，则只有物质与信息的交换。自然世界与社会世界之间也不存在能量交换。国际体系是个顶级系统，无法与外界交换物质和信息，但国家作为一个单元其本身也是个系统，国家为了自身的维持和发展有必要与他国进行物质和信息交换，封闭的国家将转为一个趋于坍缩的系统（无机界的封闭系统则恢复完全对称的平衡态）。

物质是指有形状的物体，通常指在国家间发生物理位移的产品。在信息论中，信息被定义为单元适应外部世界和控制外部世界的过程中，同外部世界进行交换的内容的名称①，这里的信息是内容的代称。我的定义与此不同，信息主要是指没有物理形状的事物，其在国家间的渗透无法通过物理位移来实现，而是借助观念（ideas）的扩散来实现的，观念包括文化、意识形态、风俗习惯。但有一部分信息可能具有物理形状。信息不等

① 转引自高振荣等编《信息论 系统论 控制论120题》，解放军出版社1987年版，第20页。

于观念，观念是信息的载体。关于物质的信息不具有物理形状，可以通过观念传播，也可以通过物质传播，因此，物质是自身的载体，但只是部分自身的载体。

9.2.3 适应（adaptation）

渗透包括过程和结果，适应也包括过程和结果，但渗透偏重于过程而适应偏重于结果。而且，渗透是从第三方的角度看问题，而适应则是从主观的角度看问题。从客观的角度看，渗透的结果是一种平衡状态；而从主观的角度看，适应的方式则可以分为顺应与同化。

同化（assimilation）和顺应（accommodation）本来是生物学概念，皮亚杰将之引入心理学并做了改造和再定义，以阐明他自己的心理学观点。在谈到组织（organization）和适应（adaptation）这两个生物学的基本概念时，皮亚杰指出，生命的形式日益复杂，生物的进化就是生物体与环境之间不断取得新的均衡①。因此，适应是生物体最基本的功能，它包括同化和顺应两个互相联系的方面。也可以说，适应是同化和顺应之间的均衡②。同化就是把外来元素整合到生物体自身，用公式表示如下：

$$(T+I) \longrightarrow AT+E$$

在这个公式中，T是一种结构，I是被整合的物质或能量，A是大于1的系数，E是被排除的物质。

顺应是同化的对立面，指生物体受所同化对象的影响而发生的改变。用公式表示如下：

$$S \longrightarrow (AT) \longrightarrow R$$

① Jean Piaget, *The Origin of Intelligence in the Child*, New York: Routledge, 1997, p. 3.

② Ibid., p. 6.

其中S指刺激，R指反应，这是对刺激（S）⟶反应（R）理论的修正，因为该理论主要针对的是首次刺激，接受刺激后的生物体已经发生了某些改变，AT表示把S同化于结构T①。

皮亚杰认为，智慧者，适应也②，所以，人的智力（intelligence）也适用于上述生物学过程③。从心理学观点看，同化就是对刺激输入的过滤或改造，而顺应就是改变自身的认知图式（cognitive schema）以适应环境④。说得更清楚些，同化就是把外在因素整合到已有的认知图式中，以丰富和增加主体的动作，引起图式的量的变化。顺应也可以叫顺化（acclimation），是指主体图式不能同化客体，必须调整原有图式或建立新的图式，导致图式发生质的变化，使主体适应环境⑤。图式是指动作的安排，这些动作在相同的或类似的环境中由于不断重复而得到迁移或概括⑥。

同化和顺应的关系可以概括为以下两点：（1）没有顺应就没有同化，没有同化也没有顺应⑦，两者互相对立，互相依存，乃至互相包含。它们不是两个独立的生物机能，而是适应的两个极端⑧。同化是客体对主体的适应，是客体特征的丧失，而顺应则是主体已有反应对客体的适应并向新

---

① ［瑞士］让·皮亚杰：《皮亚杰发生认识论文选》，左任侠等编，华东师范大学出版社1991年版，第7—9页。

② Jean Piaget, *The Origin of Intelligence in the Child*, New York: Routledge, 1997, p. 3.

③ Ibid., p. 6.

④ ［瑞士］让·皮亚杰、巴贝尔·英海尔德：《儿童心理学》，商务印书馆1980年版，第7页，转引自石向实《认识论与心理学》，东方出版社2006年版，第66页。

⑤ 石向实：《认识论与心理学》，东方出版社2006年版，第66页。

⑥ 刘恩久等编著：《心理学简史》，甘肃人民出版社1985年版，第232页。

⑦ ［瑞士］让·皮亚杰：《皮亚杰发生认识论文选》，左任侠等编，华东师范大学出版社1991年版，第10页。

⑧ ［瑞士］让·皮亚杰：《生物学与知识》，生活·读书·新知三联书店1989年版，转引自石向实《认识论与心理学》，东方出版社2006年版，第66—67页。

反应方式过渡①。没有单纯的顺应或单纯的同化，同化的过程总是包含着一定程度的自身改变，而顺应要通过其对立面同化来认识②。（2）人的心理活动就是同化与顺应之间互相作用，二者之间的比率是经常变动的，只有在这二者之间或多或少达到某种一种均衡（equilibrium），人才能表现出完满的智力动作特征。以儿童为例，同化胜过顺应时，表现为自我中心，儿童用所掌握的各种客体虚构他所想象的东西；顺应超过同化时，儿童表现为摹仿；只有当二者达到平衡状态时，“我们才能谈到认识行为与游戏”，从而“达于严格意义上的智慧的领域”③。总之，智力的适应意味着同化机能与补偿性顺应功能实现了向上的均衡④。

上述心理学观点，稍加改变后完全可以应用于国际体系的分析。

适应：资源从强势国家向弱势国家渗透，导致弱势国家与强势国家趋同的现象。从强势国家角度看，这是一种同化；而从弱势国家角度看，则是一种顺应。这种现象通常是在领域（sector）、次领域乃至议题（issue）内发生的。如果一个国家在某一领域整合了世界上最好的资源，将出现该领域的快速发展；如果整合了几个关键领域，将出现该国整体快速发展；而如果这发生在一个大国身上，则意味着大国的崛起，但崛起国变成霸权国（hegemon）还需要一些必要条件。整合是个困难的过程，可如果国家不能把外来资源整合到自身，则不但无法出现同化或顺应，反而可能导致该国某些原有功能的损失，这意味着出现了适应不良，可能导致国家丧失优势或变为一个坍缩的系统。

---

① ［苏联］奥布霍娃：《皮亚杰的概念：赞成与反对》，史民德译，商务印书馆 1988 年版，第 33 页。

② Jean Piaget, *The Origin of Intelligence in the Child*, New York: Routledge, 1997, pp. 6 – 7.

③ ［瑞士］让·皮亚杰：《皮亚杰发生认识论文选》，左任侠等编，华东师范大学出版社 1991 年版，第 10—11 页。

④ Jean Piaget, *The Origin of Intelligence in the Child*, New York: Routledge, 1997, p. 11.

在民族国家体系内，国家都拥有足够的智慧认识到：没有一个国家能在所有领域都占有优势，即使有也是暂时现象。因此，资源在国家之间的互渗是不可避免的，国家的生存与发展需要这种互渗，合作能够增进参与国的整体福利。互渗导致国家之间互相适应：在有优势的领域扩散自己的资源以增进自己的利益并同化别的国家；在没有优势的领域接受他国优势资源的渗透，在顺应中获取利益。在同一个领域也总是存在着同化与顺应两个过程：在优势领域为了较好地获得利益，会根据对象国的特点适当调整自己的资源；而在弱势领域，不管有意无意，国家都不会完全被动接受渗透，而表现为有选择地吸收。

◇◇ 9.3 宏观结构与微观结构的功能及其相互关系

上面所分析的几位国家关系理论家的结构观都存在明显的不足。华尔兹的结构中没有给互动留下空间，这使他的结构难逃“僵化”之评。吉尔平接受华尔兹的结构观而没有回答互动与结构的关系，但他研究的是体系与结构的变迁，这显然必须突破华尔兹那种“结构决定结果”的观点。他暗示如果要解决华尔兹结构的僵死性，有必要把互动加入结构中。基欧汉意识到了互动的重要性，但他对国际制度的强烈偏好，使他不由自主地用国际制度补充华尔兹的结构之不足。制度不是天生的，它是互动的结晶，但互动本身的作用是什么？互动与结构是什么关系？他没有回答。布赞批评华尔兹的结构观混淆单元互动与单元属性，但自己也没有发展出明确的互动理论，或者说，他在《无政府的逻辑》中引入的三因素①可以看作提出了一种初步的互动理论。温特反对华尔兹把结构

① Barry Buzan , et al. , *The Logic of Anarchy*: *Neorealism to Structural Realism*, New York, Columbia University Press, 1993, pp. 66 – 80, 237 – 238.

物化的做法，因为这样就无法衡量单元对结构的影响，他坚信施动者及其互动是使结构产生因果力的关键因素，因而汲取布赞的教训，将单元互动发展为微观结构。他也区别了宏观结构和微观结构，确定了二者之间的伴随关系。可以说，他大大扩展了结构的内涵。他在分析微观结构时，主要是引用韦伯的观点“把其他行为体考虑进来”，然后再举几个例子来说明：市场买菜、讨价还价、小鸡博弈、囚徒困境①。但这只是提供了关于微观结构的一项原则和若干实例，还算不上一种微观结构理论。社会科学中的理论必须能够对某一现象作出系统的、概化的、自恰的解释。我的理论将弥补他在这方面的不足，并将他在宏观结构与微观结构关系上的模糊之处予以清晰化。

我同意温特的如下观点：华尔兹的结构属于宏观结构，应该用观念结构来取代华尔兹的物质结构，宏观结构与微观结构是一种伴随关系，但宏观结构不能还原为微观结构，微观结构层次的互动造就宏观结构。不过，我增补了自己的内容。前面已经分析过，微观结构之间的互动是一种领域互渗。这里，我想论证如下观点：宏观结构是一种观念结构。微观结构包括了物质和观念两方面。宏观结构在微观结构的互渗过程中起干预变量的作用。

9.3.1 宏观结构是一种观念结构

华尔兹确定了结构三原则②，其中前两条起限定作用，表明他构建的是由民族国家构成的世界里国际体系层次的政治理论，鲁杰和布赞的研究

① ［美］亚历山大·温特：《国际政治的社会理论》，秦亚青译，上海人民出版社2000年版，译者前言，第185—197页。

② Kenneth N. Waltz, *The Theory of International Politics*, New York: McGraw-Hill, Inc., 1979, pp. 100 - 101.

昭示了这一点[①]。第三条“单元间的能力分布决定国际体系结构，分布上的变迁就是系统的变迁”是他的结构观的核心。但这里的能力，是国家在对外事务中的政治权力，是有形的物质能力，很大程度上由经济军事实力（我概之为“GDP + gun power”）来决定，可见，他的结构观传达的信息是：国际政治就是主要大国比较块头大小的游戏。因此，他的“能力的分布”常常被解读为“权力的分布”。基欧汉则指出，结构的变化相当缓慢，在结构稳定的情况下，国际制度对国家行为起七种作用：约束行为、塑造预期、规定行为角色、降低交易成本、提供可靠信息、减少不确定性和让破坏机制者付出代价[②]。温特强调，理性主义者的体系结构仅仅影响行为体行为，这是远远不够的。结构可以塑造行为体的身份从而决定行为体的利益和行为，物质力量本身的作用有限，重要的是观念对施动者身份的塑造。他强调主体间性，认为国际政治是一种社会建构，共有观念决定人类关系的结构，国际结构是一种观念结构[③]。因此，他用“观念的分布”取代华尔兹的“能力的分布”，并将之命名为宏观结构，以与微观结构相对应[④]。

我赞成宏观结构是一种观念结构。在前面论述华尔兹结构观的那一章，我提到在华尔兹的语境中，结构是一种环境，是关系的总和，它构成行为体活动的背景。现在我想指出，那里提到的结构就是这里所说的宏观

---

① ［美］罗伯特·基欧汉编：《新现实主义及其批判》，郭树勇译，北京大学出版社 2002 年版；Barry Buzan, et al., *The Logic of Anarchy*: *Neorealism to Structural Realism*, New York, Columbia University Press, 1993。

② ［美］罗伯特·基欧汉：《局部全球化世界中的自由主义、权力与治理》，门洪华译，北京大学出版社 2004 年版，第 174 页；［美］罗伯特·基欧汉：《霸权之后——世界政治经济中的合作与纷争》，苏长和等译，上海人民出版社 2001 年版，英文版前言，第 97—119 页。

③ ［美］亚历山大·温特：《国际政治的社会理论》，秦亚青译，上海人民出版社 2000 年版，译者前言，第 466—475 页。

④ 同上书，第 187 页。

结构，是行为体互动的外在条件，也可以表述为华尔兹所说的“一系列约束性条件”。初始状态下，行为体的互动构成了初始环境或初始外在条件，后来的行为体总是在既定的环境里开始自己的生活。如果只是部分行为体停止了互动，宏观结构在局部消失，但依然潜在着。不过，如果所有行为体之间的互动都停止了，宏观结构也就不存在了。而宏观结构不可能独自消失。可见，宏观结构只能是非物质的观念结构。但它对于个体（除了原初状态）而言，既是先在的又是独立的，因此，宏观结构不一定但可以具有实体性。这说明，宏观结构是观念结构，可以被理解为实体，也可以不被当作实体，这取决于研究者的偏好。

9.3.2 微观结构包括物质和观念两方面

温特把行为体之间的互动确定为一个单独层次，组成他所说的微观结构，这是对前人的超越。鲁杰、吉尔平、基欧汉、奈、布赞等人都提到互动的作用，大家纷纷批评华尔兹的结构观剥离了太多的内容，这里隐隐约约透露出来的信息是，他们认为谈结构不能撇开互动，但又觉得把互动归入结构也不妥当。原因可能是担心引发新的问题，其中之一就是，单元变得太单薄了，只剩下了成分以体现单元属性。可是，与分布不同，互动是个随时进行的动态过程，怎么能与单元属性断然分离呢？温特大胆地提出用宏观结构来指称观念的分布，而用微观结构来命名单元互动，至于单元属性，他认为指的是单元的身份和利益，单元本身也有内在结构，但与单元间的互动结构无关①。他认为互动层次上的微观结构理论参照体系单元之间的互动关系来解释结果：单元为什么这么行动？会产生什么结果？而

① ［美］亚历山大·温特：《国际政治的社会理论》，秦亚青译，上海人民出版社2000年版，译者前言，第187页。

所谓互动，就是行动时把别的行为体考虑进来再做选择①，囚徒困境中的囚徒、市场中的顾客、小鸡游戏中的小鸡都是根据环境结构来确定自己的行为的。他们知道自己行动的后果，而这些行动是无法用行为体自身特征来解释的。温特强调的是观念的作用，认为物质力量本身作用有限，要通过观念来发挥作用，所以，美国才会觉得朝鲜的少量导弹对自己的威胁远远大于英国的几百枚导弹。

温特的解释相当有新意，也可以断定他的互动结构是观念结构。但我的微观结构或互动结构与他不同，既包括观念结构也包括物质结构。后文的领域分析很清楚地显示，国家之间互渗的内容（或用于互渗的资源）既有属于观念（信息）范畴的文化、技术、习俗、意识形态等，也有属于物质范畴的有形商品、武器、人员、污染物，等等。前者形成观念结构，后者形成物质结构。有人或许会说互渗是动态过程而分布是一种静态结果，一种理论既然把重心放在互渗就应该把静态成分剔除。我不同意这种观点。没有必要为了追求一种理论上的干净而肆意剔除一些东西。互渗意味着逐渐适应新的自身和新的外部环境：或者顺应新环境，或者通过改变新环境或他者来保持自身。这个过程其实就是同化，同化的对象是外部环境与他者。我的互渗既包括过程也包括结果，把物质互渗包括在内的微观结构更接近真实世界，可以解释更多的国际生活。

9.3.3 宏观结构在微观结构的互渗过程中起干预变量的作用

对于结构的本体论问题，温特总结了三种观点：结构优先、个体优

① ［美］亚历山大·温特：《国际政治的社会理论》，秦亚青译，上海人民出版社2000年版，第180、188、190页。

先、二者都享有本体地位。[①] 他似乎倾向于第三种观点[②]，但这种立场并不彻底。原因恐怕是：他借鉴的两种理论——吉登斯的结构化理论和米德的符号互动论——之间在本体论问题上的根本冲突：符号互动论倾向于个体优先，而吉登斯认为二者不分先后。于是，温特有时候偏向米德——如他在分析身份形成的时候[③]。有时候则偏向吉登斯——如强调结构与施动者互构的时候。总体趋势则是强化结构的地位与作用，强调结构建构施动者的属性。这里，属性包括身份和利益。身份是社会类别或存在状态，利益指行为体的需求，可以是物质也可以是观念[④]。他反复强调宏观结构与微观结构之间的关系是：宏观结构伴随微观结构，指出根据多元可实现性（multiple realizability）原理，宏观结构不能还原为微观结构[⑤]。但他没有明确说明：宏观结构是怎么来的？它的功能是什么？微观结构的功能又是什么？互动层次的微观结构理论除了对互动的内涵给出自恰的解释外，也必须阐明宏观结构的来源、变化与功能。

许多学者应用过互动的概念，但没有明确互动的内涵。我认为，互动的内涵就是资源的互渗，即物质、信息在行为体之间、行为体与环境之间的渗透。行为体作为一个开放系统，要维持自身的稳定必须与外界环境与其他行为体交换资源，交换的过程其实就是资源从一处渗透到另一处，在资源交换或资源互渗的过程中需要遵守一些规则。在这里，环境（宏观结构）仅仅是一种干预变量，而不是自变量。

作为韦伯意义上的方法论个体主义者，我的观点是：微观层次的单位互动造就了原初的结构，并在后来的互动中不断将自有信念中的共有知识

① 周方银：《国际结构与策略互动》，未刊稿，第5页。

② ［美］亚历山大·温特：《国际政治的社会理论》，秦亚青译，上海人民出版社2000年版，译者前言，第170页。

③ 同上书，译者前言，第414页。

④ 同上书，第145、183、289页。

⑤ 同上书，译者前言，第193、197、201、203页。

转换为新的集体知识①而补充到宏观结构中去。单元互动不同于单元属性，单位属性自成一个层次，单元互动受宏观结构的影响，宏观结构发挥着干预变量的作用，通过制约或激励作用影响微观结构。在极端的情况下，任何互动都指向一种结果，仅仅在这种情况下，才可以说结构决定结果，但还不能说结构发出了动作。通常情况下，宏观结构给互动中的单元提供若干种选择。在互动的过程中，观念（或信息，来自宏观结构和其他单元）与物质渗透到单元中，改变单元的属性。

◇◇ 9.4 国际关系中的领域

国际体系中的主要行为体是国家，其他行为体从属于国家，这一点至今仍然适用。因此，笔者的理论框架依然是“国家中心论”的。但笔者反对华尔兹、吉尔平、基欧汉等仅仅关注政治、军事、经济等领域的做法。温特在这一点上也没有太大改变，他的代表作《国际政治的社会理论》的名称已经明白无误地显示，他不过是运用社会理论研究国际政治而已。在民族国家体系内，尤其是在全球化时代，说“国际政治”已经变成了“国家的作用已经不大”的“世界政治”显然太过理想主义，因为国家仍然是最主要的国际行为体。但是，把“国际政治”扩展为“国际关系”则是非常恰当的。国际关系学者应该对国家间关系进行多领域、全方位的研究，避免管窥蠡测现象继续存在下去。

国际体系已经远远超出了政治体系，发展为涵盖许多领域的综合体系，这没有多少异议，但具体划分为哪些领域则见仁见智。

领域研究法一直存在于社会科学研究中，布罗代尔注意到历史学家

---

① ［美］亚历山大·温特：《国际政治的社会理论》，秦亚青译，上海人民出版社2000年版，第236页。

为了简化问题常常把历史划分为政治、经济、社会、文化等不同领域；麦克尔·曼（Michael Mann）在研究社会权力的来源时，按照意识形态、经济、军事和政治四个部分进行研究①。但布赞的领域研究法比较有吸引力，原因有二：他是国际关系学界对这一方法实行最有力的学者，而且产生了广泛的影响；他长期坚持这一方法，在1983年出版的《人民、国家和恐惧》② 就尝试运用这一方法，此后不断改进，到2000年出版《世界历史中的国际体系》，对领域研究法已经相当娴熟，书中对领域的划分与定义也比较合理。我的领域划分主要来自他，尤其是《新安全论》③ 和《世界历史中的国际体系》两书，但概念定义与内涵有一些修改，比如，他在实际应用自己确定的工具箱时把政治领域与军事领域合并处理，这在我看来是不必要的。又比如，我强调从互渗、适应的角度理解微观结构。

国际体系可以区分为不同领域（sector），至少有五个领域：政治领域、军事领域、经济领域、文化领域、环境领域。应用领域分析法意味着“确认它们为特殊类型的互动”，这有助于减少研究的复杂性，便于得出比较直观的结论，但不意味着领域本身成了行为体。国际关系理论不能把个人当作基本互动单位，巨大的样本数量将使研究丧失可操作性。

---

① ［英］巴瑞·布赞：《世界历史中的国际体系——国际关系研究的再构建》，刘德斌等译，高等教育出版社2004年版，第64页。

② Barry Buzan, *People, States and Fear: The National Security Problem in International Relations*, Brighton: Wheatsheaf, 1983.

③ ［英］巴瑞·布赞等：《新安全论》，朱宁译，浙江人民出版社2003年版。这本书存在的问题是：用安全研究的名义研究地区性国际体系，安全的内涵如此广，那么，还有什么不是安全问题呢？可能他也意识到走过了头，在《世界历史中的国家体系》中研究六万年世界历史所经历的国际体系，其领域分析法在这里的应用就比较恰当了。

9.4.1 政治领域（political sector）

与权威、统治地位和承认相关的领域，也涉及意识形态和政府的稳定性。我与华尔兹、基欧汉、温特等典型结构主义者（typical structuralist）不同，不强调宏观结构影响行为体的维度，仅仅把宏观结构当作行为体互动的干预变量，认为更值得注意的是微观结构内的互渗导致的单元之间的适应程度，因此，我主张在这一领域应该分析的有：国家意识形态有扩散性么？政府体制是否稳定？法律制度等是处于同化其他行为体的状态还是处于顺应别的行为体的位置？等等。

9.4.2 军事领域（military sector）

不但与强力胁迫（forceful coercion）、吓阻（deterence）、进攻或防御能力等有关，而且与军事交流与合作程度有关。由于国家尤其是大国越来越倾向于用非武力手段解决彼此间的矛盾，军事领域出现了一个引人注目的现象：军事物资交易、军舰与军人的交流、军队间互信措施的建立等军事互渗成了观测国家间关系的晴雨表。这一点在非同盟国之间表现得尤其突出。

这里需要回答一个问题：战争与军事互渗是什么关系？表面上看战争是互渗的中断，其实是特殊的互渗：集中在军事领域，用强力方式实现国家意志或获取国家利益。在短期内互渗的程度可能非常高，因为占领意味着自由的、全方位的互渗，尽管可能是单向的。但全球化的进程表明，长远来看，和平的互渗对于国家的影响远远大于战争，战争实现不了的目标可以通过和平互渗来实现。现在，发达国家从发展中国家获取的利益，可能也多于那些宗主国从殖民地获取的利益。

9.4.3 经济领域（economic sector）

与贸易关系、金融联系、生产链分工等有关，依据外债数量、外贸依存度、出入超程度、在生产链上所处的位置等，可以清楚地看出一个国家在经济领域中的某一方面是处于顺应还是同化的地位。这一领域的互渗程度通常可以进行量化测算：甲国对乙国的出口占出口总额的多少？是否严重不均衡而构成了单边依赖——即具有高度的脆弱性与敏感性？短期外资在外资中的比例是否过高使国家对可能的金融危机缺少必要的抵抗力？

9.4.4 文化领域（cultural sector）

文化包括两个部分：一部分具有普世性，这使人类沟通交往成为可能；另一部分体现特定族群（ethnic group）的价值观与物理特征，即文化特色或文化差异，表现为语言、宗教、习俗、外貌等，这是不同族群学习、模仿的对象，其中某些可能转为普适价值观或普适特征。文化特色没有对错之别，但有强势弱势之分，强势文化通过扩散而在不同程度上同化弱势文化，弱势文化除非以特定方式自我保护，否则通常会在不同程度上顺应强势文化。文化领域的互动主要表现为思想的传播，但也可能是物质的运动，如文物出国展览、文化产品的贸易。技术通常与经济有关，但也可能与文化有关，如传统工艺的播散。

9.4.5 环境领域（environmental sector）

指人类活动与地球生物圈之间的关系，疾病的传播是传统的环境互动，而现在，国家之间在环境保护方面的互动受到越来越多的重视，尤其是在臭氧层保护、地球温室效应控制、应对污染的跨境播散等议题上。人类作为命运共同体在这一领域表现得特别明显，环境保护论者跨国互渗已成为常态，他们在环境保护方面具有浓厚的全球主义色彩，他们思考国际体系时，想到的是如何保护文明的生态学基础、如何实现可持续发展①。总体上表现为南方国家逐步顺应北方国家的环保思维。

上面仅仅列出了五个领域，很可能还有一些领域可以列入。而且，上述领域仍是很大的门类，可以进一步分为次领域、次次领域……直至某一具体议题（issue）。没有绝对的同化者或绝对的顺应者，单元总是处于既顺应又同化的过程中。而且，考察越详细，越会发现每个单元都有自己的相对优势，都有可能成为同化者，这一点对于大多数国家都具有意义，尤其是对于小国家。考察民族国家形成以前的历史，我们会发现，现在遍布全球的农作物许多都是来自单一未必强大的地区：小麦来自西亚，玉米来自美洲，高粱来自非洲，粟和水稻来自中国②。饮食方面，中国菜传遍世界，法国大餐遍布欧美，但连国家都没有的印第安人的吸烟习惯也会扩散到全世界。在民族国家形成以后，美国在许多方面是同化者，但在饮食上受意大利等国的影响，在哲学上明显受法国、英国影响；美国发起成立了布雷顿森林体系，南美小国则倡议了 200 海里经济区的概念，马耳他倡导了“海底资源是人类共同继承财产”的理念。

把体系分解为领域乃至议题进行研究的做法可以被拓展：可以在由若干相邻国家组成的地区层次进行，也可以在由若干不相邻国家组成的子系统内进行。此外，一个较大的议题（如安全）也可以分为上述五个领域进行研究，但这要求进行后期的综合以获得关于该议题的

---

① ［英］巴瑞·布赞等：《新安全论》，朱宁译，浙江人民出版社 2003 年版，第 11 页；Barry Buzan and Richard Little, *International Systems in World History: Remaking the Study of International Relations*, Oxford: Oxford University Press, 2000, p. 74。

② 孟凡贵：《万流归海见桑田》，载北京大学中国与世界研究中心《研究报告》No. 2007－02 号，第 2 页。

整体结果①。

◇◇ 9.5 小结

基于前面章节的研究，本章提出了一种新的国际关系理论框架，这是一种基于单元领域之间的资源互渗的结构理论框架，简称领域互渗结构理论（MUPAS），它包括几个方面：关于国际体系的成分、关于单元互动、关于微观结构与宏观结构的功能及其相互关系、关于国际关系中的领域分析，它克服了既往的结构主义理论因过于强调结构→单元维度而带来的理论张力。韦伯的观点对我有重大的影响，他认为社会是一种名义上的存在，研究社会必须从个体的社会行动入手，这其实是社会科学诸领域中大部分学者应用结构概念时遵循的路径，温特以外的国家关系理论家们，或者没能坚守这一途径，或者受华尔兹效应影响太深，争相做整体主义者，对个体主义避之唯恐不及，也不敢明确地把互动纳入结构范畴。我乐于承认自己在本体论与方法论上的个体主义立场，而且认为这不影响必要时借用整体主义方法补充个体主义方法的不足。

作为一个后起的学科，国际关系理论的进展有赖于对其他成熟学科的借鉴。考察学科理论发展的轨迹，可以看出首先是经济学理论获得了借用，接下来是社会学理论。下一步或许将走向其他社会科学，甚至超越社会科学而借鉴自然科学相关领域的研究成果。本研究就是这种尝试。

我的理论框架由四条原则构成。在总结社会科学结构主义思想特征的基础上，从现有的国际关系理论——尤其是结构建构主义——摄取不同的养分，以经过改造的心理学与生物学概念为核心，尝试建立一种新的结构

① ［英］巴瑞·布赞等：《新安全论》，朱宁译，浙江人民出版社2003年版，第11、220—258页。

理论，一种个体主义的结构理论。该理论以微观结构层次为分析的重心，把宏观结构当作一种干预变量，这有效克服了个体主义的不足，而综合了个体主义与整体主义的长处。但我的理论的主要价值在于对互动进行了理论概化，把温特的微观结构拓展为“微观结构理论”，它是领域互渗结构理论的核心。

我的结构理论严格来说仅仅是个理论框架，且存在如下不足：仅仅研究了系统与结构的量变，而不能解释系统与结构的质变，即系统与结构变迁的充分必要条件是什么？一个好的结构理论应该也能够解释结构变迁，这是下一步努力的目标。

第十章

总　结

本书主要篇幅是如下两个部分：第一部分是对人文与社会科学中结构主义思想的梳理，分析了结构主义思想在若干学科中的表现，从中总结出结构主义关注的四个方面。第二部分是对1979年以来国际关系理论的考察，以一些代表性人物为案例，分析其结构观的变迁。这可以被视为在考察近20多年来国际关系结构理论的变迁，因为这些人都是结构主义者，受华尔兹结构观的启发，试图建立新的结构理论以补充或代替华尔兹的国际政治理论。遗憾的是，理应浓墨重彩地进行描述的“领域互渗”结构理论部分，仅仅占据了有限的篇幅，等于介绍了一种新结构理论的大致轮廓。

10.1　研究结论

本书实际上可以分为三个部分：结构主义思想在语言学中的兴起和在社会科学领域中的渗透、国际关系理论中结构概念的引入和结构观的变迁、我的结构理论框架，这三个部分总体上表现为递进关系，但每一部分的重心并不一致，因此，对研究结论的介绍也分为三个部分进行。

10.1.1 社会科学诸领域

对社会科学领域受结构主义思想影响比较明显的若干学科进行深入考察的情况下，我总结出结构主义的共同特征主要表现在以下四个方面。

关于整体性 作为个体主义的对立面，这一特征受到了所有学者的一致支持，但语言学中的法国学派与心理学对这一点不是很强烈。当然，格式塔心理学除外。

关于非实体性 语言学9个流派中索绪尔、法国学派及其日内瓦分支在这一点上观点有矛盾。其他社会科学领域，人类学、心理学家同意结构的非实体性，文学理论家与社会学家多反对，阿尔都塞作为结构主义的马克思主义者也认为结构是个实体。就国际关系理论家而言，华尔兹与布赞支持结构的非实体性，基欧汉、温特反对。吉尔平可能反对，因为他既赞成华尔兹的结构观又注重考察单元物质力量的影响（而华尔兹是强调结构对单元行为的影响的）。

关于共时性与历时性的结合 强调共时性的，有如下一些：语言学家中，有三派（索绪尔、哥本哈根学派、日内瓦分支）；社会科学中，有两个学科（人类学、文学）；国际关系理论学家中，唯有华尔兹片面强调共时性。其他社会科学（包括语言学）、国际关系理论家都主张研究结构时应该结合共时性与历时性。

关于单元功能 语言学家中索绪尔、哥本哈根学派、转换生成语法学派和法国学派日内瓦分支予以忽略。就索绪尔而言，可能与他处于开宗立派的地位有关，他扭转了比较历史语言学派片面强调对语言历史维度的强调；其他语言学流派与社会科学学科都强调单元功能；国际关系理论家中，只有华尔兹忽略单元功能，这可能与他处于与索绪尔类似的地位有关，可以强化结构的作用，赋予其准行为体的地位而可以弱化单元功能。

表 10—1　　语言学主要流派的结构观

	整体性	非实体性	共时性/历时性	单元功能
索绪尔	是	不确定	共时性	忽略
俄罗斯学派	是	同意	二者结合	强调
法国学派	是（弱）	不确定	二者结合	强调
伦敦学派	是	同意	二者结合	强调
布拉格学派	是	同意	二者结合	强调
哥本哈根学派	是	同意	共时性	忽略
描写语言学派	是	同意	二者结合	强调
转换生成语法	是	同意	二者结合	忽略
日内瓦分支	是	不确定	共时性	忽略

注：由于索绪尔的独特地位，我们予以单独列出。

表 10—2　　社会科学五个学科的结构观

	整体性	非实体性	共时性/历时性	单元功能
人类学	是	同意	共时性	强调
社会学	是	大多数人反对	二者结合	强调
文学	是	大多数人反对	共时性为主	强调
心理学	是（较弱）	同意	二者结合	强调
阿尔都塞	是	反对	二者结合	强调
皮亚杰	是	同意	二者结合	强调

说明：阿尔都塞与皮亚杰可以看作同属于哲学领域。

表 10—3　　国际关系理论界代表性作家的结构观

	整体性	非实体性	共时性/历时性	单元功能（互动）
华尔兹	是	同意	共时性	明显弱化
吉尔平	是	可能反对	二者结合	强调
基欧汉与奈	是（较弱）	反对	二者结合	强调
温特	是	反对	二者结合	强调
布赞	是	同意	二者结合	强调

10.1.2 国际关系理论

我在正文中逐一介绍了国际关系理论代表性作家的不足之处，择要而言，他们的不足表现为以下几点。

表面上整体主义与实际上个体主义的矛盾 从华尔兹到布赞都有这个不足，他们都想成为整体主义者，避免被说成个体主义者。但他们的愿望与理论实际之间存在距离，尽管他们——尤其是华尔兹、基欧汉、奈和温特——尽力强化结构的作用而弱化单元功能，乃至赋予结构准行为体的地位，但他们的主观意志没能在理论中逻辑自恰地予以表达，因为他们想否认一点：归根到底，个体拥有本体地位，结构总是派生的；即使不是在初始状态，结构也不可能成为动作的发出者，这是个体的独有功能；结构只能是干预变量，通过提供若干选择，对行为体起到激励与约束作用。

没有把互动纳入结构 吉尔平、鲁杰、基欧汉、布赞都知道互动的重要性，布赞已经做出努力，把互动与单元属性分为不同层次。但只有到了温特，才把互动纳入微观结构，声称微观结构与宏观结构共同组成体系结构。

没有对微观结构进行概化 温特在结构问题上比前人前进了一大步，但对于微观结构的内部运行机制仍然语焉不详，没能对单元互动进行理论概化，宏观结构与微观结构之间的关系特别是宏观结构的功能没有阐述清楚。

这些代表人物的上述不足令人遗憾。这些不足是可以克服的，后面提出的理论就是一种尝试。

10.1.3 “领域互渗”结构理论

总结前两个部分的内容后，我以一些心理学、生物学、社会学与系统论的基本概念为核心，建构出一种新的结构理论，它可以表述为以下四条原则。

第一条原则　国际体系由结构和单元两部分组成；结构包括共有观念和互动两个部分，共有观念形成宏观结构，互动则造就微观结构；互动是单元的对外功能，不具有单元属性。

第二条原则　单元间的互动通过分领域的互渗来进行，互渗的内容（或资源）是物质和信息，互渗的结果是适应（包括同化与顺应）。

第三条原则　微观结构中的单元互动造就宏观结构，宏观结构伴随微观结构而存在但不能还原为微观结构，宏观结构在微观结构的互渗过程中起干预变量的作用。

第四条原则　国际体系是一种综合体系，对它的研究不能仅限于高端政治，应该被研究的领域至少有五个：政治领域、军事领域、经济领域、文化领域和环境领域。

◇◇ 10.2　研究创新之处

对这一部分落笔颇为踌躇。本书所做的工作是：分析一些人文与社会科学学科的结构观，再耙梳国际关系代表性作家的结构观异同，针对其不足，借用一些生物学、心理学概念，搭建一个理论框架。这在中外国际关系学界都没有人做过。据此，概括为以下几点。

第一，对社会科学领域中的结构主义思想的比较全面的梳理，并总结出一些共性特征。据检索，除多斯、皮亚杰等少数学者外，国内外还没有学者对结构主义思想进行过系统的梳理。多斯的梳理虽然较新但失之琐碎、欠缺概括性。而皮亚杰的梳理是30多年前进行的，没能体现20世纪70年代以来结构主义的进展。而且，他总结的结构主义三特征，只是一家之言，学术的发展端赖不同观点的交锋，因此，提供一种不同版本的结构主义特征或许是有价值的。我认为，可以从整体性、非实体性、关于共时性历时性结合、关于单元功能四个方面来考察结构主义思想在各个学科的表现。

第二，结构主义真正进入国际关系理论界是在1979年。我以吉尔平、基欧汉、温特、布赞等代表性人物为例子，剖析了他们学术思想尤其是结构思想的主要来源，展示了国际关系理论家对结构认识的变化，分析了他们理论的优势与不足。他们的优点是克服了华尔兹结构的僵死性，不足则是除温特外都对互动是否属于结构持犹疑的态度，而温特的微观结构内涵也不够清晰。根据上述分析，我尝试开出改进的药方。

第三，采撷前面的一些研究体会，以心理学、生物学、社会学和系统论的一些基本概念为核心，我提出一种新的结构理论框架——基于单元之间领域互渗的结构理论（MUPAS），该理论框架在一定程度上弥补了现有结构理论的一些不足：对互动与结构的关系持模糊的态度，对微观结构的内涵缺乏应有的理论概化，在整体主义与个体主义之间左支右绌。根据我的理论，以个体主义为本体论与方法论，适当借用整体主义方法论，也可以造就一种结构理论，一种活的结构理论。这一点对于同行或许有启发作用。

10.3 研究不足

本研究的不足有以下几个。

第一，第一部分通过深入分析若干学科的代表性作品，尝试总结各个学科结构观的若干共性与一些差异，但这种总结是否经得起考验，尚无把握。

第二，第二部分是对国际关系理论经典著作的剖析，深挖国际关系理论代表性人物结构观思想来源，同时评判其优缺点。由于种种原因，自己的思考，以及与同行的砥砺还不足。总的来说，前两个部分属于为理论创新而做的准备工作，虽然也力图展示自己的研究心得。

第三，第三部分的理论创新部分比较简单，抽取现有理论家的一些概念，引入一些学科概念，搭建出一个新理论的初步框架，列出新理论的几条纲领并加以简要说明，但未能引用大量的材料进行充足的论证以充分展现新理论的完整逻辑力量。而且，这个理论框架仅仅解释体系与结构的量变，指出了质变的可能方向，但没能列出质变的充分必要条件。

第四，在为出版本书而进行增补时，调查国内过去九年里对结构概念的探究，发现进展有限①，是曲高和寡还是本研究意义有限？无论怎么说，这不能算是本研究的一个长处。

---

① 从元理论意义上研究结构问题的，只有一篇，笔者赞成华尔兹的结构观是非实体性的，走向实体性是国际关系结构理论创新的方向，参见李志永《从非实体性到实体化——对丰富沃尔兹结构理论的几点建议》，《国际关系学院学报》2009 年第 1 期。

参考文献

一　中文部分

车文博:《西方心理学史》，浙江教育出版社 1998 年版。

陈灏珠主编:《内科学（第四版）》，人民卫生出版社 1999 年版。

陈其荣:《自然辩证法导论》，复旦大学出版社 1995 年版。

陈越编:《哲学与政治——阿尔都塞读本》，吉林人民出版社 2003 年版。

程恩富、胡乐明主编：《新制度主义经济学》，经济日报出版社 2005 年版。

崔顺姬:《人民、国家和恐惧——布赞及其对国际关系理论的贡献》，《世界经济与政治》2006 年第 5 期。

但兴悟:《两大国际体系的冲突与近代中国的生成》，博士学位论文，中国社会科学院研究生院，2005 年。

方珊:《形式主义文论》，山东教育出版社 1999 年版。

费穗宇等主编:《社会心理学词典》，河北人民出版社 1988 年版。

冯志伟编著:《现代语言学流派》，陕西人民出版社 1999 年版。

高宣扬:《当代社会理论》（上、下册），中国人民大学出版社 2005 年版。

高振荣等编:《信息论 系统论 控制论 120 题》，解放军出版社 1987 年版。

台湾谷风出版社编：《结构的时代——结构主义论析》，台湾谷风出版社

1988 年版。
郭树勇:《建构主义与国际政治》,长征出版社 2001 年版。
胡寄窗:《政治经济学前史》,辽宁人民出版社 1988 年版。
黄麟阁等:《系统思想和方法》,陕西人民出版社 1984 年版。
黄润荣等编著:《耗散结构论和协同学》,贵州人民出版社 1988 年版。
霍绍周:《系统论》,科学技术文献出版社 1988 年版。
金晔:《祖国有多远?》,博士学位论文,中国社会科学院研究生院,2004 年。
乐眉云:《索绪尔的符号学语言观》,载赵蓉晖主编《索绪尔研究在中国》,商务印书馆 2005 年版。
李葆嘉:《语言学大师之谜和心理索绪尔》,载赵蓉晖主编《索绪尔研究在中国》,商务印书馆 2005 年版。
李其维:《论皮亚杰心理逻辑学》,华东师范大学出版社 1990 年版。
李青宜:《阿尔都塞与"结构主义马克思主义"》,辽宁人民出版社 1986 年版。
李少军:《国际政治学概论(第二版)》,上海人民出版社 2005 年版。
李幼蒸:《关于结构主义和符号学的辨析》,载《结构的时代——结构主义论析》,台湾谷风出版社 1988 年版。
厉以宁:《宏观经济学的产生与发展》,湖南人民出版社 1997 年版。
刘恩久等编著:《心理学简史》,甘肃人民出版社 1985 年版。
刘永涛:《后现代主义与后现代国际关系:一个基本考察》,《世界经济与政治》2005 年第 7 期。
卢现祥:《西方新制度经济学》,中国发展出版社 2003 年版。
罗志如等:《当代西方经济学说》,北京大学出版社 1989 年版。
莫伟民:《莫伟民讲福柯》,北京大学出版社 2005 年版。
倪世雄等:《当代西方国际关系理论》,复旦大学出版社 2001 年版。

潘忠歧：《世界秩序：结构、机制与模式》，上海人民出版社 2004 年版。

庞元正等编：《系统论 控制论 信息论经典文献选编》，求实出版社 1989 年版。

彭德琳：《新制度经济学》，湖北人民出版社 2002 年版。

朴昌根编著：《系统科学论》，陕西科学技术出版社 1988 年版。

秦亚青：《建构主义：思想渊源、理论流派与学术理念》，《国际政治研究》2006 年第 3 期。

秦亚青：《权力 · 制度 · 文化——国际关系理论和方法研究文集》，北京大学出版社 2005 年版。

秦亚青主编：《文化与国际社会：建构主义国际关系理论研究》，世界知识出版社 2006 年版。

秦治来：《历史分析的启示：西方国际关系研究中的历史与理论》，博士学位论文，中国社会科学院研究生院，2004 年。

邱觉心：《早期实证主义哲学概观——孔德、穆勒与斯宾塞》，四川人民出版社 1990 年版。

任绍曾：《叶斯柏森和韩礼德》，载钱军编《语言学——中国与世界同步》，外语教学与研究出版社 2003 年版。

沈小峰等编著：《耗散结构论》，上海人民出版社 1987 年版。

盛洪主编：《现代制度经济学》，北京大学出版社 2003 年版。

石向实：《认识论与心理学》，东方出版社 2006 年版。

宋伟：《结构现实主义是个体主义吗?》，《国际政治科学》2005 年第 3 期。

苏长和：《重新定义国际制度》，《欧洲》1999 年第 6 期。

苏国勋：《社会理论与当代实践》，北京大学出版社 2005 年版。

孙正聿：《哲学通论》，高等教育出版社 2005 年版。

王健：《当代西方经济学流派概览》，国家行政学院出版社 1998 年版。

王军：《国际关系的历史社会学》，博士学位论文，中国社会科学院研究生院，2005 年。

王养冲：《西方近代社会学思想的演进》，华东师范大学出版社 1996 年版。

王逸舟：《西方国际政治理论：历史与理论（第二版）》，上海人民出版社 2006 年版。

王逸舟主编：《中国国际关系研究》，北京大学出版社 2006 年版。

魏宏森：《系统科学方法论导论》，人民出版社 1983 年版。

魏宏森等：《系统论——系统科学哲学》，清华大学出版社 1995 年版。

吴征宇：《肯尼思·华尔兹国际政治理论研究》，当代世界出版社 2003 年版。

向明友：《索绪尔语言理论的经济学背景》，载赵蓉晖主编《索绪尔研究在中国》，商务印书馆 2005 年版。

肖锦龙：《德里达的解构理论思想性质论》，中国社会科学出版社 2004 年版。

信强：《结构现实主义方法论批判》，博士学位论文，复旦大学，2002 年。

徐烈炯：《功能主义与形式主义》，载钱军编《语言学——中国与世界同步》，外语教学与研究出版社 2003 年版。

徐思益：《论语言的共时性和历时性》，载赵蓉晖主编《索绪尔研究在中国》，商务印书馆 2005 年版。

许国璋：《关于索绪尔的两本书》，载赵蓉晖主编《索绪尔研究在中国》，商务印书馆 2005 年版。

薛力、肖欢容：《中国的建构主义国际关系研究：成就与不足（1998—2004）》，《世界经济与政治》2006 年第 8 期。

薛力、邢悦：《新自由制度主义含义辨析》，《世界经济与政治》2005 年第 11 期。

荀子：《荀子·天论》。

尤泽顺：《乔姆斯基：语言、政治与美国对外政策研究》，世界知识出版社2005年版。

于良春：《经世济民——经济学的历史、现状和未来》，山东大学出版社2002年版。

袁庆明：《新制度经济学》，中国发展出版社2005年版。

袁亚愚等主编：《社会学——历史理论方法》，四川大学出版社1989年版。

袁正清：《国际政治理论的社会学转向：建构主义研究》，上海人民出版社2005年版。

张传开等：《弗洛伊德精神分析学述评》，南京大学出版社1987年版。

张培刚：《微观经济学的产生和发展》，湖南人民出版社1997年版。

张睿壮：《保守主义的渊源及其在美国的演进》，载任晓等主编《保守主义理念与美国的外交政策》，生活·读书·新知三联书店2003年版。

张绍杰：《追思索绪尔的语言理论》，载钱军编《语言学——中国与世界同步》，外语教学与研究出版社2003年版。

张维迎：《博弈论与信息经济学》，生活·读书·新知三联书店1996年版。

张一兵：《问题式、征候阅读与意识形态——关于阿尔都塞的一种文本解读》，中央编译出版社2003年版。

赵世开主编：《国外语言学概述——流派和代表人物》，北京语言学院出版社1990年版。

周方银：《国际问题数量化分析：理论·方法·模型》，时事出版社2001年版。

朱宁：《协治安全：中国战略研究的一种途径》，博士学位论文，中国社会科学院研究生院，2004年。

朱天飙：《比较政治经济学》，北京大学出版社 2006 年版。

朱熹集注：《四书集注》，岳麓书社 1987 年版。

［奥地利］路德维希·冯·贝塔朗菲：《一般系统论：基础、发展、应用》，秋同等译，社会科学文献出版社 1987 年版。

［比利时］J. M. 布洛克曼：《结构主义：莫斯科—布拉格—巴黎》，李幼蒸译，商务印书馆 1981 年版。

［冰岛］斯拉恩·埃格特森：《经济行为与制度》，吴经邦等译，商务印书馆 2004 年版。

［波兰］莱泽克·柯拉科夫斯基：《理性的异化——实证主义思想史》，高俊一译，联经事业出版公司 1988 年版。

［德］黑格尔：《逻辑学（下卷）》，杨一之译，商务印书馆 1976 年版。

［德］柯武刚、史漫飞：《制度经济学》，韩朝华译，商务印书馆 2000 年版。

［德］马克斯·韦伯：《经济与社会（上、下册）》，林荣远译，商务印书馆 1997 年版。

［德］马克斯·韦伯：《社会科学方法论》，韩水法等译，中央编译出版社 2002 年版。

［德］马克斯·韦伯：《韦伯作品集Ⅰ：学术与政治》，顾忠华译，广西师范大学出版社 2004 年版。

［德］马克斯·韦伯：《韦伯作品集Ⅶ：社会学的基本概念》，顾忠华译，广西师范大学出版社 2005 年版。

［德］马克斯·韦伯：《新教伦理与资本主义精神》，彭强等译，陕西师范大学出版社 2002 年版。

［俄］鲍里斯·埃辛鲍姆：《“形式方法”的理论》，载［法］茨维坦·托多罗夫选编《俄苏形式主义文论选》，蔡鸿滨译，中国社会科学出版社 1989 年版。

[俄] 维佳平、茹拉夫列娃主编：《理论经济学》，张仁德等译，经济科学出版社 2005 年版。

[法] 埃米尔·迪尔凯姆：《社会学方法的规则》，胡伟译，华夏出版社 1999 年版。

[法] 埃米尔·迪尔凯姆：《自杀论——社会学研究》，冯韵文译，商务印书馆 1996 年版。

[法] 埃米尔·涂尔干：《社会分工论》，渠东译，生活·读书·新知三联书店 2000 年版。

[法] 埃米尔·涂尔干：《宗教生活的基本形式》，渠东等译，上海人民出版社 1999 年版。

[法] 安娜·埃诺：《符号学简史》，怀宇译，百花文艺出版社 2005 年版。

[法] 奥古斯特·孔德：《论实证精神》，黄建华译，商务印书馆 1996 年版。

[法] 茨维坦·托多罗夫选编：《俄苏形式主义文论选》，蔡鸿滨译，中国社会科学出版社 1989 年版。

[法] 迪迪埃·埃里蓬：《权力与反抗》，谢强译，北京大学出版社 1997 年版。

[法] 弗朗索瓦·多斯：《从结构到解构——法国 20 世纪思想主潮》，季广茂译，中央编译出版社 2005 年版。

[法] 克劳德·列维-斯特劳斯：《结构人类学（第二卷）》，俞宣孟等译，上海译文出版社 1999 年版。

[法] 克劳德·列维-斯特劳斯：《结构人类学——巫术·宗教·艺术·神话》，陆晓禾等译，文化艺术出版社 1989 年版。

[法] 路易·阿尔都塞：《保卫马克思》，顾良译，商务印书馆 1984 年版。

[法] 路易·阿尔都塞：《黑格尔的幽灵——政治哲学论文集》，唐正东等译，南京大学出版社 2005 年版。

［法］路易·阿尔都塞等：《读〈资本论〉》，李其庆等译，中央编译出版社 2001 年版。

［法］罗朗·巴尔特：《叙事作品结构分析导论》，张寅德译，中国社会科学出版社 1989 年版。

［法］罗朗·巴特：《S/Z》，屠友祥译，上海人民出版社 2000 年版。

［法］米歇尔·福柯：《癫狂与文明——理性时代的精神病史》，孙淑强等译，浙江人民出版社 1990 年版。

［法］米歇尔·福柯：《临床医学的诞生》，刘北成译，译林出版社 2001 年版。

［法］雅克·德里达：《论文字学》，汪堂家译，上海译文出版社 2005 年版。

［法］雅克·德里达：《声音与现象》，杜小真译，商务印书馆 2001 年版。

［法］雅克·德里达：《书写与差异（上下册）》，张宁译，生活·读书·新知三联书店 2001 年版。

［美］S. E. 泰勒等：《社会心理学（第十版）》，谢晓非等译，北京大学出版社 2004 年版。

［美］埃德温·曼斯菲尔德：《微观经济学（第九版）》，黄险峰等译，中国人民大学出版社 1999 年版。

［美］艾里奥特·阿伦森等：《社会心理学（第五版）》，侯玉波等译，中国轻工业出版社 2005 年版。

［美］保罗·萨缪尔森、威廉诺德豪斯：《宏观经济学（第十六版）》，萧琛等译，华夏出版社 1999 年版。

［美］彼得·卡赞斯坦等编：《世界政治理论的探索与争鸣》，秦亚青等译，上海人民出版社 2006 年版。

［美］玻姆：《量子理论》，侯德彭译，商务印书馆 1982 年版。

［美］戴维·波普诺：《社会学（第十版）》，李强等译，中国人民大学出

版社 1999 年版。

［美］丹尼尔·史普博：《经济学的著名预言——市场失灵的神话》，余晖等译，上海人民出版社 2004 年版。

［美］道格拉斯·诺思：《经济史中的结构与变迁》，陈郁等译，生活·读书·新知三联书店 1994 年版。

［美］汉斯·摩根索：《国际纵横策论——争强权，求和平》，卢明华等译，上海译文出版社 1995 年版。

［美］杰弗里·亚历山大：《社会学二十讲：二战以来的理论发展》，贾春增等译，华夏出版社 2000 年版。

［美］科斯等：《制度、契约与组织》，刘刚等译，经济科学出版社 2003 年版。

［美］克特·W. 巴克：《社会心理学》，南开大学社会学系译，南开大学出版社 1984 年版。

［美］肯尼思·华尔兹：《国际政治理论》，信强译，上海人民出版社 2003 年版。

［美］肯尼思·华尔兹：《人、国家与战争》，倪世雄等译，上海译文出版社 1991 年版。

［美］肯尼思·汤姆森：《国际关系中的思想流派》，梅仁等译，北京大学出版社 2003 年版。

［美］罗伯特·基欧汉：《霸权之后——世界政治经济中的合作与纷争》，苏长和等译，上海人民出版社 2001 年版。

［美］罗伯特·基欧汉：《局部全球化世界中的自由主义、权力与治理》，门洪华译，北京大学出版社 2004 年版。

［美］罗伯特·基欧汉、海伦·米尔纳编：《国际化与国内政治》，姜鹏等译，北京大学出版社 2003 年版。

［美］罗伯特·基欧汉编：《新现实主义及其批判》，郭树勇译，北京大学

出版社 2002 年版。

[美] 罗伯特·基欧汉与约瑟夫·奈：《权力与相互依赖（第三版）》，门洪华译，北京大学出版社 2002 年版。

[美] 罗伯特·吉尔平：《国际关系政治经济学》，杨宇光等译，经济科学出版社 1987 年版。

[美] 罗伯特·吉尔平：《全球政治经济学》，杨宇光等译，上海人民出版社 2003 年版。

[美] 罗伯特·吉尔平：《世界政治中的战争与变革》，武军等译，中国人民大学出版社 1994 年版。

[美] 罗伯特·肖尔斯：《结构主义——批评的理论与实践》，高秋雁审译，台湾结构出版群 1989 年版。

[美] 曼瑟尔·奥尔森：《集体行动的逻辑》，陈郁等译，生活·读书·新知三联书店 1995 年版。

[美] 默顿·卡普兰：《国际政治的系统和过程》，薄智跃译，中国人民公安大学出版社 1989 年版。

[美] 诺伯特·维纳：《控制论，或关于在动物和机器中控制和通讯的科学》，郝季仁译，科学出版社 1985 年版。

[美] 平狄克、鲁宾费尔德：《微观经济学（第四版）》，张军等译，中国人民大学出版社 2000 年版。

[美] 乔纳森·特纳：《社会学理论的结构（下）》，邱泽奇等译，华夏出版社 2001 年版。

[美] 乔治·H. 米德：《心灵、自我和社会》，赵月瑟译，上海人民出版社 2005 年版。

[美] 塔尔科特·帕森斯：《社会行动的结构》，张明德等译，译林出版社 2003 年版。

[美] 亚历山大·温特：《国际政治的社会理论》，秦亚青译，上海人民出

版社 2000 年版。

［美］亚历山大·温特：《国际政治中认同和结构变化》，载［美］约瑟夫·拉皮德、［德］弗里德里希·克拉托赫维尔主编《文化与认同：国际关系回归理论》，金晔译，浙江人民出版社 2003 年版。

［美］亚历山大·温特：《无政府状态是国家造就的：权力政治的社会建构》，载［美］詹姆斯·德·代元主编《国际关系理论批判》，秦治来译，浙江人民出版社 2003 年版。

［美］朱迪斯·戈尔茨坦与罗伯特·基欧汉编：《观念与外交政策——信念、制度与政治变迁》，刘东国等译，北京大学出版社 2005 年版。

［日］渡边公三：《列维－斯特劳斯——结构》，周维宏等译，河北教育出版社 2002 年版。

［日］今村仁司：《阿尔都塞——认识论的断裂》，牛建科译，河北教育出版社 2001 年版。

［日］日本社会学会编辑委员会编：《现代社会学入门》，李银河等译，中国社会科学出版社 1987 年版。

［瑞士］费尔迪南·德·索绪尔：《普通语言学教程》，高名凯译，岑麒祥、叶蜚声校，商务印书馆 1980 年版。

［瑞士］让·皮亚杰：《发生认识论原理》，王宪钿等译，商务印书馆 1985 年版。

［瑞士］让·皮亚杰：《结构主义》，倪连生等译，商务印书馆 1986 年版。

［瑞士］让·皮亚杰：《皮亚杰发生认识论文选》，左任侠等编译，华东师范大学出版社 1991 年版。

［瑞士］让·皮亚杰：《生物学与知识》，生活·读书·新知三联书店 1989 年版。

［瑞士］让·皮亚杰等：《走向一种意义的逻辑》，李其维译，华东师范大学出版社 2005 年版。

［瑞士］让·皮亚杰与巴贝尔·英海尔德：《儿童心理学》，商务印书馆 1980 年版。

［苏联］奥布霍娃：《皮亚杰的概念：赞成与反对》，史民德译，商务印书馆 1988 年版。

［意］圭多·德·拉吉罗：《欧洲自由主义史》，杨军译，吉林人民出版社 2001 年版。

［英］埃德蒙·利奇：《列维－斯特劳斯》，王庆仁译，生活·读书·新知三联书店 1985 年版。

［英］安东尼·吉登斯：《社会的构成》，李康等译，生活·读书·新知三联书店 1998 年版。

［英］巴瑞·布赞：《世界历史中的国际体系——国际关系研究的再构建》，刘德斌等译，高等教育出版社 2004 年版。

［英］巴瑞·布赞等：《新安全论》，朱宁译，浙江人民出版社 2003 年版。

［英］彼罗·斯拉法主编：《李嘉图著作和通信集》，郭大力等译，商务印书馆 1981 年版。

［英］弗雷德里希·奥古斯特·哈耶克：《自由宪章》，杨玉生等译，中国社会科学出版社 1998 年版。

［英］凯恩斯：《就业、利息和货币通论》，徐毓枬译，商务印书馆 1983 年版。

［英］马尔科姆·卢瑟福：《经济学中的制度：老制度主义和新制度主义》，陈建波等译，中国社会科学出版社 1999 年版。

［英］玛尔考姆·波微：《拉康》，牛宏宝等译，昆仑出版社 1999 年版。

［英］苏珊·斯特兰奇：《国际政治经济学导论——国家与市场》，杨宇光等译，经济科学出版社 1990 年版。

［英］特伦斯·霍克斯：《结构主义和符号学》，瞿铁鹏译，上海译文出版社 1987 年版。

［英］亚当·斯密：《道德情操论》，蒋自强等译，商务印书馆 1998 年版。
［英］亚当·斯密：《国民财富的性质和原因的研究（上、下卷）》，郭大力等译，商务印书馆 1981 年版。
［英］伊丽莎白·赖特：《拉康与后女性主义》，王文华译，北京大学出版社 2005 年版。
［英］伊姆雷·拉卡托斯、艾兰·马斯格雷夫：《批判与知识的增长》，周寄中译，华夏出版社 1987 年版。
［英］约翰·斯特罗克：《结构主义以来——从列维－斯特劳斯到德里达》，渠东等译，辽宁教育出版社 1998 年版。
［英］约翰·伊特韦尔等编：《新帕尔格雷夫经济学大辞典（第 3 册）》，经济科学出版社 1992 年版。

二　英文部分

John Barkdull, "Waltz, Durhkeim, and International Relations: The International System as an Abnormal Form", *American Political Science Review*, Vol. 89, No. 3, September 1995.
Barry Buzan, *From International to World Society? —English School Theory and the Social Structure of Globalisation*, Cambridge: Cambridge University Press, 2004.
Barry Buzan and Richard Little, *International Systems in World History: Remaking the Study of International Relations*, Oxford: Oxford University Press, 2000.
Barry Buzan, *People, States and Fear: The National Security Problem in International Relations*, Brighton: Wheatsheaf, 1983.
Barry Buzan, et al., *The Logic of Anarchy: Neorealism to Structural Realism*,

New York: Columbia University Press, 1993.

Theodore H. Cohen, *Global Political Economy: Theory and Practice*, New York: Addison Wesley Longman, Inc. , 2003.

Shunji Cui, *Beyond Rivalry? Sino-Japan Relations and the Potential for a "Security Regime" in the Northeast Asia*, PhD Dissertation, LSE, 2006.

Robert Gilpin, *War and Change in World Politics*, Cambridge: Cambridge University Press, 1981（北京大学出版社 2005 年影印版）.

Robert Keohane, *International Institutions and State Power*, Boulder: Westpoint, 1989.

Robert Keohane, *After Hegemony*, Princeton: Princeton Unversity Press, 1984.

Stephen D. Krasner ed. , *International Regimes*. Ithaca and London: Cornell University Press, 1983.

Jean Piaget, *The Origin of Intelligence in the Child*, New York: Routledge, 1997.

Karl Polanyi, *The Great Transformation*, Boston: Beacon Press, 1957.

R. H. Robins, *A Short History of Lingustics*, London: Addison Wesley Longman Limited, 1997（外语教学与研究出版社 2001 年引进版）.

J. David Singer, "The Level-of-Analysis Problem in International Relations", in Klaus Knorr and Sidney Verba eds. , *The International System: Theoretical Essays*, Princeton: Princeton University Press, 1961.

Adam Smith, *The theory of Moral Sentiments*, the sixth edition, London: A. Millar, 1790.

Kenneth N. Waltz, *The Theory of International Politics*, New York: McGraw-Hill, Inc. , 1979.

Alexander Wendt, "The Agent-Structure Problem in International Relations Theory", *International Organization*, Vol. 41, No. 3, 1987.

Alexander Wendt, *Social Theory of International Politics*, Cambridge: Cambridge University Press, 1999.

Maja Zefuss, *Constructivism in International Relations—the Politics of Reality*, Cambridge: Cambridge University, 2002.

后　记

笔者工作十多年后才转入国际关系研究这一行，本书主要内容是笔者2007年完成的博士学位论文，此次出版前做了一些增补：增加了国内系统论、语言学、人类学、社会学、文学、心理学、马克思主义哲学、后结构主义，以及国际关系学领域的新进展。就国际关系学领域而言，主要是补充了结构理论的应用成果。在结构元理论研究层次，相关进展不多。

在初稿中，本研究的题目是"国际关系理论中的结构与变迁"，也考虑过其他的名称，如"从结构主义到国际关系理论：一项系统的考察"，"结构主义思潮与国际关系理论中结构观的变迁"，"结构主义思想与国际关系学中结构理论的变迁"。现在觉得，用"结构主义与国际关系理论：变迁与创新"更为合适。

原先笔者希望本研究能建立一种新的国际关系结构理论，但实际上仅仅是搭建了一个初步的理论框架。曾寄望在后续研究中弥补这个不足，但九年来的研究趋向是：日益走向现实问题与政策研究。作为一个年过半百的人，已经没有时间、兴趣与能力完成这个理论建构。进行适当的增补后出版，算是对自己一个交代，并可能对同行后学有一定的参考价值。

中国国内人文与社会科学界，对结构主义的研究表现为：翻译国外的相关研究成果，以李幼蒸为代表，在20世纪八九十年代大量译介国外的相关研究成果①；分析某个学科与学者的结构主义观点、理论与应用，这散布于不同的学科，如赵蓉晖主编的文集介绍了索绪尔语言学在中国的研究状况②，尤泽顺对乔姆斯基语言学与美国外交的研究③。迄今为止，中外学者中，还没有人系统梳理结构主义的主要特征与内涵，再考察本学科的结构观变迁。本书不仅仅是中国国际关系学界第一部研究结构问题的元理论著作，也是中国人文与社会科学界第一部系统研究结构主义的专著。本书的出版，将初步改变中国学者在结构主义研究中主要从事“翻译”与“片段研究”的状况，不但有助于推动中国国际关系结构理论的研究，也将推动国内结构主义的研究。

国际关系理论研究在过去几年里陷入低潮，中外皆然。但中国国际关系学者与国外同行的交流越来越密，在理解国外最新理论成果上已经不存在问题，有些学者的成果已经在有代表性的欧美国际关系学术期刊上发表，如清华大学的庞珣、复旦大学的唐世平。国际关系研究界对中国文化的理解与挖掘也越来越深入，如清华大学的阎学通及其团队、北京大学的叶自成、广东省委党校（现西安外事学院）的王日华。他们的研究也许不够系统，但却具有开创性意义，带动后人进行更为系统、深入的研究。毕竟，中国传统文化教育正在中小学迅速强化。传统文化将成为他们基本文化素养的组成部分。他们中的一部分将在西方学习，浸淫西方的传统文化精华，并熟悉西方的学术研究方法与学术进展。

这意味着，浸淫了中国文化传统、对国外理论进展也熟悉的新一代正在成长，他们有可能在2030—2040年期间，创立出公认的带有中华文明

---

① 李幼蒸：《关于结构主义和符号学的辨析》，载台湾谷风出版社编《结构的时代——结构主义论析》，台湾谷风出版社1988年版；［比利时］J. M. 布洛克曼：《结构主义：莫斯科—布拉格—巴黎》，李幼蒸译，商务印书馆1981年版。

② 赵蓉晖主编：《索绪尔研究在中国》，商务印书馆2005年版。

③ 尤泽顺：《乔姆斯基：语言、政治与美国对外政策研究》，世界知识出版社2005年版。

色彩的国际关系理论。本研究或许算不上一块铺路石，就算一粒沙子吧。

笔者一直在关注中国学人在创建国际关系理论方面的新进展。过去几年里值得关注的进展有以下几个。第一，阎学通教授主张的道义现实主义。他秉承国际关系理论中的现实主义传统，认为中国传统政治文化与实践包含霸道与王道两个枝干，历史上对中越地区以王道治理，对“蛮夷之地”则用霸术治理。美国对西方国家通过规范进行治理，对非西方国家则采取霸权原则进行治理，可见美国的全球霸权建立在双重标准上，体现的是“霸道”。崛起的中国在治理世界时不能采用霸道，而应该采取王道，即在实力的基础上，以道义服人①。

秦亚青教授推动关系本位的国际关系理论。在一些学者看来，道义现实主义不过是道义名义下的现实主义，并没有真正体现中国传统政治文化的本质。儒家政治文化的核心是以德服人，行仁政，所谓“以德行仁者王”②。而德、仁等都是具有主体间性，体现于行为者之间的互动进程中。用典型的中国语言来说，就是体现在人与人、国家与国家间的关系中。而在亚青眼中，关系性或曰关系理性，既有中国文化特点也有普世性③。他及一些同仁正在尝试以此为硬核要素，推动构建国际关系理论的中国学派。

上海一批学者则挖掘中国传统政治文化中的共生思维与实践，主张建立基于共生性的中国特色大国外交理论。在他们看来，无论是关联思维还是关系思维，都是个体本位的。以个体理性为基础的行为很可能产生非理性的后果。而在一个共生结构中，则不存在这个问题，因为个体的存在以他人的存在为参照，这就促使个体改变利益与责任的界定方式，不会仅仅

---

① 阎学通：《世界权力的转移：政治领导与战略竞争》，北京大学出版社 2015 年版。

② 语出“以力假仁者霸，霸必有大国；以德行仁者王，王不待大——汤以七十里，文王以百里。以力服人者，非心服也，力不赡也；以德服人者，中心悦而诚服也，如七十子之服孔子也”。见《孟子》，公孙丑上，第三章。

③ 秦亚青：《国际政治理论的新探索》，《世界经济与政治》2015 年第 2 期。

片面追求个体利益的最大化，而会兼顾注重共同利益、共同责任，从而实现共同发展。只有这样，才能把不同的个体导向责任共同体、利益共同体与命运共同体①。以此为基础，才能完整把握中国外交的实质与效果。

王逸舟教授则致力于阐释与推动“创造性介入”的外交理念与实践。认为传统的“不干涉”外交已经不能适应现实外交的需要，尤其是在推动一带一路战略的背景下。为此，他在最近五年里出版了三本专著，探讨了创造性介入的具体内涵，并通过最近几年发生的许多案例，展示中国外交的新取向、新定位与转型实践②。据笔者了解，中国官方更倾向于使用“建设性介入”。而且，在媒体上的公开表述则更为谨慎些，在继续强调“不干涉内政”原则的同时，近几年经常看到“发挥建设性作用”“扮演建设性角色”“建设性参与”“推动建设性接触”等说法③。

这些学者在理论创新上的努力，值得敬佩与学习。但是，比较成熟的国际关系理论中国学派与中国外交新理论，还需要一些年头才能出现。理论创新是一项很艰难的事情，需要长期、全身心的投入，以便进行充分的知识储备。华尔兹为推出《国际政治理论》进行了二十年的准备，温特推出《量子精神与社会科学》时距离《国际政治的社会理论》已经十七年。中国目前还不存在这样的理论研究氛围。中国国际关系学者构建完整国际关系理论的充分必要条件不好说，但必要条件至少包括以下几条。

---

① 苏长和：《从关系到共生》，《世界经济与政治》2016 年第 1 期。

② 王逸舟：《创造性介入——中国外交新取向》，北京大学出版社 2011 年版；《创造性介入——中国之全球角色的生成》，北京大学出版社 2013 年版；《创造性介入——中国外交的转型》，北京大学出版社 2015 年版。

③《外交部就印巴同意推进建设性接触等答问》，央广网（http：//news. cnr. cn/native/gd/20151207/t20151207_ 520717352. shtml）；《外交部：中国是国际规则的维护者和建设性参与者》，环球网（http：//world. huanqiu. com/article/2014 - 06/5029582. html）；《外交部：希望国际社会各方为政治解决叙利亚问题发挥积极和建设性作用》，新华网（http：//news. xinhuanet. com/world/2013 - 03/04/c_ 114883636. htm），登录日期：2016 年 3 月 25 日。

熟悉犹太教文明、基督教文明、伊斯兰教文明、印度教文明、佛教文明、新旧波斯文明、中华文明等世界主要文明体系，把握其共性与特点。至少要深入考察基督教文明与中华文明，寻找其共通点，把握其主要差异点。

对于基督教文明，需考察宗教、法律、哲学三个支柱，主要是基督教、罗马法、希腊政治哲学三方面。考虑到基督教在西方文明中的基座地位，有必要考察犹太教、天主教、伊斯兰教、东正教、新教的演化脉络。通过西方法律思想史的考察可以把握罗马法的演化脉络。对西方政治思想史的考察则是把握希腊政治哲学的有效途径。从功能角度看，宗教回答生命的意义与价值，政治哲学回答公共领域的问题，法律则应对个体间的利益如何协调。基于“上帝面前人人平等”的理念①，以基督教文明为代表的当代西方文明，在国内政治领域的主要特点是平等制，自由、民主、财产私人所有制是实现平等的手段。在国际政治领域以及国际制度安排上，平等制也是第一原则，公平是修补平等制内在不足的第二原则。

熟悉中华文明的代表性典著，而不能仅仅钻研某几本典著。这是一个非常艰巨的过程，而且，对于何者为代表性典著，见仁见智。笔者的看法是：中华文明的特色是阴阳道儒。原因在于：（1）阴阳是指《易经》所阐述的思想，包括阴阳、五行、八卦等观念，对中国人的影响至深：在医学

---

① 当然，这里的“人”的内涵是演化的，现在通常被等同于政治上的“公民”。但在罗马帝国时期，奴隶没有适当的财产、适当的教育，并被认为智力上也低人一等，因此并非公民，也不是上帝面前的“人”。中世纪不强调“公民”的意义，强调的概念是“臣民”与“上帝的子民或信众”，后者已经包括一些有色人种。文艺复兴所开启的人本化进程，《威斯特伐利亚和约》所启动的主权国家体系互相作用，推动世纪历史从帝国体系走向民族国家体系，标志是法国大革命与美国独立。但在这个过程中，不同肤色的人在上帝面前已经具有了平等的地位。基于“主权在民”的理念，公民成为民族国家的基本组成单元。但公民指涉的对象是逐步扩展的，妇女、有色人种、移民逐渐被纳入公民概念范畴。这一过程的完成是通过不同方式的民权运动来实现的，美国的民权运动是典型。

上表现为《黄帝内经》，从肉体上保障中国人的传承；道家与儒家也深受《易经》的影响，这从精神上保证了中国人的特征，从政治上保证了中国的稳定与一统。可以说，《易经》是中国文化之总根源，也可以称之为中华文明的起点。(2) 法家体现人类文化共性，是一种普世性现象。(3) 佛教是一种外来宗教，有一定程度的中国化，代表是禅宗，但构不成中华文明的特征成分。(4) 道包括道学、道家和道教。关注的是人与自然的关系，讲究天人合一，认为人是自然界的一部分，这似乎更能体现中国人的宇宙观与人生观，以至于有许多人认为道家思想是中国哲学的主干。(5) 儒包括儒家、儒学和儒教，关注的是人与人之间的关系的处理，包括私人领域和公共领域的人际关系。如果要把握儒家精神的原初内涵，可能要求诸汉武帝之前的儒家典籍。但在汉武帝之后，儒家思想已经演化为一种政治哲学与实践体系，影响遍及汉字文化圈，一定程度上在中国大陆以外表现得更为明显，以至于有“唐代在日本、明代在韩国、清朝在（中国）台湾”之说。其实，在越南、泰国、新加坡以及其他华人华侨聚居区，儒家文化的影响也非常明显。无论怎么说，就政治领域而言，儒家无疑占主导地位。

儒家的政治理念是：建立礼制家庭、礼制社会、礼制国家、礼制天下体系；家国同构；重有序而轻平等。儒家认为平等不重要，把个体、家庭、国家放在适当的位置，实现有序安排才是重要的。家庭是社会的基本单位，倡导并推行“仁义礼智信”是建立差别有序的礼制家庭的有效方式。人与人、家庭与家庭、国家与国家都应该按照类似的原则建立关系，是谓“家国同构”。客观上，在一国之内形成了一种同心圆式、由近及远、不平等的社会政治体系。在国与国之间，则依照五服之分建立天下体系。这套体系有许多缺点，并不能保证天下体系一直处于大一统状态，但成为维持天下一统与由分向统的主要依据。并且延续了大约两千年，直到被滥觞于威斯特伐利亚的民族国家体系所瓦解。

在民族国家体系内，平等制具有天然的政治正确性。但国际体系成员间存在事实上的不平等，美国对内推行民主对外推行霸权的双重标准是一个例子，这成为美国招致反对与仇恨的一大原因。那么，崛起的中国应该奉行什么样的国际治理理念？中国学者创建的国际关系理论与外交理论应该为此提供借鉴乃至支撑。所以，如何在挖掘等级制合理内涵的基础上适应平等制，是中国发展中的一个重大问题。

我们不妨坦然承认，与美国政治文化强调平等制不同，中国政治文化注重等级制。真实的情况是，等级制并不天然错误，更不是垃圾。无论国内国际，绝对的平等只是一种原则，属于韦伯所说的理想类型。现实中，国家的稳定离不开适当的等级制安排，现在的国际秩序也是事实上的等级制，或叫松散等级制。中国现在需要解决的根本问题是：结合平等制与等级制原则确定出一套相应的价值观，它必须是自利利人、具有普世价值，就像自由民主等价值观一样。仁、和、合、道、逍遥、太虚等可能是我们提取文化传统进行适应时代的改造时必须注意的主要概念。最后形成的地区秩序，很可能是一种自愿等级制体系，一种升级版的礼制天下体系，自己真正相信并身体力行，同时，由于这一体系也有利他的一面，因而也能为其他国家尤其是周边国家所接受。

需要强调的一点是：中华文明是一种区域文明，这决定了中国崛起的限度。中国崛起的判断标准应该是综合实力（主要是经济与军事实力）超越美国，而不应该是取代美国的全球角色①。也许，未来的中美关系，将类似如来佛祖与太上老君②，各有所据，互相帮衬。笔者的判断是：如果追求取代美国的全球角色，中国将因为过度扩张而走向衰弱。

在笔者看来，沿着这个思路去构建国际关系理论与中国外交理论，才是王道理念的真正体现。信乎？

---

① 这个问题需要专文论述，初步的思考可参见薛力《中国崛起的标志：国力还是影响力?》，《中国与世界观察》2015 年第 2 期。

② 这是张宇燕教授的比喻。

说远了。

本研究如果有一点价值的话，离不开许多人的指点和帮助。值得感谢的人众多，下面仅仅是其中的部分人士。

我首先要感谢王逸舟教授，在我攻读博士期间他还给我创造了一个宽松的学习环境，对我既鼎力支持，又适时督促。接下来是读博士期间为我提供梯子，使我得以攀上智识之树，采摘若干精神果实的智识之士：秦亚青、苏国勋、渠敬东、王存刚、朱天飙、阎学通、刘江永、李彬、邢悦、陈琪、冯昭奎、庞中英、李少军、邵峰、谭秀英、张达、娄慧荣、主父笑飞、赵远良。还要感谢与我砥砺结构问题的优秀博士：周方银、宋伟、尹继武、杨广、李巍……有这些人交流是我们比上一代人幸运的地方之一。在研究枯燥而抽象的结构问题时，有一些可以交流探讨的同辈学人是非常重要的，他们比我年轻许多，都展示了丰厚的学术潜力。不能不感谢中国社会科学院研究生院的世界经济与政治系前后届的学友们：袁正清、肖欢容、秦治来、但兴悟、王军、何忠义、常凤台、李开盛、白云真、杨少华、陆昕、张安、焦兵、徐龙第、苏平。他们那些尖锐但富于建设性的批评是我学术研究的一大推动力。

我同样要感谢先学习后工作的中国社会科学院世界经济与政治研究所，一个具有浓厚学术氛围的研究机构，一个与政府部门互动频密的智库，置身其间是许多研究人员的希冀，这一点越来越明显了。这离不开余永定、张宇燕、王秀奎、陈国平等领导的努力。

最后要感谢我的家人，有了他们的支持，我才能完成连续 6 年的学业后又在京城工作。

谨以此书献给先父薛承敢，他对我从小的教诲展示了理想的力量，是我能走到今天的主要动力。

薛　力

2016 年 5 月 10 日